Schriftenreihe Geschichte

Walter Weidauer

Inferno Dresden

Über Lügen und Legenden
um die Aktion »Donnerschlag«

Dietz Verlag Berlin 1989

Bildnachweis:
ADN-ZB (5); Deutsche Fotothek Dresden (5);
Dietz Verlag Berlin, Bildstelle (5);
Walter Hahn, Dresden (2); Höhne-Pohl, Dresden (1);
R. Peter sen. EFIAP, Dresden (5);
Rat der Stadt Dresden.
Der Chefarchitekt, Bildstelle (2)
Staatsarchiv Dresden (7); Stadtarchiv Dresden (9);
Siegfried Thienel und Günter Ackermann, Dresden (1);
Walter Weidauer (1)
Reproduktionen:
Dietz Verlag/Renate und Horst Ewald (8)

Weidauer, Walter: Inferno Dresden : über Lügen u. Legenden um d. Aktion »Donnerschlag« / Walter Weidauer. – 7. Aufl. – Berlin : Dietz Verl., 1989. – 246 S. : 43 Abb. (Schriftenreihe Geschichte)

ISBN 3-320-00818-8

Mit 43 Abbildungen

Lizenznummer 1
LSV 0269
Lektor: Sonja Auerswald/Elisabeth Lange
Reihenentwurf: Gerhard Schmidt
Umschlag: Margitta Beyer
Printed in the German Democratic Republic
Fotosatz: Druckerei Neues Deutschland Berlin
Druck- und Bindearbeit:
LVZ-Druckerei »Hermann Duncker«, Leipzig
Best.-Nr. 735 370 0
00580

Vorwort zur vierten Auflage

Siebenunddreißig Jahre ist es her, daß die durch ihre Bauwerke bekannte und wegen der Kunst, die in ihren Mauern eine Heimstatt hatte, auch berühmte Stadt Dresden in Schutt und Asche sank. Außerordentlich starke anglo-amerikanische Bomberverbände hatten am Ende des zweiten Weltkrieges mit einer auf den ersten Blick merkwürdig erscheinenden Zielsetzung ein grauenvolles Werk vollbracht, das in der Welt nicht nur zu ungläubig-erschrockenem Kopfschütteln, sondern auch zu überaus scharfem Protest gegen die Verantwortlichen führte. Eine lange Zeit währende heftige Auseinandersetzung loderte auf. Lügen und Legenden, verbunden mit groben Verleumdungen der Sowjetunion, geisterten durch die Massenmedien der Welt. Das bisher in drei Auflagen erschienene Buch »Inferno Dresden« durchleuchtete die Hintergründe dieses Zerstörungswerkes. Ist es notwendig, eine vierte Auflage herauszugeben?

Nicht nur die ständige Nachfrage rechtfertigt das Erscheinen des Buches in der vierten, durchgesehenen und ergänzten Auflage. Notwendig ist das schon allein deshalb, weil die großen imperialistischen Staaten in der NATO unter der Führung der reaktionären, antisowjetischen Monopolgruppen in den Vereinigten Staaten von Amerika gewissenlos einen atomaren Krieg vorbereiten, um andere Völker und damit natürlich auch unser Volk, unsere Städte und Dörfer mit neuen Massenvernichtungswaffen auszurotten.

Hitler hatte bekanntlich in seinem Buch »Mein Kampf« die These aufgestellt, daß eine Lüge nur groß genug sein muß, um von den Massen geglaubt zu werden. Offenbar wird von den alten und neuen Nazis in Bonner Ämtern, von alten und neuen Revanchisten und Militaristen, vom ganzen Klüngel der westlichen Imperialisten in der NATO diese Empfehlung wieder befolgt. Es ist erstaunlich, was auf diesem Gebiet alles geschieht.

In der ideologischen Kriegsvorbereitung der Militaristen spielte seit jeher Dresden eine nicht geringe Rolle. Über die Zerstörung Dresdens war in der BRD und in der angelsächsischen Welt ein heftiger Streit entbrannt. Es sind Archive geöffnet und Dokumente bekannt geworden, die manches in anderem Licht erscheinen lassen. Das könnte nur nützlich sein, wenn jeder, der sich mit der Veröffentlichung von Dokumenten und mit der Auswertung der veröffentlichten Materialien befaßt, versucht hätte, bei der Wahrheit zu bleiben. Aber das ist leider nicht der Fall. Neben plump gefälschten Dokumenten kursierten in zunehmendem Maße verleumderische Berichte, deren Herkunft nicht schwer zu erraten war. Nicht immer war sofort ersichtlich, ob nur die Absicht bestand, eine interessante Story für klingende Münze an den Mann zu bringen, oder ob – wie es meistens der Fall ist – wichtige geschichtliche Tatsachen und Zusammenhänge im Interesse bestimmter imperialistischer Kräfte und Mächte verdreht und gefälscht wurden.

Aus der Vielzahl der Veröffentlichungen über Dresden ragen besonders drei Bücher wegen ihrer groben Lügen heraus. Eines stammt von Maximilian Czesany und ist unter dem irreführenden Titel »Nie wieder Krieg gegen die Zivilbevölkerung«[1] erschienen. Von ähnlicher Qualität sind die Bücher von Axel Rodenberger »Der Tod von Dresden«[2] und von Wolfgang Paul »... zum Beispiel Dresden«[3].

Die Absichten der Autoren treten in ihren Büchern nur allzu deutlich hervor. Von der »Sabotage, die ganz oben getrieben wurde«, über den »von den ›Russen‹ geforderten Angriff auf Dresden« und die »kleine Vergeßlichkeit

Churchills« bis zu der den Dresdnern unterstellten Gemeinheit, »Zehntausende Leichen nicht bergen zu wollen« und der »Unfähigkeit, Dresden wieder aufzubauen«, schließt sich der Kreis der antikommunistischen Hetze. Das ist des Pudels Kern: Die Politik der Imperialisten und ihre Vollstrecker sollen rehabilitiert und wir in der Deutschen Demokratischen Republik auf das gröbste verleumdet werden.

Alle von mir angeführten unwiderlegbaren Fakten und Dokumente konnten dennoch Journalisten der westlichen Welt, besonders in der Bundesrepublik, aber auch Historiker und Bücherschreiber, die sich gern »seriös« nennen, nicht abhalten, weiter groben Schwindel zum Beispiel mit den Totenzahlen der anglo-amerikanischen Bombenangriffe am 13., 14. und 15. Februar 1945 auf Dresden zu treiben.

Aus den Hunderten von Beispielen nur eines, allerdings von einem, der gern ein »objektiver Historiker« sein möchte, von Hans Dollinger, der wider besseres Wissen in seinem 1973 erschienenen Buch »Schwarzbuch der Weltgeschichte« wörtlich über Dresden schrieb: »Etwa eine Viertelmillion Menschen starben in diesem Inferno, das waren um vieles mehr als die rund hunderttausend Toten von Hiroshima und die 40 000 Toten von Nagasaki, zu denen allerdings die Überlebenden, welche später an den Folgen der Strahlen starben, hinzugerechnet werden müssen.«[4]

In dem sehr lesenswerten Buch der beiden sowjetischen Juristen Arkadi Poltorak und Jewgeni Saizew »Nürnberg mahnt!« heißt es: »Nach dem Grundsatz ›Bevor du das Schwert schleifst, sollst du deinen Ruf polieren‹, tut die westdeutsche Reaktion alles, um die aufs Haupt geschlagenen Militaristen in den Augen der jungen Generation zu verherrlichen. Zu diesem Zweck werden zahllose Geschichtsfälschungen in Westdeutschland kolportiert.«[5]

Die gegenwärtigen Versuche, die Geschichte zu fälschen, sind insbesondere dazu bestimmt, die »Ehrenhaftigkeit« des deutschen Imperialismus und Militarismus zu beweisen. Die faschistischen Generale, Offiziere, die ganze Wehrmacht sollen rehabilitiert werden. Von der Kriegsschuldlüge und der Dolchstoßlegende bis zur Behauptung, daß Hitlerdeutschland der Krieg aufgezwungen worden sei, wird die ganze Klaviatur »erprobter« und, wie jene meinen, bewährter Geschichtslügen heruntergeleiert.

An der katastrophalen Niederlage Deutschlands sollen allein Hitler und bestenfalls noch einige seiner Kumpane schuld gewesen sein. Und die Militärs? Der BRD-Historiker Hubatsch schreibt allen Ernstes: »Hinsichtlich der politischen Zielsetzung Hitlers ist festzustellen, daß die Führung der Wehrmacht daran unbeteiligt und bis zu einem gewissen Grade auch uninteressiert war.«[6]

Einige Historiker von dieser Sorte behaupten sogar unverfroren: Deutschland war überhaupt nicht schuld am zweiten Weltkrieg oder trägt dafür nur ein sehr geringes Maß von Verantwortung. Hitler habe gewissermaßen nur »unter Zwang« gehandelt.

Ein erheblicher Teil westlicher Historiker und Memoirenschreiber bemüht sich sogar nachzuweisen, daß Hitlerdeutschland im zweiten Weltkrieg nicht von der Sowjetunion die schwersten Schläge empfing. Eigentlich seien es nur besondere Umstände gewesen, wie der strenge Winter oder einige Fehler Hitlers, die die faschistischen Räuber daran gehindert hätten, die Sowjetunion zu »zerschmettern«.

Die Imperialisten, allen voran die deutschen, haben in diesem Jahrhundert schon zweimal furchtbare, blutige Weltkriege entfesselt. Obwohl sie – die deutschen Imperialisten – in beiden Weltkriegen an Einfluß, Macht und Stärke verloren haben, wollen sie nicht die notwendigen Schlußfolgerungen ziehen. Mit antikommunistischen Haßgesängen bereiten sie diesmal mit der NATO einen neuen »Waffengang« vor, der ihnen alles das wiederbringen soll, was sie in den zwei von ihnen angezettelten verbrecherischen Weltkriegen verloren haben.

Deshalb ist die rechtzeitige Entlarvung der verderblichen Rolle des westlichen Imperialismus und seiner Militärs eine Aufgabe von größter Bedeutung. Hier wird »die Geschichtswissenschaft zur scharfen Waffe«.

Im Sommer 1870, kurz vor Ausbruch des Deutsch-Französischen Krieges, schrieb Friedrich Engels Worte, die heute aktueller denn je sind: »Die Bourgeoisie macht alles zu einer Ware, also auch die Geschichtsschreibung. Es gehört zu ihrem Wesen, zu ihren Existenzbedingungen, alle Waren zu verfälschen: sie verfälschte die Geschichtsschreibung. Und diejenige Geschichtsschreibung wird am besten bezahlt, die im Sinn der Bourgeoisie am besten verfälscht ist.«[7]

Unsere besondere Aufgabe ist es jetzt, dafür zu sorgen, daß weder aus den bewußten Fälschungen noch aus den irgendwo entstandenen, geglaubten und eifrig kolportierten Legenden Stoff für die Mohrenwäsche der Ultras, für die Politur ihrer Militärs, für die Vorbereitung eines dritten Weltkrieges genommen werden kann. Auch im Falle Dresdens ist es notwendig, in einem zähen, hartnäckigen Kampf alle Fälschungen anzuprangern und der Wahrheit, die immer dem Frieden dient, zum Durchbruch zu verhelfen.

Eines müssen alle zur Kenntnis nehmen: Lügen, Legenden und Fälschungen sind letzten Endes immer nur den Imperialisten von Nutzen. Deshalb treten wir so leidenschaftlich für die Wahrheit ein. So wie es unsere Altmeister immer taten. Lenin schrieb während des ersten Weltkrieges: »Der Marxist darf als Prämisse (als Voraussetzung – *W. W.*) seiner Politik *nur* genau und unbestreitbar bewiesene *Tatsachen* annehmen.«[8]

Die ersten drei Auflagen von »Inferno Dresden« haben einen unerwartet starken Widerhall gefunden. Viele hundert Briefe aus dem In- und Ausland bekundeten das große Interesse der Leser an der Enthüllung der Hintergründe der Zerstörung Dresdens und der Entlarvung und Widerlegung der Fälschungen und Legenden, die über den Untergang und den Wiederaufbau unserer Stadt geflissentlich und manchmal auch gutgläubig verbreitet werden.

Viele zum Teil sehr wertvolle Hinweise erhielt ich, für die ich zu großem Dank verpflichtet bin. Es ist unmöglich, alle namentlich aufzuführen, die mir Hilfe und Unterstützung gaben.

Ich danke besonders dem Marschall der Sowjetunion I. S. Konew für seinen bedeutsamen Brief vom 6. Juli 1965, der auch in der vorliegenden Ausgabe Aufnahme fand. Große Hilfe leistete der Rat der Stadt Dresden. Das gleiche gilt für das Staatsarchiv Dresden und die Militärakademie

»Friedrich Engels« in Dresden. Dem Mitglied des ZK der SED Prof. Dr. Klaus Fuchs und Prof. Dr. Dr. h. c. Manfred von Ardenne danke ich für die wertvollen Hinweise bei der Darlegung der speziellen wissenschaftlich-technischen Fragen in den einzelnen Kapiteln. Besonderer Dank gebührt auch dem Ehepaar Jurk, Dresden, für die Überlassung des Berichtes des »Höheren SS- und Polizeiführers Elbe« vom 15. März 1945 über die Februarangriffe 1945 auf Dresden. Nicht unerwähnt will ich die Unterstützung vieler alter Genossen und Freunde lassen, die mit mir zusammen in den ersten Jahren nach dem 8. Mai 1945 beim Rat der Stadt Dresden begannen, die furchtbaren Folgen der Zerstörung zu überwinden, das Leben zu normalisieren und eine neue, demokratische Verwaltung aufzubauen. Dem Dietz Verlag und seinen Mitarbeitern gebührt Dank für die verständnisvolle Förderung der vorliegenden Arbeit.

Auch diesmal möchte ich meinen Lesern sagen: Ich bin dankbar für jede Zeile, für jede Anregung, die ich erhalte.

Dresden, im Mai 1982 — Walter Weidauer

Warum sollte Dresden sterben?

Dresden — Kleinod der Menschheit

Seit Jahrhunderten ist die Stadt Dresden weltberühmt. Herder nannte sie im Überschwang seiner Begeisterung »das deutsche Florenz«. Viele bedeutende Menschen, die für kurze oder längere Zeit in Dresden lebten, vor allem Bildhauer, Maler, Musiker, Dichter, Philosophen, Gelehrte aller Wissensgebiete und Menschen aus anderen Schichten, konnten sich dem Reiz dieser Stadt nicht entziehen.

Der berühmte Bildhauer und nachmalige Lehrer an der Dresdner Kunstakademie, Ernst Rietschel, der als Zehnjähriger 1814 zum erstenmal Dresden sah, schildert in seinen Erinnerungen den überwältigenden Eindruck, den der Anblick der Stadt auf ihn machte, mit den Worten: »Endlich eröffnete sich die Dresdner Gegend, in dem reichen Lande der im Morgenlicht glänzende Strom, daran die im Dufte schimmernde Stadt mit ihren Türmen, mit der sich über den Fluß spannenden Imposanten Brücke. Mich überkam das vollkommene Fühlen der Schönheit, des Zaubers der Stadt und der Herrlichkeiten, welche die grauen Häusermassen und Türme bargen.«[1]

Heinrich von Kleist, der sich längere Zeit in Dresden aufhielt und hier an seinem wohl bedeutendsten Werk, dem »Zerbrochenen Krug«, arbeitete, schrieb am 18. Juli 1801 in einem Brief aus Paris an Karoline von Schlieben: »Liebe Freundin... Darum schließe ich zuweilen die Augen und denke an Dresden – Ach, ich zähle diesen

Aufenthalt zu den frohsten Stunden meines Lebens. Die schöne, große, edle erhabene Natur, die Schätze von Kunstwerken, die Frühlingssonne, und so viel Wohlwollen... – und die Elbe, die schnell ihr rechtes Ufer verläßt, ihren Liebling Dresden zu küssen, die bald zu dem einen, bald zu dem andern Ufer flieht, als würde ihr die Wahl schwer, und in tausend Umwegen, wie *vor Entzücken,* durch die freundlichen Fluren wankt, als wollte sie nicht ins Meer.«[2]

Die einen begeisterte die reiche, schöne Architektur dieser Stadt. Weltberühmte Bauwerke, konzentriert im Zentrum der Stadt, zeugten von dem Können und dem Geist ihrer Schöpfer, darunter besonders der Zwinger, die Semperoper, das Taschenbergpalais, viele Bürgerhäuser, das Schloß, die Hofkirche, die Frauenkirche und die Kreuzkirche, um nur einige der bedeutendsten kulturhistorischen Bauten zu nennen. Jedes dieser Bauwerke war eine architektonische Kostbarkeit. Immer wieder zogen die Schöpfungen der großen Baumeister und Architekten Gaëtano Chiaveri, George Baehr, Daniel Pöppelmann, Gottfried Semper die Menschen in ihren Bann.

Andere wiederum konnten sich von der berühmten Gemäldesammlung in der Galerie und den schier unerschöpflichen Kunstschätzen des Grünen Gewölbes nicht losreißen. So erging es auch Johann Wolfgang von Goethe, der als Student 1768 zum erstenmal in Dresden weilte und später von der Gemäldegalerie schrieb: »Ich trat in dieses Heiligtum, und meine Verwunderung überstieg jeden Begriff, den ich mir gemacht hatte.«[3]

Die Stadt am Strom war seit langer Zeit Domizil vieler bekannter Bildhauer und Maler. Weit über die Grenzen Deutschlands hinaus drang deren Ruhm. Lang ist die Liste ihrer Namen. Eine ebenso große, wenn nicht noch größere Bedeutung hatten seit jeher in dieser sächsischen Metropole an der Elbe Musik und Theater. Dresdens Ruhm als Musikstadt ist mit dem Leben und Schaffen solcher berühmter Komponisten wie Carl Maria von Weber, Richard Wagner und vieler anderer fest verknüpft.

Eine lange Reihe klangvoller Namen aus der Kunstgeschichte ist im Gästebuch der Stadt Dresden verzeichnet. Wahrhaftig, man kann schon von einem »deutschen

Florenz«, von einer Kunst- und Kulturstätte von Weltbedeutung, sprechen.

Daneben hatte sich schon früh die moderne Naturwissenschaft mit ihren verschiedenen Disziplinen in Dresden entwickelt. Die Technische Hochschule, gegründet 1828 als technische Bildungsanstalt, war damals schon eine der bedeutendsten naturwissenschaftlich-technischen Lehrstätten Europas. Das Hygiene-Museum mit seiner großen aufklärenden Ausstellungs- und Vortragstätigkeit sowie dessen Werkstätten, die bereits Lehr- und Anschauungsmaterial in alle Welt lieferten, sind besondere Beispiele dafür.

Auch industriell wurde die Stadt immer bedeutender, wenn auch die industrielle Produktion das Leben in Dresden nicht so stark und eindeutig beherrschte wie etwa die Großstädte im Ruhrgebiet oder im »sächsischen Manchester«, in Chemnitz, dem heutigen Karl-Marx-Stadt. Von den rund 630 000 Einwohnern Dresdens waren 1939 etwa 90 000 als Industriearbeiter beschäftigt. Sie arbeiteten unter anderem in namhaften Betrieben der Elektroindustrie, in Großbetrieben mit feinmechanisch-optischer Produktion und in den weithin bekannten Zigaretten- und Schokoladefabriken. Jedoch gehörte Dresden nicht zu den ausgesprochenen Rüstungszentren im zweiten Weltkrieg wie manche andere Großstadt und ganze Gebiete im damaligen Deutschen Reich. Kein Wunder, daß bei dieser industriellen Beschaffenheit und in Anbetracht der umfangreichen und einmaligen Schätze, die gerade das Zentrum der Stadt Dresden barg, sich während des zweiten Weltkrieges immer mehr die illusorische Meinung verbreiten konnte, Dresden, dieses große, bedeutende Museum Deutschlands und der gesamten Menschheit, müsse nicht mit einer Vernichtungsaktion durch alliierte Bomber rechnen.

Die Krim und Elbflorenz

Wie auf Dresden, so trifft wohl auch auf die Südküste der Krim am Schwarzen Meer das Wort zu: ein schönes Fleckchen Erde. Millionen verleben dort jährlich herrliche Urlaubstage. Täglich fahren strahlend weiße, mit erlebnisfrohen Touristen dichtbesetzte Passagierschiffe der sowjetischen Schwarzmeerflotte an dieser Küste entlang. Vieles wissen die Reisebegleiter von Vergangenheit, Gegenwart und Zukunft der geschichtsträchtigen Orte an dieser Küste zu berichten. So mancher berühmte Name wird genannt: Gorki, Tschechow, Pawlow und viele andere haben hier Erholung und Genesung gesucht.

Es ist auch die Rede von schweren Zeiten und großen Leiden des Volkes. Von den Greueltaten der weißgardistischen Wrangel-Leute, die in Gefangenschaft geratene Revolutionäre von hohen Felsen herabstießen, daß sie zerschmettert wurden. Noch heute wird in der Nähe von Jalta von der Bevölkerung eine hohe Felswand als »Blutfelsen« bezeichnet. Aber schlimmer, noch viel schlimmer als die Weißgardisten haben die deutschen Faschisten im zweiten Weltkrieg dort gehaust.

Andererseits berichten die Sowjetbürger mit berechtigtem Stolz von großen Heldentaten ihres Volkes und seiner ruhmreichen Armee. Von Odessa über Sewastopol und Kertsch bis zur berühmten Meerenge von Perekop gibt es auf der Krim viele Stätten, die von den Ruhmestaten des Volkes künden.

Die Krim war und ist auch der Ort für wichtige Tagungen und Begegnungen. Eine Konferenz, die hier wenige Monate vor Beendigung des zweiten Weltkrieges stattfand, hatte gerade für das deutsche Volk außerordentlich große Bedeutung.

Kurz bevor die Passagierschiffe im Hafen des berühmten Kurortes Jalta einlaufen, konzentriert sich das Interesse der Passagiere auf einen schönen, herrlich gelegenen Palast, den sich vor längst vergangenen Zeiten eine Zarenfamilie hatte bauen lassen.

Heute gehört dieser Palast, wie alle Herrensitze und Schlösser der ehemals herrschenden Klasse, dem sowjetischen Volk. In den Zimmern der Zarin und in den Räumen ihrer nicht gerade wegen großer Arbeitsfreude bekannten Hofdamen weilen heute Arbeiterinnen und Kolchosbäuerinnen zur Kur. In den Zimmern des Zaren und seiner schmarotzenden Kammerherren genießen Stahlschmelzer, Bergarbeiter, Schlosser und Angehörige anderer Berufe den Blick auf den herrlichen Park und das funkelnde Schwarze Meer.

Aber nicht allein die Lage an der Steilküste des Schwarzen Meeres, die großen, unvergleichlich schönen Parks und die Architektur sind Ursache der Weltberühmtheit des Palastes. Er ist aus einem anderen Grund in die Annalen der Geschichte der Menschheit eingegangen. Im Liwadija-Palast – so wird er genannt – trafen sich in der ersten Hälfte des Februars 1945 die Chefs der drei mächtigsten Staaten der Antihitlerkoalition. Der Vorsitzende des Ministerrates der UdSSR, Stalin, der amerikanische Präsident, Roosevelt, und der britische Premierminister, Churchill, verhandelten hier über eine Woche lang und besiegelten im Auftrag ihrer Staaten mit ihren Unterschriften die bedeutsamen Dokumente von Jalta.

Die Konferenz, die im Zeichen der so außerordentlich erfolgreichen Winteroffensive der Roten Armee tagte, formulierte und beschloß die Forderungen für die bedingungslose Kapitulation Hitlerdeutschlands sowie die Grundsätze für die Behandlung Deutschlands nach dem Krieg. In Jalta wurde auch die Gründung der Organisation der Vereinten Nationen festgelegt.

Auf Drängen der Sowjetunion waren die Beschlüsse der Konferenz auf die Entmilitarisierung und Demokratisierung Deutschlands, auf die Liquidierung des Faschismus, aber nicht gegen das deutsche Volk gerichtet. In ihnen hieß es: »... nur dann, wenn der Nationalsozialismus und der Militarismus ausgerottet sind, wird für die Deutschen Hoffnung auf ein würdiges Leben und einen Platz in der Völkergemeinschaft bestehen.«[4]

Die Vertreter der drei Mächte, der UdSSR, der USA und Großbritanniens, waren mit verschiedenartigen Plänen und Absichten nach Jalta gekommen. Je länger der Krieg dauerte, je mehr er sich seinem Ende näherte, um so deutlicher zeichneten sich auch die unterschiedlichen Auffassungen der beiden großen westlichen Alliierten ab. Die von den Interessen der eigenen Monopolbourgeoisie diktierten Kriegsziele, die jede der beiden großen imperialistischen Mächte für sich verfolgte, zeigten sich schon bei der Vorbereitung der Konferenz und dann erst recht während der Verhandlungen in Jalta.

Besonders Churchill wurde von düsteren Vorahnungen geplagt. Am 8. Januar 1945 telegrafierte er an Roosevelt: »Das wird eine schicksalsschwere Konferenz werden, gerade in dem Augenblick, da die großen Alliierten uneinig sind und der Schatten des Krieges sich weit vor uns ausdehnt. Im gegenwärtigen Zeitpunkt denke ich, daß sich das Ende dieses Krieges sehr wohl enttäuschender erweisen könnte als das des letzten.«[5] Ununterbrochen drängte er in Depeschen und Botschaften den amerikanischen Präsidenten Roosevelt, daß eine längere Vorkonferenz der britischen und der amerikanischen Delegation zur Erarbeitung einer gemeinsamen Linie für die Konferenz in Jalta stattfinden möge. Roosevelt hatte aber offensichtlich wenig Interesse daran. Er depeschierte am 6. Januar 1945 als Antwort auf einen früheren Vorschlag an Churchill: »Aus diesem Grunde und mit Rücksicht auf die mir für diese Reise zur Verfügung stehende Zeit bedaure ich, daß es für uns nicht möglich sein wird, uns, wie von Ihnen vorgeschlagen, zu treffen und ein Zusammenkommen des britisch-amerikanischen Stabes in Malta stattfinden zu lassen, bevor wir nach *ARGONAUT* (Codewort für Jalta – *W. W.*) weiterfahren. Ich glaube nicht, daß wir in *ARGONAUT* irgendwelche Zeit verlieren, wenn wir vorher in Malta keine Zusammenkunft gehabt haben.«[6] Roosevelt wollte sich auf keinen Fall die Hände für Jalta binden. Am Ende kam es nur zu einer kurzen gemeinsamen Besprechung auf der Insel Malta, bei der es Churchill nicht gelang, Roosevelt in den wichtigsten Punkten auf eine gemeinsame Linie festzulegen. Jeder wollte mit dem unerhört wichtig gewordenen Faktor Sowjetunion auf seine Weise und zu seinen Gunsten operieren.

Der wesentliche Grund für Churchills Befürchtungen war die Entwicklung der Sowjetunion. Als er und seine Anhänger sahen, daß die Sowjetunion militärisch immer wirkungsvollere Trümpfe ausspielte, als die Sympathie der Völker sich mehr und mehr der Sowjetunion und ihrer Roten Armee zuneigte, begann er nervös nach Mitteln zu suchen, die diese Entwicklung aufhalten sollten.

Während die UdSSR Vorschläge zu einer echten Friedensregelung machte, waren die Konzeptionen der Staatsmänner Großbritanniens und der USA, trotz aller

Differenzen untereinander, von dem Wunsch geprägt, einerseits den lästigen und gefährlichen deutschen Konkurrenten auf dem Weltmarkt auszuschalten und andererseits am Ende des zweiten Weltkrieges einer ausgebluteten und erschöpften Sowjetunion die Nachkriegspolitik diktieren zu können. Kriegsminister Stimson erklärte später über diese Politik des USA-Imperialismus: »Die deutsche Frage wurde Teil eines noch größeren und komplizierteren Gegenstandes – der amerikanischen Politik gegen Sowjetrußland.«[7]

Auch Churchill hatte trotz seiner Befürchtungen Anfang Januar 1945 noch Hoffnungen, die in gleicher Richtung lagen. Am 8. Januar 1945 telegrafierte er an seinen Außenminister Eden: »Niemand kann voraussehen, wie sich bei Kriegsende das Kräfteverhältnis gestalten wird und wo die siegreichen Armeen stehen werden. Immerhin scheint es wahrscheinlich, daß die Vereinigten Staaten und das Britische Reich, weit davon entfernt, erschöpft zu sein, den schwerstbewaffneten und wirtschaftlich mächtigsten Block darstellen werden, den die Welt je gesehen hat, und daß die Sowjetunion unseren Beistand für den Wiederaufbau in viel größerem Maße brauchen wird als wir den ihren.«[8] Aber das war noch vor der großen und so überaus erfolgreichen Winteroffensive der Roten Armee im Januar 1945.

Ein Mittel zur Verwirklichung dieser Bestrebungen waren die Pläne zur Zerstückelung Deutschlands, zur Dezimierung seines Wirtschaftspotentials und zur Senkung seines kulturellen Niveaus.

Diese Pläne waren nicht neu. Schon um die Jahreswende 1941/42 fanden auf Initiative Churchills darüber Gespräche zwischen Churchill und Roosevelt statt. Im Oktober 1943 stand auf der Konferenz der Außenminister der UdSSR, der USA und Großbritanniens in Moskau der westliche Plan einer Dreiteilung Deutschlands zur Diskussion. Bei den Beratungen in Teheran im Dezember 1943 wurden von westlicher Seite erneut solche Pläne vorgelegt. Roosevelt schlug vor, Deutschland in acht Teile zu spalten, und Churchill plädierte für seinen Lieblingsgedanken, aus Deutschland zwei Staaten zu bilden, einen norddeutschen und einen süddeutschen, wobei der süddeutsche Staat einer sogenannten Donaukonföderation angeschlossen werden sollte. »Die sowjetische Delegation brachte den ablehnenden Standpunkt der Regierung der UdSSR derartigen Plänen gegenüber zum Ausdruck.«[9]

Auch in Jalta und sogar noch bis zur Potsdamer Konferenz, auf der Truman noch einmal die Dreiteilung Deutschlands vorschlug[10], forderten die amerikanische und die britische Regierung die Spaltung Deutschlands.

Die Sowjetunion trat immer derartigen Plänen und Vorstellungen, die auf eine Zerstückelung Deutschlands mit dem Ziel der Erhaltung der Herrschaft von Imperialismus und Militarismus mindestens in Teilen Deutschlands hinausliefen, entgegen. Ihr Hauptziel war allezeit und ausschließlich, ein friedliches, demokratisches Deutschland zu schaffen, das für immer von Chauvinismus und Militarismus frei ist. Diese Haltung nahm die Sowjetregierung ein, obwohl die Monopolisten Hitlerdeutschlands die Welt in einen fürchterlichen und opferreichen Krieg gestürzt hatten und trotz der von den Faschisten am Sowjetvolk begangenen grausamen Verbrechen.

In der Nähe von Jalta liegt auch der Kurort Alupka, der von allen Orten der Krim das mildeste Klima hat. Dort steht ebenfalls ein bekannter Palast. Mehrere hundert Leibeigene haben bei seinem Bau vor mehr als anderthalb Jahrhunderten achtzehn lange Jahre für den Fürsten Woronzow schwer geschuftet. Die merkwürdige englische Architektur wählte der Fürst, der rund zwei Jahrzehnte in London gelebt hatte, sicher deshalb, weil England damals als das ökonomisch und politisch mächtigste Land der Welt auch die angesehenste Aristokratie hatte. Heute ist der Palast zum Teil Museum der bildenden Künste und zum Teil Sanatorium für die Werktätigen.

Aber was hat die Konferenz von Jalta und insbesondere dieser Palast in Alupka mit der Zerstörung Dresdens zu tun? Welche Erinnerungen knüpfen sich an ihn? Für Dresden leider furchtbare. Churchill und sein Gefolge waren während der Konferenz in diesem Palast in Alupka einquartiert. Von hier wurde in den ersten Februartagen 1945 an das britische Oberkommando geheim und doppelt chiffriert gefunkt, daß eine bereits vorbereitete und befohlene Aktion der britischen Luftstreitkräfte durchzuführen sei. Das war der Befehl Churchills an seine Militärs zur Zerstörung Dresdens. Hier wurde vom damaligen britischen Premierminister, dem Vertreter der reaktionärsten Kreise Englands, das Todesurteil über fast 35000 Dresdner, vom eben geborenen Säugling bis zur hundertjährigen Greisin, unterschrieben.

Obwohl das alles dokumentarisch belegt ist, brachte es ein gewisser Dr. Bodamer fertig, westdeutschen Kommunalpolitikern in Württemberg-Baden am 10. Juni 1963 vorzutragen, die Schuld an der grauenhaften Zerstörung Dresdens sei auf eine kleine Vergeßlichkeit Churchills zurückzuführen.[11] Nach der »Württembergischen Gemeindezeitung« vom 31. Juli 1963 sagte er wörtlich: »... daß, wie wir heute genau wissen, in Dresden bei dem berüchtigten Bombenangriff 135000 Menschen qualvoll sterben mußten, nur weil Churchill versäumt hatte, eine Anweisung an seine Luftflotte zurückzunehmen, die zu diesem Zeitpunkt längst überholt und deren Ausführung gar nicht mehr geplant war.«

Selbstverständlich fragt sich jeder nach dem Sinn einer so schwerwiegenden Aktion. Sollten durch sie massierte Kräfte der Hitlerwehrmacht außer Gefecht gesetzt werden? Diente sie der Zerstörung des faschistischen Kriegspotentials? War sie zur Niederwerfung Hitlerdeutschlands erforderlich?

Manchmal taucht die Behauptung auf, daß gerade die Stadt Dresden für die Rüstung und Kriegführung bedeutungslos gewesen sei. Das stimmt nicht. Es ist hier nicht der Ort, alle wesentlichen Dresdner Betriebe mit ihren Belegschaftszahlen und der Art ihrer Kriegsproduktion aufzuzählen. Tatsache ist, daß große Werke mit wichtiger Kriegsproduktion in Dresden vorhanden waren. Außerdem gab es zahlreiche Kasernen und andere militärische Einrichtungen. Das Kennzeichen des Bombenangriffs auf Dresden war aber, daß die größten Dresdner Rüstungsbetriebe, das Industriegelände in Dresden-Nord, die Kasernen, die Luftkriegsschule, der Flugplatz und andere militärische Einrichtungen nicht angegriffen worden sind. Die Umstände, gute Sicht und keine Abwehr, hätten es durchaus ermöglicht, solche Punktziele wirkungsvoll zu bombardieren. Aber nichts dergleichen geschah. Selbst das große Benzinlager an der Elbe im Nordwesten der Stadt war nicht im Plan für die Piloten. Der festgelegte Zielraum beweist, daß das alles sich nicht zufällig abspielte.

Wenn auch heute gesagt werden kann, daß selbst die Bombardierung kriegswichtiger Betriebe und Verkehrsanlagen an Stelle der Wohnviertel und des Zentrums von Dresden die militärischen Operationen nicht mehr wesentlich hätte beeinflussen können, so wäre doch ein solcher Angriff zur Not noch als eine beabsichtigte Unterstützung der Roten Armee zu erklären gewesen. Aber Churchill und die von ihm repräsentierten reaktionären Kreise des englischen Imperialismus, seine Militärs und seine amerikanischen Freunde hatten eine völlig andere Konzeption.

Aus berufenem Munde wissen wir, daß die Planer der Angriffe die als kriegswichtig anzusehenden Ziele gar nicht bombardieren wollten. Die Zerstörung Dresdens sollte, wie Churchill formulierte, ein »Donnerschlag« sein und die Sowjetunion heftig erschrecken.[12] Alle Tatsachen beweisen, daß die englische und die amerikanische Regierung mit der Zerstörung Dresdens tatsächlich nicht die Hitlerfaschisten, sondern in erster Linie ihre sowjetischen Bundesgenossen treffen wollten.

Die Aktion diente offensichtlich nicht der militärischen Niederschlagung Hitlerdeutschlands, sondern mit ihr wurden von den Imperialisten weitgesteckte politische Ziele verfolgt.

Sir Winston Churchill ist ärgerlich

Sir Winston Churchill war am 25. Januar 1945 sehr ärgerlich. Das lag nicht an Dummheiten oder Fehlern irgendwelcher Mitarbeiter, die vielleicht etwas verpatzt hatten. Nein, die Ursache seines Ärgers waren Nachrichten von den Kriegsschauplätzen.[13] Sonderbarerweise waren es Nachrichten, über die sich nicht nur die Bevölkerung Englands, sondern auch die aller Staaten der Antihitlerkoalition und alle Hitlergegner in Ost und West freuten, Nachrichten über die so außerordentlich erfolgreiche Offensive der Sowjetarmee. Die Völker wußten jetzt, daß der schreckliche Krieg bald zu Ende gehen würde.

Auch den englischen und den amerikanischen Soldaten an der Westfront, deren Unzufriedenheit über die zögernd und schleppend vorangehenden Operationen an der zweiten Front gewachsen war, gaben die Nachrichten von Radio Moskau über die Siege der Roten Armee neuen Auftrieb.

Der britische Premierminister jedoch war ärgerlich.

Um dies zu verstehen, ist es erforderlich, die militärische und politische Lage zum Zeitpunkt des zweiten Zusammentritts der »Großen Drei« in Jalta zu bedenken. Die Rote Armee bewegte sich in zügigem Vormarsch auf die Oder zu; ihre Vorausabteilungen standen 70 km vor Berlin. Die Erfolge der am 12. Januar 1945 begonnenen Weichsel-Oder-Großoffensive, die zur Besetzung des westlichen Polens und eines großen Teils der Ostgebiete des Deutschen Reiches führten, und die bemerkenswerten Geländegewinne im Raum Budapest, die ein zügiges Vorrücken auf Wien erwarten ließen, machten auf die Regierungschefs der Vereinigten Staaten und Großbritanniens Eindruck. Deren Truppen waren über die vor der deutschen Ardennenoffensive erreichte Linie noch nicht wesentlich herausgekommen. Das Ausbügeln der deutschen Einbruchstelle hatte allerhand Kraft gekostet. Der Rhein war von ihnen weder erreicht noch überschritten. Im Fernen Osten waren die Kampfhandlungen der USA-Streitkräfte gegen die Japaner zwar in vollem Gange, doch das Ende war auch dort noch nicht abzusehen. Trotz eindeutiger Materialuberlegenheit hatten die Armeen der Vereinigten Staaten und Großbritanniens an der Jahreswende 1944/45 keine so eindrucksvollen und überzeugenden Erfolge wie die Rote Armee aufzuweisen. Natürlich war die Sowjetunion ein Verbündeter und hatte die Hauptlast im Krieg getragen. Bereits vier Monate früher, am 27. September 1944, hatte Churchill das in einer »persönlichen, geheimen und streng vertraulichen« Botschaft an Stalin zugeben müssen: »Ich werde morgen im Unterhaus die Gelegenheit benutzen zu wiederholen, was ich

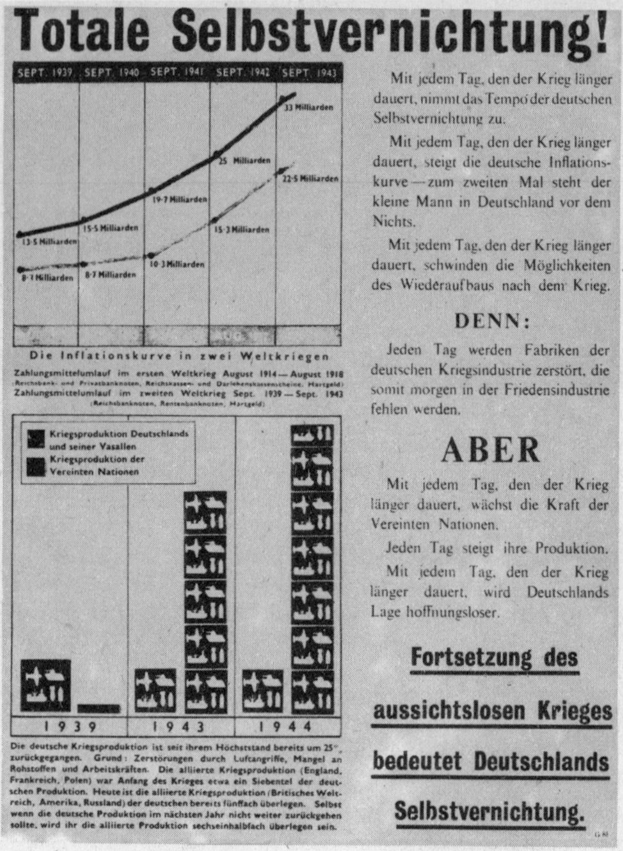

Totale Selbstvernichtung!

SEPT. 1939 SEPT. 1940 SEPT. 1941 SEPT. 1942 SEPT. 1943

13·5 Milliarden
15·5 Milliarden
19·7 Milliarden
25 Milliarden
33 Milliarden
8·7 Milliarden
8·7 Milliarden
10·3 Milliarden
15·3 Milliarden
22·5 Milliarden

Die Inflationskurve in zwei Weltkriegen

Zahlungsmittelumlauf im ersten Weltkrieg August 1914 — August 1918
(Reichsbank- und Privatbanknoten, Reichskassen- und Darlehenskassenscheine, Hartgeld)
Zahlungsmittelumlauf im zweiten Weltkrieg Sept. 1939 — Sept. 1943
(Reichsbanknoten, Rentenbanknoten, Hartgeld)

Kriegsproduktion Deutschlands und seiner Vasallen
Kriegsproduktion der Vereinten Nationen

1939 1943 1944

Die deutsche Kriegsproduktion ist seit ihrem Höchststand bereits um 25% zurückgegangen. Grund: Zerstörungen durch Luftangriffe, Mangel an Rohstoffen und Arbeitskräften. Die alliierte Kriegsproduktion (England, Frankreich, Polen) war Anfang des Krieges etwa ein Siebentel der deutschen Produktion. Heute ist die alliierte Kriegsproduktion (Britisches Weltreich, Amerika, Russland) der deutschen bereits fünffach überlegen. Selbst wenn die deutsche Produktion im nächsten Jahr nicht weiter zurückgehen sollte, wird ihr die alliierte Produktion sechseinhalbfach überlegen sein.

Mit jedem Tag, den der Krieg länger dauert, nimmt das Tempo der deutschen Selbstvernichtung zu.

Mit jedem Tag, den der Krieg länger dauert, steigt die deutsche Inflationskurve — zum zweiten Mal steht der kleine Mann in Deutschland vor dem Nichts.

Mit jedem Tag, den der Krieg länger dauert, schwinden die Möglichkeiten des Wiederaufbaus nach dem Krieg.

DENN:

Jeden Tag werden Fabriken der deutschen Kriegsindustrie zerstört, die somit morgen in der Friedensindustrie fehlen werden.

ABER

Mit jedem Tag, den der Krieg länger dauert, wächst die Kraft der Vereinten Nationen.

Jeden Tag steigt ihre Produktion.

Mit jedem Tag, den der Krieg länger dauert, wird Deutschlands Lage hoffnungsloser.

Fortsetzung des aussichtslosen Krieges bedeutet Deutschlands Selbstvernichtung.

Flugblatt der Antihitlerkoalition von 1944

schon früher gesagt habe, daß es nämlich die russische Armee ist, die die Kraft der deutschen Kriegsmaschine gebrochen hat und gegenwärtig den bei weitem größeren Teil der feindlichen Streitmacht an ihrer Front bindet.«[14]

Trotzdem ging es ihm wider den Strich, daß die »Russen« voraussichtlich bald auch in Dresden einrücken würden. Sollten sie etwa die Großstädte in dem von ihnen zu besetzenden Gebiet Deutschlands verhältnismäßig wenig zerstört vorfinden? Den ganzen Tag grübelte er, wie man den »Russen« am besten eine kalte Dusche verabreichen könnte.

»Die überwältigende Schnelligkeit des sowjetischen Vormarsches im Osten und die dementsprechenden Tagesbefehle der Sowjets, die den Fall einer östlichen Stadt nach der anderen verkündeten, hätte für die westlichen Alliierten nicht ungelegener kommen können. Die seit langem erwartete Konferenz von Jalta, von der nach dem Kriege so viel für die Zukunft Europas abhängen sollte, schien mit einer Demonstration sowjetischer Macht in größtem Maßstab zu beginnen, und verglichen mit den Vorstößen der Sowjetmarschälle Konjew und Schukow in Ostpreußen und Schlesien, mußten die Erfolge der westlichen Alliierten in Italien und der gerade abgeschlossene Kampf in den Ardennen tatsächlich kümmerlich erscheinen.

Die politischen Führer des Westens würden es offensichtlich schwer haben, bei Eröffnung der Konferenz von Jalta von einer Position der Stärke aus zu verhandeln.«[15]

Je tiefer der Widerspruch zwischen den geheimen Kriegszielen einflußreicher Kreise der amerikanischen und der englischen Bourgeoisie und der tatsächlichen Lage klaffte, um so abenteuerlicher waren ihre Entschlüsse, das Steuer in letzter Minute herumzureißen und – wenigstens in etwa – ihre Wünsche mit den Tatsachen in Übereinstimmung zu bringen. Was hatte die Lage so kompliziert?

1. Stärke und Schlagkraft der Sowjetarmee erwiesen sich im Verlauf des zweiten Weltkrieges überraschend, und zwar nicht nur für die deutschen, sondern auch für die englischen und die amerikanischen Imperialisten überraschend, als wesentlich größer als erwartet.

2. Die Sympathien des englischen und des amerikanischen Volkes für die Sowjetunion und ihre Rote Armee wuchsen angesichts der militärischen Erfolge und des rückhaltlosen Einsatzes für das gemeinsame Ziel, die Vernichtung des Faschismus, immer mehr.

3. Die teilweise erfolgreiche Offensive der deutschen Truppen in den Ardennen gegen die anglo-amerikanischen Streitkräfte um die Jahreswende 1944/45 hatte

unter der Bevölkerung der angelsächsischen Länder Unruhe ausgelöst und die Gefahr einer Vertrauenskrise zu ihren Regierungen und Militärs heraufbeschworen.

4. Bei der Darlegung der Situation der alliierten imperialistischen Bourgeoisie darf nicht unerwähnt bleiben, daß in immer mehr befreiten Ländern die Antifaschisten – gestützt auf die Erfolge eigener militärischer Verbände im Kampf gegen den Faschismus – neue, demokratische, antifaschistische Regierungen bildeten.

5. Je mehr sich der Krieg seinem Ende näherte, um so spürbarer wurden die Differenzen der westlichen Imperialisten untereinander – trotz gemeinsamer Kriegführung – um den Anteil an der zu erwartenden Beute und die Vorherrschaft in der Welt. Sowohl die amerikanischen als auch die englischen Imperialisten hatten es nunmehr eilig, rücksichtslos den eigenen Vorteil zu wahren.

6. Außerdem stand die Zusammenkunft mit Stalin in Jalta (4. bis 11. Februar 1945) vor der Tür, eine Konferenz, bei der für die westlichen Imperialisten sehr viel auf dem Spiel stand. Daher schien es ihnen an der Zeit, der Sowjetunion einen Dämpfer aufzusetzen und der ganzen Welt die Macht und die Stärke Englands und Amerikas zu demonstrieren.

Den Weg aber, ihre Leistungsfähigkeit zu beweisen, der für alle Völker, auch für das deutsche Volk, der beste gewesen wäre: rasche Niederwerfung der Hitlerfaschisten durch den rationellsten Einsatz aller Kräfte und militärischen Machtmittel, tatkräftige Unterstützung der großartigen sowjetischen Offensive, wollten bestimmte reaktionäre Kreise der englischen und der amerikanischen Monopolbourgeoisie nicht gehen.

Wie schon gesagt, auch in Amerika gab es Kräfte, die so dachten wie Churchill. Truman, damals Mitglied des amerikanischen Senats und späterer Präsident der USA, hatte einen Tag nach dem Überfall des faschistischen Deutschlands auf die UdSSR erklärt: »Wenn wir sehen, daß Deutschland gewinnt, so sollten wir Rußland helfen, und wenn Rußland gewinnt, so sollten wir Deutschland helfen; sollen sie nur auf diese Weise möglichst viele totschlagen.«[16]

Der amerikanische Innenminister der Regierung Roosevelt, Harold I. Ickes, hatte in einer Rede am 8. November 1943 festgestellt: »Leider sind in unserem Lande starke Kräfte am Werk, die mit Vorsatz und Berechnung feindliche Gefühle gegen Rußland zu züchten bemüht sind.«[17]

Der britische Premierminister wußte ganz genau, daß es in Amerika einflußreiche Politiker gab, die gemeinsam mit Hitlerdeutschland die Sowjetunion in die Knie zwingen wollten. Das ermunterte ihn, seine Pläne durchzuführen.

Bereits am 12. Januar 1945 hatte für Churchill der ganze militärische und politische Ärger begonnen. Zwar hatte er persönlich am 6. Januar 1945 wegen der deutschen Ardennenoffensive einen eiligen Funkspruch mit der dringenden Bitte um Hilfe an das sowjetische Oberkommando richten müssen[18], aber daß die »Russen« bei ihrer Offensive, die auch der Entlastung der Alliierten an der Westfront diente, so große Erfolge hatten, das war unerwartet und entsprach nicht seinen Wünschen. Am Abend des 25. Januar 1945 glaubte er gefunden zu haben, was den geheimen Absichten bestimmter reaktionärer imperialistischer Gruppen in England und Amerika dienen könnte: eine gewaltige Demonstration der Größe und Macht der anglo-amerikanischen Luftstreitkräfte. Der Plan »Donnerschlag«, zu dem später noch einiges zu sagen ist, mußte jetzt, wenn auch auf andere Art und Weise, dringend verwirklicht werden.

Der ehemalige englische Minister Richard H. S. Crossman schrieb in der Zeitschrift »Esquire«: »Was erforderlich war, so entschied er (Churchill – *W. W.*), war der Donnerschlag einer Vernichtung durch anglo-amerikanischen Luftangriff, so entsetzlich in seiner Zerstörung, die er rachedurstig auslöste, daß selbst Stalin davon beeindruckt sein würde. Der 25. Januar war der Tag, an dem die Entscheidung fiel, die darauf hinauslief, Dresden auszulöschen.«[19]

Noch am Abend des gleichen Tages telefonierte Churchill mit seinem Kabinettskollegen, dem Luftfahrtminister Sinclair, um sich zu erkundigen, welche Pläne bei der Bomberflotte bestünden, um Ostdeutschland anzugreifen. Da Sinclair nichts Genaues sagen konnte, verlangte Churchill für den nächsten Tag eine konkrete Antwort.

Minister Sinclair machte am nächsten Tag, dem 26. Januar, Bedenken geltend, zum Beispiel in der Richtung, daß eine Intervention im Winterwetter auf lange Sicht in Ostdeutschland schwierig wäre[20], und berichtete, daß die Möglichkeit geprüft werde, »diese Angriffe in dem notwendigen Rahmen durchzuführen, um eine spürbare Wirkung auf die Lage in Ostdeutschland auszuüben«[21]. Damit kam er aber bei seinem Chef schief an. In gereiztem Ton erwiderte Churchill: »Ich habe Sie gestern abend nicht nach Plänen gefragt, wie der deutsche Rückzug aus Breslau gestört werden könne. Im Gegenteil, ich habe gefragt, ob Berlin, und zweifellos auch andere große Städte in Ostdeutschland, jetzt nicht als besonders lohnende Ziele angesehen werden können. Ich freue mich, daß dies jetzt ›geprüft wird‹. Teilen Sie mir bitte morgen mit, was man zu tun gedenkt.«[22]

Bei den Amerikanern hatte er schon entsprechend vorgearbeitet.

Das mit den »ostdeutschen Städten« hatte seine besondere Bewandtnis. Bereits am 12. September 1944 war das »Protokoll über die Abgrenzung der Besatzungszonen in Deutschland« von den Regierungen der UdSSR, der USA und Großbritanniens unterzeichnet worden.[23]

Ab Mitte Januar 1945 standen, wie aus Briefen des Oberbefehlshabers der englischen Bomberflotte, Marschall Harris, vom 1. November 1944 und vom 18. Januar 1945 an den Chef des englischen Luftstabes, Sir Charles Portal, hervorgeht, vorrangig folgende Städte auf dem Zerstörungsplan der anglo-amerikanischen Bomberverbände[24]:

Magdeburg	Leipzig	Gotha
Dresden	Chemnitz	Eisenach
Halle	Erfurt	Weimar
Breslau	Posen	Berlin

Am 27. Januar 1945 erhielt der britische Premierminister die Mitteilung, daß entsprechende Pläne für die Zerstörung »ostdeutscher Städte«, besonders – wie verlangt – für den Angriff auf Dresden, vorlägen. Doch erst ab 4. Februar bestünden witterungsmäßig voraussichtlich günstige Möglichkeiten, einen Angriff auf ein so weit

entfernt liegendes Ziel im geplanten Umfang durchzuführen. Am 28. Januar bestätigte Churchill die Pläne und kündigte endgültige Nachrichten aus Jalta an. Von nun an rollte die unheimliche Maschine, damit sie ab 4. Februar – sinnigerweise einem Sonntag – für ihr teuflisches Werk in Dresden bereitstand. Nur das Wetter gab den Dresdnern noch eine Frist von neun Tagen.[25]

Churchill war wieder besser gestimmt: Die »Russen« würden staunen und erschrecken, wenn er in Jalta »das Beispiel Dresden« auf den Konferenztisch legte. Und wie es einem echten Heuchler geziemt, telegrafierte er ausgerechnet am 27. Januar 1945, als er den Plan zur Zerstörung Dresdens erhalten hatte, an Stalin als den Repräsentanten der Sowjetunion: »Wir stehen im Banne Ihrer ruhmreichen Siege über den gemeinsamen Feind und der mächtigen Streitkräfte, die Sie gegen ihn in den Kampf geworfen haben. Nehmen Sie unseren herzlichsten Dank und unsere Glückwünsche zu den historischen Taten entgegen.«[26]

Anschließend begab sich Churchill mit seinem gesamten Stab zunächst nach Malta und nach kurzer Beratung mit Roosevelt dann nach Jalta, dem Konferenzort der drei Regierungschefs. Aber aus dem Angriff auf Dresden war trotz des Befehls und ständigen Drängens Churchills während der ersten Konferenztage noch immer nichts geworden.

Derweil formte sich im ehemaligen Zarenpalast Liwadija das Übereinkommen der drei Verhandlungspartner. Churchill wurde immer unzufriedener, weil er den Trumpf gegen Stalin nicht ausspielen konnte. Tag für Tag wartete er auf die Erfolgsmeldung, aber vergeblich. Erst als das Jaltaer Dokument, in dem vieles stand, das den geheimen Absichten der Westmächte – denen auch die zeitlich abgestimmte Zerstörung Dresdens dienen sollte – widersprach, unterzeichnet war, erlaubte das Wetter den von Churchill sehnlichst erwarteten Angriff auf Dresden.

Natürlich wußte die Sowjetunion, welche Ziele Churchill verfolgte. In der »Geschichte der Kommunistischen Partei der Sowjetunion« heißt es:

»Die Konferenz war ein neuerlicher Beweis dafür, daß eine Zusammenarbeit von Staaten mit unterschiedlicher

Gesellschaftsordnung möglich ist. Ihre Beschlüsse machten die Spekulationen der Hitlerfaschisten und der reaktionärsten Kreise in England und den USA zunichte, die die Alliierten zu spalten und hinter dem Rücken der Sowjetunion einen Separatfrieden mit dem faschistischen Deutschland zu schließen suchten.

Aber der englische Regierungschef Churchill setzte seine wortbrüchige Politik gegenüber der UdSSR fort. Ihm ging es nicht so sehr um die Niederwerfung Deutschlands als vielmehr darum, daß die englischen und amerikanischen Truppen vor der Roten Armee in die Hauptstädte Deutschlands, der Tschechoslowakei und Österreichs einmarschierten.«[27]

Es ist gar nicht erstaunlich, daß es heute viele Monopolherren und Militaristen der BRD in ihrem blinden Antikommunismus ebenso wie Churchill bedauern, daß es damals mit Dresden »nicht geklappt hat«. Ein gewisser Dr. Pfitzer bringt es fertig, im »Spandauer Volksblatt« am 14. Februar 1965 zu schreiben:

»Die für die Zukunft Europas entscheidende Konferenz von Jalta stand vor der Tür, auf der die Sowjets das ganze Gewicht ihrer gewaltigen Erfolge an der Ostfront in die Waagschale werfen konnten. Dem hatten die Westmächte zu diesem Zeitpunkt nichts Gleichwertiges entgegenzusetzen, und so, um ihre Position zu stärken, *was vermutlich auch der Zukunft Deutschlands zugute gekommen wäre* (Hervorhebung – *W. W.*), hielt Churchill, auf dessen Schultern durch die Apathie des kranken Roosevelt die ganze Verantwortung lastete, eine eindrucksvolle Demonstration der westlichen Luftmacht für zwingend notwendig.«

Das ist die Meinung der westdeutschen Militaristen und Revanchisten: Daß Dresden zerstört wurde und 35000 Menschen starben, war schon goldrichtig, nur hätte es einige Tage früher geschehen müssen, dann wäre es ihrer heutigen Politik sehr zum Nutzen gewesen.

War das schon damals eine Fehlspekulation der Imperialisten, so sollten alle, die noch mit ähnlichen Gedanken spielen, begreifen, daß heute solche »Stärkedemonstrationen« erst recht nicht mehr dazu taugen, revanchistische Pläne zu verwirklichen.

Wie war die Lage der deutschen Rüstungswirtschaft an der Jahreswende 1944/45?

In den Statistiken des Jahres 1944 erscheinen auf vielen wichtigen Gebieten der Rüstungsproduktion in Deutschland Rekordziffern. Im einzelnen wird angegeben:

Index der gesamten deutschen Kriegsproduktion[28]

1940	100 Prozent
1942	146 Prozent
1944	285 Prozent

Jährliche Flugzeug- und Panzerproduktion in Deutschland[29]

	Flugzeuge	Panzer
1940	10 200 Stück	1 500 Stück
1942	14 200 Stück	6 300 Stück
1944	39 600 Stück	19 000 Stück

Nach Angaben des Westberliner Deutschen Instituts für Wirtschaftsforschung wurden produziert[30]

in 1 000 Stück	1942	1943	1944
Granatwerfer	10	23	31
Geschütze (ab 7,5 cm)	12	27	41
in 1 000 t			
Munition	1 270	2 558	3 350

Wo blieb die vermehrte Produktion von Waffen aller Art? Die Ostfront war für die faschistische Wehrmacht infolge der überlegenen Kriegführung der Roten Armee und ihres raschen Vormarsches ein Faß ohne Boden. Um die Sowjetarmee unter allen Umständen aufzuhalten, wurden ständig neue Verbände aufgestellt und in den Kampf geworfen. Fast immer stand der Roten Armee ein gut mit Waffen aller Art ausgestatteter Feind gegenüber. Berichte besagen, daß zum Beispiel die meisten Divisionen im Laufe des Jahres 1944 dreimal von Grund auf neu ausgerüstet werden mußten. Panzereinheiten sind fünf-, ja sogar sechsmal vollständig neu mit Panzern aufgefüllt worden; allerdings konnten die Besatzungen nur zum Teil ersetzt werden. So blutete unter den Schlägen der Sowjetarmee die Hitlerwehrmacht allmählich aus, und die deutsche Rüstungsindustrie konnte auf die Dauer den enormen Materialverschleiß nicht mehr vollwertig ersetzen.

Die Faschisten hatten diese riesige Rüstungsproduktion durch den Einsatz aller vorhandenen Potenzen und Reserven, einschließlich der Konsumgüterindustrie und des persönlichen Eigentums, erreicht. Sie hatten dabei ohne Rücksicht auf die Zukunft auch ökonomisch die Existenzgrundlagen des deutschen Volkes völlig ausgehöhlt, ganz im Sinne Hitlers, der am 18. März 1945 gegenüber seinem Rüstungsminister Speer erklärte: »Wenn Deutschland diesen Krieg verlieren würde, dann gehöre den östlichen Völkern die Zukunft Europas. Man brauche in diesem Falle keinerlei Rücksicht auf das deutsche Volk zu nehmen, denn es seien ja doch die Besten gefallen, und nur die Minderwertigen seien übriggeblieben.«[31]

Die Angaben über die deutsche Rüstungsproduktion muß man allerdings etwas genauer analysieren. Man könnte sonst daraus ableiten, daß es im Winter 1944/45 noch notwendig gewesen wäre, mit schweren Luftangriffen das deutsche Rüstungspotential zu zerschlagen, um den Krieg erfolgreich zu beenden. Dem ist nicht so. Denn man darf nicht übersehen, daß es für die deutsche Rüstungsproduktion im Jahre 1944 eine harte Zäsur gibt. »Seit Juli 1944 ging die Wirtschaft des faschistischen Deutschlands einem raschen Verfall entgegen«[32], heißt es in der »Geschichte des Großen Vaterländischen Krieges der Sowjetunion«. Der Vormarsch sowjetischer Truppen bis in das deutsche Reichsgebiet, die sichtbare militärische Katastrophe hatten das deutsche Hinterland erschüttert. Deutschlands Rüstungswirtschaft erlitt in den letzten Monaten des Jahres 1944 einen katastrophalen Leistungsabfall. Wie sah das im einzelnen aus?

Im Jahre 1944 war die Mannschaftsstärke der faschistischen Wehrmacht um über ein Viertel gesunken. Alle verfügbaren Reserven wurden mobilisiert. Am 16. August 1944 hielt die Rüstungskommission für Sachsen in Dresden eine Tagung ab. In dem als geheim gekennzeichneten Protokoll heißt es: »Der Vorsitzer berichtet über die 4. Dienstbesprechung in Berlin, die im Zeichen der einschneidenden Maßnahmen betr. Vereinfachung der Verwaltung und Reorganisierung der Wehrmacht stand. Insgesamt sollen der Wehrmacht und den Rü-Betrieben ca. 2 Millionen Menschen zugeführt werden, hiervon 1 Million aus der Wehrmacht hinter der Front und 600–800 000 aus staatlichen Verwaltungen. Hervorragende Organisatoren der Wirtschaft (z. B. Vögler) sind zu diesem Zweck in den Stab Goebbels, Himmler, Speer befohlen.«[33]

So begann die letzte Etappe der »totalen Mobilmachung« des faschistischen Deutschlands. Die Faschisten hofften damit jene Faktoren zu kompensieren, die den Zusammenbruch der deutschen Kriegswirtschaft einleiteten. Vom Schuljungen bis zur Greisin wurden alle und alles den »Erfordernissen« des »totalen Krieges« untergeordnet. Aber der Ausfall wichtiger, anderen Völkern Europas vorübergehend geraubter Rohstoffquellen wurde immer schmerzhafter spürbar. Dazu kam, daß die großen Mengen landwirtschaftlicher Erzeugnisse, die während der Zeit der Besetzung aus der Ukraine herausgepreßt worden waren, jetzt nicht mehr für die Versorgung der deutschen Bevölkerung zur Verfügung standen.

Die »totale Mobilmachung« war jedoch nur Wirkung; was aber war die Ursache? Die Sowjetarmee ging in all ihren Operationen davon aus, daß man im Krieg seinen Gegner nicht besiegen kann, »ohne seine Streitkräfte zu vernichten und ihm die Möglichkeit zu nehmen, diese wieder zu erneuern«[34]. Die Führung der Sowjetarmee war deshalb darauf bedacht, die faschistischen Truppen nicht nur zurückzudrängen, sondern personell wie materiell vom weiteren Kampf möglichst vollständig auszuschalten. »Die große Anzahl der in den einzelnen Feldzügen zerschlagenen feindlichen Verbände war das Ergebnis der geschickt durchgeführten Operationen der sowjetischen Truppen. Bei den größten strategischen Angriffsoperationen wurden 40 bis 70 und manchmal auch mehr Divisionen des Gegners zerschlagen. So vernichteten die sowjetischen Truppen zum Beispiel in der Belorussischen Operation mehr als 70 Divisionen, in der Operation von Jasi-Kischinjow 50 Divisionen und 6 Brigaden, in der Weichsel-Oder-Operation 58, in der ostpreußischen 37 und in der Berliner Operation mehr als 80 Divisionen.«[35]

Die Auswirkungen der Schläge der Roten Armee für das Hinterland der Faschisten sind auch aus folgender Anlage zu einer Denkschrift des Befehlshabers des Ersatzheeres, Generaloberst Fromm, vom 2. Februar 1944 ersichtlich:

»Anlage 1
zu Der Chef der Heeresrüstung und Befehlshaber des Ersatzheeres
A HA/Stab II Nr. 840/44 g. Kdos. v. 2.2.44
zu 1. Ausfertigung

Anlage 1 zur Denkschrift vom 2.2.1944

Zeitraum	Abgänge des Feldheeres: (Tote, Vermißte und aus dem Bereich des Feldheeres abtransportierte Verwundete und Kranke)	Zugänge des Feldheeres: normale Ersatzzuführung (Marschbtl., Gen.-Marsch-Kp. u. Einzelzuführungen)	Ersatz und Genesene: Neuaufstellungen und Auffrischungen	Summe
a	b	c	d	e
Sommer 1942 (1.4.—30.9.42)	971 000	924 000	328 000	1 252 000
Winter 1942/43 (1.10.42 bis 31.3.43)	1 324 000	710 000	405 000	1 115 000
Sommer 1943 (1.4.—30.9.43)	995 000	652 000	529 000	1 181 000
Winter 1943/44 (1.10.43 bis 31.3.44)	1 200 000	605 000	515 000.«[36]	

Um Ersatz für die geschlagenen Verbände zu beschaffen, waren die Faschisten gezwungen, wiederholt alle verfügbaren Kräfte zu mobilisieren. Allein 1944 wurden »40 neue Divisionen und 30 Brigaden formiert. Die Wiederherstellung geschlagener und der Aufbau neuer Verbände des Heeres erforderte in der Zeit vom 22. Juni 1941 bis zum 30. Juni 1943 4 400 000 Mann, darunter 1 100 000 für neue Formationen. Im gleichen Zeitraum benötigte die Luftwaffe zur Auffüllung der Verluste und für neue Formationen 690 000 Mann.«[37]

Der räuberische deutsche Imperialismus begann seinen Überfall auf die Sowjetunion 1941 mit 152 Divisionen und 2 Brigaden. Im Verlaufe des Krieges war die faschistische Generalität gezwungen, zusätzlich 434 Divisionen von der Westfront an die Ostfront zu verlegen beziehungsweise neu aufzustellen und an die Ostfront zu werfen. Nach den Unterlagen der Wehrmachtsführung betrugen allein die Verluste des faschistischen Heeres an der deutsch-sowjetischen Front für die Zeit vom 22. Juni 1941 bis zum 31. März 1944 etwa 5,5 Millionen Mann. Rechnet man dazu noch die Verluste des deutschen Heeres bis Kriegsende und die Verluste der Luft- und Seestreitkräfte an der deutsch-sowjetischen Front während der Dauer des Krieges gegen die Sowjetunion, so dürfte die Wehrmacht an der deutsch-sowjetischen Front ungefähr 8 Millionen Tote, Verletzte und Vermißte gehabt haben.[38]

Auch um den Mangel an deutschen Arbeitskräften, die immer rigoroser »frontdiensttauglich« geschrieben wurden, auszugleichen, hatten die Faschisten unter Anwendung brutaler Mittel und Methoden viele Millionen Menschen aus den Ländern Europas zur Zwangsarbeit nach Deutschland verschleppt. Diese mußten unter erbärmlichsten Verhältnissen zum größten Teil schwere körperliche Arbeit leisten. Von den 5 Millionen zwangsverschleppter Sowjetbürger sind etwa 3 Millionen durch Terrormaßnahmen, Hunger und Krankheit zugrunde gegangen.

In fast allen Dresdner Betrieben wurden solche Zwangsarbeiter eingesetzt. Frauen und Männer im Alter von über 70 Jahren waren ebenso wie 10- und 12jährige Kinder zusammengetrieben und in Viehwagen ins »Reich« transportiert worden. Im Stadtarchiv Dresden befinden sich eine lange Liste mit Namen und die dazugehörigen Arbeitsbücher von Zwangsarbeitern, die in

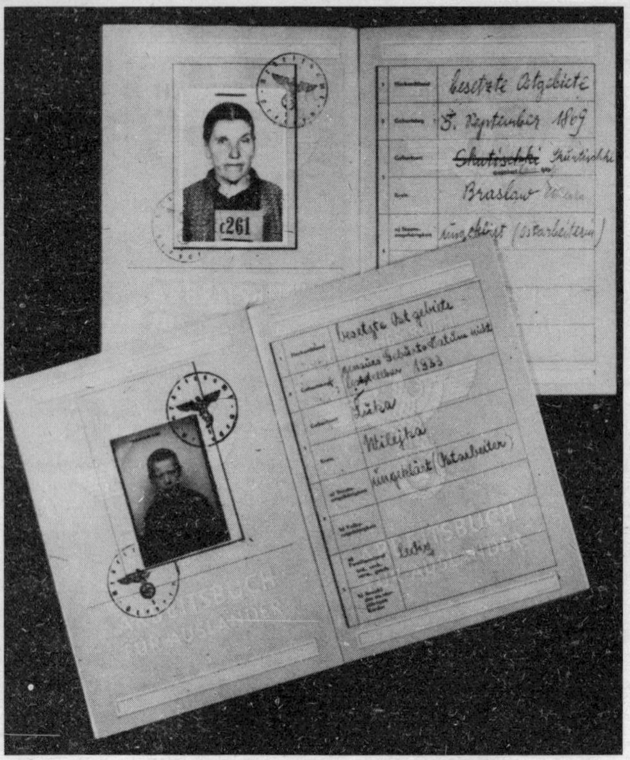

Arbeitsbücher von Kindern und Greisen,
die in deutschen Rüstungsbetrieben schuften mußten,
sind erschütternde Dokumente
der erbarmungslosen Ausbeutung der Völker Europas

der damaligen Fabrik G. Heyde, Dresden N 23, Kleiststraße 10, zur Rüstungsproduktion eingesetzt waren. Unter ihnen zum Beispiel die 75jährige Urschula Romanowski, geb. Schulija, geboren am 5. September 1869, aus Skurtischk, Kreis Braslaw, die ebenso für die Firma G. Heyde hat schuften müssen wie der damals 11 Jahre alte Anany Wolk aus Luka, Kreis Wiljeka. Sie wohnten im Gemeinschaftslager Trachenberger Platz.

Der Betrieb Zeiß-Ikon-AG beschäftigte Ende 1944/Anfang 1945 5000 Menschen. Davon waren 2600 ausländische Zwangsarbeiter, 895 KZ-Häftlinge, 300 Juden, 59 Kriegsgefangene. Weit über 3800 Beschäftigte waren also Menschen, die hier Zwangsarbeit leisten mußten.

Der Betrieb Universelle in der Zwickauer Straße war ebenfalls ein wichtiger Rüstungsbetrieb. Er hatte bis zum 13. Februar 1945 rund 4000 Arbeiter, von denen etwa 3000 Zwangsarbeiter und KZ-Häftlinge aus 11 Ländern waren.[39]

Im Gebiet der Rüstungsinspektion Dresden betrugen noch in den Sommermonaten 1944 die Neuzugänge an Ausländern und Kriegsgefangenen in der Rüstungsindustrie[40]:

Juli	2640
August	7660
September	6825

Junge und Alte, Gesunde und Kranke wurden gezwungen, täglich 10 Stunden zu arbeiten. Die unmenschliche Zwangsarbeit in den Dresdner Rüstungsbetrieben bedeutete für viele von ihnen den Tod.

Im namentlichen Verzeichnis der auf dem St.-Pauli-Friedhof in Dresden beerdigten ausländischen Bürger sind allein in einem Jahr, nämlich von Oktober 1943 bis Ende September 1944, aus dem Lager »Kiesgrube« in Dresden-Klotzsche 193 verstorbene Kinder unter einem Jahr aufgeführt.[41] Auch das sind Morde, die auf das Konto des deutschen Imperialismus, das Konto der Faschisten und Militaristen kommen.

Die Zwangsarbeiter ließen sich jedoch nicht wehrlos »verheizen«. Sie leisteten im Rahmen ihrer Möglichkeiten Widerstand und trugen so zum antifaschistischen Befreiungskampf der Völker bei. Die Faschisten wußten von diesem Widerstand und fürchteten ihn. So befindet sich beispielsweise in dem bereits erwähnten Kriegstagebuch der Rüstungsinspektion Dresden unter dem Artikel Abwehr folgende Mitteilung: »Da bei der gegenwärtigen Lage mit *vermehrten* (Hervorhebung – *W. W.*) Sabotageakten und Unruhen der ausländischen Arbeiter gerechnet werden muß, sind von der höheren Polizeiführung alle entsprechenden Gegenmaßnahmen getroffen worden. Von den Rü-Dienststellen wurden hierbei der

Polizei diejenigen Firmen genannt, die wegen ihrer Wichtigkeit eines besonderen Polizeischutzes bedürfen.«[42]

In einem Protokoll über eine Offiziersbesprechung in Dresden am 29. September 1944 heißt es am Schluß: »Nachdem der General noch einige wichtige Geh.-Kdo.-Sachen vorgetragen hat, erstattet Oberstleutnant Blohm einen kurzen Bericht über eine Sitzung beim Polizeipräsidium in Dresden über Vorbereitung zur Bekämpfung von Unruhen.«[43]

Auch mit den Leistungen der Kriegsgefangenen waren sie nicht zufrieden, wie die nachfolgende Notiz zeigt: »Da die Leistung der Kriegsgefangenen zusehends abnimmt, fordert die WBK politische Ausrichtung der Wachmannschaften.«[44]

Um ihre Menschenverluste an der Front auszugleichen, konnten die Faschisten zwar Millionen Menschen zur Zwangsarbeit verschleppen, aber sie schufen damit zugleich einen großen Unsicherheitsfaktor für ihre Kriegsproduktion.

Ein weiteres schwieriges Problem wurde für sie die Rohstoffversorgung. Die deutsche Rüstungsproduktion geriet in immer größere Materialschwierigkeiten. Besonders durch die vernichtenden Schläge der Sowjetarmee war Deutschland von bestimmten Rohstoffquellen, die es sich während seines Aggressionskrieges angeeignet hatte, abgeschnitten. Noch stärker sank die Produktion landwirtschaftlicher Erzeugnisse. Der schwerste Schlag traf die Treibstoffversorgung der Faschisten, als die Rote Armee im August 1944 Rumänien besetzte. Deutschland hatte nur drei Industrieanlagen, die synthetisches Flugbenzin herstellten. Die bisherige Hauptquelle zur Produktion von Benzin, das Erdöl aus Ploieşti in Rumänien, war jetzt versiegt.

Die Herstellung von Treibstoff für Flugzeuge und die auf die Mineralölwerke abgeworfene Bombenlast betrugen 1944 pro Monat[45]:

Monat	Flugbenzin in 1000 t	Bomben auf Mineralölwerke in 1000 t
März	181	0,0
April	175	0,6

Mai	156	5,1
Juni	52	17,7
Juli	35	21,4
August	17	26,3
September	10	11,0

Das starke Absinken im September auf ein Niveau, das nur noch 5,5 Prozent der Märzproduktion von 1944 entsprach, war darauf zurückzuführen, daß jetzt das rumänische Erdöl fehlte, und auf die Bombardierung der Mineralölwerke.

Eine jener Merkwürdigkeiten imperialistischer Kriegführung war die Tatsache, daß bis zum Mai 1944 die Hydrierwerke praktisch überhaupt nicht bombardiert wurden. Im »Kriegstagebuch des Oberkommandos der Wehrmacht" heißt es in einem im Juni 1944 abgefaßten Bericht: ,,Es war seit Jahr und Tag mit Erstaunen bemerkt worden, daß die britisch-amerikanische Luftwaffe die deutschen Hydrierwerke kaum angriff, obwohl ihr deren Lage bekannt sein mußte und diese Objekte trotz allen Schutzes besonders leicht angreifbar waren.«[46]

Sogar die deutschen Faschisten haben sich also gewundert. Was waren wohl die Ursachen für dieses Verhalten? Wurden die Hydrierwerke und Raffinerien geschont, weil das englisch-amerikanische Monopolkapital an diesem Teil der deutschen Chemieindustrie beteiligt war? Oder sollte, solange die Invasion in Frankreich noch nicht begonnen hatte, der Verbündete im Osten mit Hilfe der deutschen faschistischen Luftwaffe genügend zur Ader gelassen werden? Auf alle Fälle wird die Niedertracht der Städtebombardements beim Vergleich mit solchen Tatsachen erst richtig deutlich.

In den Monaten Juni, Juli und August 1944 waren insgesamt 66 Hydrierwerke beziehungsweise Ölraffinerien bei Bombenangriffen getroffen worden.[47] Manche hatten eine ganze Serie von Luftangriffen erlebt. So wurde Leuna 22mal von insgesamt 6552 Flugzeugen mit 18 328 t Bomben angegriffen, ohne daß die Produktion jedoch auf die Dauer völlig lahmgelegt worden wäre.[48]

Der riesige Vorteil, daß sich Hitlerdeutschland vier Jahre lang das große und wichtige Industriepotential und die Arbeitskräfte bedeutender Teile der Sowjetunion und vieler Länder Europas, wie Frankreichs, der Niederlande, Belgiens, Polens, der Tschechoslowakei, Ungarns, Rumäniens, einverleiben und für seine Rüstung ausnutzen konnte, war also im Herbst 1944 zum größten Teil durch die Offensiven der Sowjetarmee und die Invasion in Frankreich verlorengegangen.

Die Tatsache, daß die Front jetzt auf deutschem Gebiet verlief, hatte zudem noch die Kampfmoral der Hitlerwehrmacht und des deutschen Volkes geschwächt.

Im »Geheimen Kriegstagebuch der Rüstungsinspektion IVa, Dresden« wird über die »Lage auf dem Gebiete der Fertigung« festgestellt: »Die erhöhten Forderungen ergeben sich durch Ausfall von Rü-Betrieben im Osten und Westen und durch den sich immer mehr steigernden Verbrauch an Munition, Geräten und Waffen aller Art infolge der Entwicklung der Kriegslage. Diese erhöhten Forderungen konnten, in erster Linie durch Werkstoffmangel, zum Teil nicht erfüllt werden. Der Werkstoffmangel war ebenfalls eine Folge des Ausfalls von Rohstoffwerken durch feindliche Luftangriffe...

Die Betriebe lebten aus der Hand in den Mund und waren in vielen Fällen nicht in der Lage, sich zur Durchführung laufender Fertigungen die entsprechenden Vorräte zu bilden.«[49] Weiter heißt es, daß »zur Durchführung von mehrschichtigem Betrieb die Rohstoffe nicht ausreichten«[50].

Aber auch in der übrigen Produktion gab es schwere Rückschläge, so daß zum Beispiel »Mitte September die Fertigung des Panzermotors HL-230 unterbrochen«[51] werden mußte.

Auf Seite 11 des »Geheimen Kriegstagebuches der Rüstungsinspektion IVa, Dresden« wird berichtet, daß bei der Herstellung der 10,5-cm-Granate im Oktober 1944 ein Minus von 120000 Stück eintreten werde. Als Grund wird das Fehlen von Preßrohlingen angegeben. Ähnliche Klagen kehren in diesem Kriegstagebuch immer wieder.

Zu diesem Zusammenbruch der deutschen Rüstungswirtschaft Ende 1944/Anfang 1945 trug zweifellos auch die Tatsache bei, daß die anglo-amerikanische Luftwaffe den Luftraum über Deutschland beherrschte. Die englischen und amerikanischen Bomber und Jäger kreisten in dieser Zeit nahezu ungestört über Deutschland und brachten am Tage den Verkehr auf dem Straßen-, Schienen- und Binnenwasserstraßennetz fast völlig zum Erliegen. Das hatte zur Folge, daß die Produktion in den Rüstungsbetrieben oft zum Stillstand kam, weil die Transportwege blockiert waren. Das Chaos im Verkehrswesen wurde noch vergrößert durch Truppenverschiebungen von der West- an die Ostfront, durch die Beförderung der in aller Eile neu aufgestellten Nachschubverbände und die Millionen Zwangsevakuierten, die in Riesentrecks durch Deutschland irrten.

Die genannten Umstände führten dazu, daß die Leistungsfähigkeit der deutschen Rüstungswirtschaft rapide absank. Der Maschinenbau erlitt im Herbst 1944 einen Leistungsverlust von einem Drittel, von Juli 1944, als der höchste Stand erreicht war, bis zum Februar 1945 betrug der Leistungsrückgang in der Grundstoffproduktion (Kohle, Eisen, Buntmetalle, Chemikalien usw.) sogar zwei Drittel.[52] Der Zusammenbruch der deutschen Rüstungswirtschaft, der im Herbst 1944 begann, war eine direkte Folge der Niederlagen, die den faschistischen Streitkräften von den Armeen der Antihitlerkoalition, insbesondere von der Roten Armee, zugefügt worden waren.

Wie sah es um die Jahreswende 1944/45 an den Fronten aus?

In schwersten Kämpfen hatten die sowjetischen Soldaten die faschistische Wehrmacht von der Wolga bis an die Oder und nach Ostpreußen getrieben. Die deutschen Generale taumelten von einer Niederlage in die andere. Trotz des verbissenen Widerstandes der Faschisten gingen die sowjetischen Offensiven stürmisch voran. Oftmals hinderte lediglich die notwendige Heranführung des Nachschubs die sowjetischen Verbände, dem schwer angeschlagenen Feind weiter zügig nachzusetzen. Am völligen, katastrophalen Zusammenbruch Hitlerdeutschlands war zu diesem Zeitpunkt gar nichts mehr zu ändern.

Werner Baumbach, ein Kampfflieger der faschistischen Wehrmacht, ein langjähriger Günstling der Faschisten mit hohen Funktionen, schreibt über die Ostfront: »So, wie die Luftwaffenverbände im Erdkampf zerrieben wurden, so, wie die 6. Armee des Feldmarschalls Paulus in Stalingrad vernichtet wurde, so stellte der Osten von nun an nur noch einen riesigen Schwamm dar. Der Osten verschlang die neu aufgestellten Heeresdivisionen, die durch Luftwaffenfelddivisionen und Einheiten der Waffen-SS verstärkt wurden, bevor sie richtig zum Einsatz gekommen waren.«[53]

Der letzte Chef des Generalstabes der faschistischen Luftwaffe, Karl Koller, muß zugeben: »Hitler versprach, die aus dem Westen für den Osten abzugebenden Geschwader – es waren fast alle, die überhaupt vorhanden waren – nur für die Eingangsschlachten nötig zu haben, dann aber sofort wieder nach dem Westen zurückzugeben. Sie sind im Osten geblieben... Alles wurde auf den Ostfeldzug konzentriert. Der russische Krieg fraß Menschen, Material und die Pläne.«[54]

Aber die Faschisten und ihre Generale rechneten immer noch mit einer Wende. Sie spekulierten – nicht ganz ohne Grund – auf einen Separatfrieden im Westen, um dann den nach ihrer Meinung möglichen »Endsieg über den Bolschewismus« zu erringen. An den Reichtümern der Sowjetvölker wollten sich diese Räuber immer noch gesundstoßen. In ihrer bornierten Überheblichkeit konnten und wollten sie nicht begreifen, daß an ihrer Niederlage und an dem endgültigen Sieg der Sowjetarmee nicht mehr zu rütteln war.

Am 12. Dezember 1944 begann die Hitlerwehrmacht im Westen die Ardennenoffensive, die ihr nicht geringe Anfangserfolge brachte. Der in Nürnberg zum Tode verurteilte und gehängte Chef des Wehrmachtführungsstabes, Generaloberst Jodl, erläuterte den Armeekommandeuren der Westfront am 3. November 1944 den streng geheimen Plan. Er betonte, daß dieser Plan weniger militärischen als vielmehr politischen Charakter trage.[55] Die Ardennenoffensive der Faschisten hatte die Spaltung der Antihitlerkoalition zum Ziel. Mit einer Demonstration der Stärke glaubten die herrschenden Kreise Deutschlands ohne allzu große Verluste einen separaten Friedensschluß im Westen erreichen zu können, um dann die noch vorhandenen militärischen Kräfte mit voller Wucht gegen Osten führen zu können. Zumindest wollten sie weitere Angriffe der anglo-amerikanischen Truppen auf längere Zeit vereiteln, um das drohende Debakel im Osten abzuwenden.

Auch die andere Seite hatte das erkannt. Der amerikanische Präsident Roosevelt warnte, weil er die reaktionären Kreise im eigenen Lande und in England genau kannte, vor den Versuchen, die Antihitlerkoalition zu spalten. In seiner »Botschaft über die Lage der Nation« vom 6. Januar 1945 betonte er nachdrücklich: »Der Keil, den die Deutschen in die Westfront zu treiben versuchten, war weniger gefährlich für den endgültigen Sieg als die Keile, welche sie fortgesetzt zwischen uns und unsere Alliierten zu treiben versuchen.«[56]

Dennoch bleibt es eine Tatsache, daß die deutsche Ardennenoffensive die Westmächte in arge Bedrängnis brachte. Der britische Premierminister Churchill war deshalb am 6. Januar 1945 gezwungen, das dringende Bittgesuch an das sowjetische Oberkommando zu richten, den anglo-amerikanischen Truppen sofortige Hilfe durch eine »Großoffensive an der Weichsel oder an anderen Punkten« zu erweisen. Die Sowjetarmee blieb ihren Bündnispflichten treu und tat sogar mehr, als man von ihr erwarten und verlangen konnte. Sie bereitete zu diesem Zeitpunkt gerade ihre große Weichsel-Oder-Offensive vor, deren Beginn für den 20. Januar 1945 festgesetzt war. Dazu war die Heranführung neuer Verbände und großer Mengen Nachschubs notwendig. Entsprechend dem Ersuchen Churchills wurde die Offensive statt am 20. Januar bereits am 12. Januar 1945 eröffnet.

Die gewaltige Offensive zeigte schon nach wenigen Tagen, was den Faschisten bevorstand. Ihre Niederlage war endgültig besiegelt. Die deutsche Wehrmacht und ihre Verbündeten hatten am 1. Januar 1945 185 Divisionen und 21 Brigaden an der Ostfront konzentriert.[57] Das waren fast 60 Prozent aller verfügbaren Streitkräfte. Nur etwa 40 Prozent waren in Deutschland, im Norden, in Italien und an der Westfront eingesetzt. Aber selbst die 60

Prozent an der Ostfront reichten nicht aus, um den Vorstoß der Sowjetarmee wenigstens geringfügig zu verlangsamen.

In größter Hast warf deshalb das deutsche Oberkommando bedeutende Kräfte aus dem Westen, aus Italien und Dänemark an die deutsch-sowjetische Front. In der kurzen Zeit vom 12. bis 31. Januar 1945 wurden sieben Divisionen, darunter vier Panzerdivisionen, nach dem Osten verlegt. Die Faschisten mußten deshalb auch ihre Truppen aus dem Ardennenbogen zurückführen.[58]

Besonders intensiv aber kehrten sie Deutschland aus. Durch die bereits geschilderte »totale Mobilmachung« führten sie der Ostfront ständig neue Verbände zu. Fünfzehnjährige Jungen und alte Männer wurden für den Volkssturm mobilisiert. Sie sollten helfen, den stürmischen Vormarsch der Roten Armee zu stoppen. Nur die Nazibonzen wurden geschont. Die »gestiefelten Kater« und »Goldfasane« (wegen ihrer Uniform vom Volk so genannte Nazifunktionäre – *W. W.*) blieben zum größten Teil in der Heimat, um das Volk, die Zwangsarbeiter und Kriegsgefangenen niederzuhalten. Das zeigt eine Verluststatistik von Anfang Januar 1945: »Von 18672334 Soldaten sind gefallen, vermißt oder gefangen: 7068509 Mann. Das kämpfende Volk verlor: 37,8 %. Von 1551709 politischen Leitern sind gefallen, vermißt oder gefangen: 38102 Mann. Die Parteileitung verlor: $2^1/_2$ %. Die Verluste der gewöhnlichen Volksgenossen im wehrfähigen Alter sind prozentual 15mal so groß wie die der politischen Leiter der NSDAP.«[59]

Die Luftverteidigung im Innern wurde erheblich geschwächt und an vielen Punkten, wie auch im Gebiet Dresden, sogar ganz liquidiert. Im »Geheimen Kriegstagebuch des Oberkommandos der Luftwaffe« heißt es unter dem Datum vom 13. Februar 1945, Ziffer 8 der Eintragung: »8. Ia/Flak legt Stand der zum Osten zugeführten bzw. in Zuführung befindlichen Flakkräfte v. 13.2. vor. Demnach von insgesamt zuzuführenden 327 schw. und 110 mittl. u. lei. Battrn. bis zum heutigen Tage 152 schw. und 45 mittl. u. lei. Battrn. eingetroffen, in Zuführung 40 schw. und 20 mittl. u. lei. Battrn.« Und Götz Bergander schreibt sogar, unter Berufung auf das Buch »Flak« von

Koch: »Aus der Reichsluftverteidigung wurden 456 schwere und 186 leichte/mittlere Batterien herausgenommen und als Erdkampfeinheiten an die Ostfront geworfen, hauptsächlich zur Panzerbekämpfung.«[60]

In der Zeit vom 20. bis 25. Januar überschritten die in Richtung Breslau-Dresden vorgehenden Truppen der 1. Ukrainischen Front die deutsche Reichsgrenze. Am 25. Januar war die Oder nördlich von Oppeln bis südlich Glogau in 150 km Breite erreicht und teilweise überschritten. Am 30. Januar war das auch südlich von Oppeln der Fall.

Am 26. Januar waren es noch 195 km bis Berlin. Am 30. Januar noch 160 km, und schon am 1. Februar stand die Rote Armee nur noch 70 km vor Berlin. Im Süden stieß sie im Verlauf der Januaroffensive weit westlich über Breslau hinaus. In klaren Nächten war auf den Höhen um Dresden der Kanonendonner deutlich hörbar. Diese sowjetische Offensive kostete die deutsche Wehrmacht ungefähr 500 000 Mann, über 1000 Flugzeuge, etwa 1500 Panzer und Sturmgeschütze und mehr als 11 500 Geschütze und Granatwerfer.[61] An der Westfront war dadurch mit einem Schlage die Gefahr für die alliierten Truppen beseitigt. Der deutsche Widerstand der Wehrmacht war seitdem im Westen nur noch schwach.

Millionen und aber Millionen Menschen, von den vertierten Faschisten von Haus und Herd vertrieben, wälzten sich nach dem Westen; mancher Treck mit dem Ziel, die noch unzerstörte Großstadt Dresden zu erreichen.

Am 5. Februar 1945 wurde in einem Flugblatt des Nationalkomitees »Freies Deutschland« eingeschätzt:

»Ganz Deutschland blickt nach dem Osten, wo über Hitlers Wehrmacht die größte Niederlage der deutschen Geschichte hereingebrochen ist. Jeder erkennt jetzt, was wir seit Jahr und Tag warnend voraussagten, was noch vor kurzem 50 deutsche Generale feststellten: Hitler hat den Krieg endgültig verloren! Jeder sieht jetzt, wohin uns die verbrecherischen Welteroberungspläne der Nazis gebracht haben.«[62]

Das in London 1947 erschienene Buch von Shulman »Defeat in the West« (Niederlage im Westen – *W. W.*) stellt völlig richtig fest: »Die Esse, in welcher die Niederlage Deutschlands geschmiedet wurde, war der unabsehbare Kriegsschauplatz in Rußland. Zwei Drittel der gesamten deutschen Streitkräfte waren dort ständig gebunden und gingen ihrer sicheren Vernichtung entgegen.«[63]

Fassen wir zusammen: Um die Jahreswende 1944/45 war Hitlerdeutschland sowohl ökonomisch als auch besonders militärisch so schwer erschüttert, daß an der Tatsache seiner endgültigen, katastrophalen Niederlage nicht mehr zu rütteln war. Die großen Erfolge der Antihitlerkoalition, insbesondere der Roten Armee, an den Fronten hatten das Ausscheiden sämtlicher Verbündeten des räuberischen deutschen Imperialismus in Europa zur Folge. Der Krieg wurde nun unmittelbar auf deutschem Boden geführt. Der immer krasser werdende Mangel an Menschen und schweren Waffen ließ keinen Zweifel mehr an der alsbaldigen Niederlage Hitlerdeutschlands.

Der teuflische Plan wird trotzdem verwirklicht

Das war die Situation Anfang Februar 1945. Trotzdem hielt Churchill seinen Befehl zur massiven Zerstörung Dresdens aufrecht. Zwar war die Konferenz von Jalta beendet – solange sie tagte, hatte die schlechte Witterung die Durchführung seines Befehls verhindert; Churchills Absicht, während der Konferenz mit der Aktion »Donnerschlag« Eindruck zu machen, sich eine bessere Verhandlungsposition zu schaffen und die Erinnerung an das Ardennendebakel zu vertuschen, war mißglückt –, dennoch sollte der Schock für die »Russen« ausgelöst werden. Erst am 13. Februar, als Churchill in Jalta seine Koffer packte, um am Morgen des 14. Februar die Krim zu verlassen, konnte das »Unternehmen Dresden« steigen.

Der Plan sah einen dreifachen Schlag vor: Zwei schwere Nachtangriffe der Bomberverbände der britischen Royal Air Force und einen schweren Tagesangriff von USA-Bombern, der eigentlich als Auftakt der Aktion »Donnerschlag« gedacht war. Nach einigem Hin und Her hatten sich die Chefs des gemeinsamen Stabes geeinigt und auch die Zustimmung des Oberkommandos der westlichen alliierten Streitkräfte erhalten. Auf der Konferenz in der kanadischen Stadt Quebec im September 1944 waren die amerikanischen und die englischen Regierungs- und Militärdelegationen übereingekommen, ihre strategischen Bomberverbände den Chefs des gemeinsamen Stabes direkt zu unterstellen. Nur bei wichtigen Operationen mußte den Anforderungen des Oberbefehlshabers der westlichen Armeen, Eisenhower, Rechnung getragen werden.

Die Hauptpunkte des Planes waren:

1. Eine bis dahin noch nirgends erreichte Zielgenauigkeit und Konzentration des Bombenabwurfes auf das exakt bezeichnete Zentrum der Stadt Dresden.

2. Der minutiös berechnete Ablauf des zweifachen Angriffs in der Nacht durch die britischen Bomber.

3. Der hohe Anteil von Brandbomben, vor allem beim ersten Angriff, um einen Feuersturm oder, wie sie sagten, »Feuer-Hurrikan« zu erzeugen.

Zwischen dem ersten und dem zweiten Nachtangriff durften nicht viel mehr, aber auch nicht viel weniger als drei Stunden liegen. Erstens war gerade diese Zeitspanne so kurz, daß die deutschen Nachtjäger nach dem ersten Einsatz noch nicht wieder startbereit sein konnten, und zum anderen – so kalkulierten sie richtig – würden nach drei Stunden viele Feuerwehren, auch auswärtige, Luftschutzeinheiten und selbstverständlich die Bevölkerung mitten in der Brandbekämpfung sein. Deshalb auch der barbarische Befehl, in die brennende Stadt und das Menschengewimmel beim zweiten Angriff hauptsächlich Sprengbomben zu werfen, um möglichst viele der an den Lösch- und Rettungsarbeiten teilnehmenden Menschen zu töten und den Flüchtenden den Weg aus der Stadt zu verlegen. Ein wahrhaft diabolischer Plan.

Natürlich waren An- und Abflugrouten und Scheinangriffe so festgelegt, daß ein Höchstmaß an Unsicherheit und Verwirrung in der deutschen Luftabwehr und im Warnsystem gestiftet werden würde.[64]

Schon für den 13. Februar 1945 mittags war der erste Angriff auf die Stadt durch Bomberverbände der 8. amerikanischen Luftflotte geplant. Das war ihr Anteil am Plan »Donnerschlag«. Die Maschinen sollten 9.01 Uhr von

Flugplätzen in England aus starten und 12.07 Uhr den Bombenabwurf auf Dresden beginnen. Ihre Landung nach Rückkehr war für 16.55 Uhr in England vorgesehen. Jede Maschine war bis zum Rand mit Treibstoff vollgepumpt. Je 10 Bomben à 250 kg hingen in den Bombenschächten. Als Jagdschutz sollten die bekannten, für damalige Maßstäbe recht schnellen »Mustangs« mitfliegen. Im letzten Augenblick mußte jedoch der Start wegen des ungünstigen Wetters erneut verschoben werden. Der Angriff wurde nunmehr für den 14. Februar angesetzt.[65]

Noch am Morgen des 13. Februar lag – wie seit Tagen – eine etwa drei km dicke Wolkendecke über Mitteleuropa.

Ein Angriff mit schweren Bombern, besonders aber ein solcher Plan, wie oben dargelegt, war unter diesen Bedingungen nicht durchführbar. Doch gegen Mittag meldete der englische Chefmeteorologe, daß ab 9.00 Uhr abends der Himmel über Dresden für vier bis fünf Stunden wolkenlos sein werde. Das war das Signal für den Start der englischen Verbände.

Für den ersten Angriff war die 5. britische Bomberflotte ausersehen. Sie galt allgemein als die erfahrenste beim nächtlichen Legen von Bombenteppichen auf Großstädte. Das Personal der 5. Bomberflotte hieß in der RAF nur die »Wilddiebe aus Lincolnshire«. Sie erfüllten, wie wir wissen, ihren Auftrag in jener schicksalsschweren Nacht für Dresden zur besonderen Zufriedenheit ihrer Auftraggeber.

Um 17.30 Uhr starteten die ersten Einheiten, die sogenannten Zielbomber. Sie mußten, da sie, wie später dargelegt wird, besondere Geräte an Bord hatten, das Ziel ausmachen und abstecken, um das »maßgerechte Legen der Bombenteppiche« zu ermöglichen.

Etwas später erhob sich von den Startbahnen verschiedener Flugplätze in Mittelengland der Hauptstrom der 245 Bomber vom Typ »Lancaster« und strebte seinem Ziel, der nahezu unversehrten Stadt Dresden im Osten Deutschlands, zu. Fast unbehelligt erreichte der weithin hörbare Bomberstrom den Dresdner Raum. Die Abwehr durch Flak, Jäger oder Nachtjäger war bedeutungslos. Flak und Flugzeuge hatte die faschistische Wehrmachtführung ja zum größten Teil – wie bereits berichtet – an die Ostfront geworfen. Der Rest an Jägern und Nachtjägern, der noch auf heimatlichen Flugplätzen war, litt unter permanentem Treibstoffmangel.

Der Befehl an die Besatzungen war ungewöhnlich. Es gab diesmal kein Ausweichziel! Der stellvertretende Leiter der englischen Bomberflotte, Sir Robert Saundby, sagte später: »Es war ein ganz eindeutiger Befehl, einen sehr schweren Schlag gegen Dresden zu führen... Es mußte Dresden sein, es war kein Ausweichziel angegeben.«[66]

Ab Januar erschienen oft, wie später in einem anderen Zusammenhang nachgewiesen wird, Aufklärungsflugzeuge über Dresden. Es ist anzunehmen, daß sie trotz der meist ungünstigen Witterung dennoch bestimmte Ergebnisse mit nach Hause brachten.

Den Flugzeugbesatzungen hatte man Dresden als wichtige Nachschubbasis und als Hauptsammelplatz der deutschen Truppen bezeichnet. Trotzdem herrschte Erstaunen. Viele äußerten Unbehagen über den Befehl, denn Dresden war bisher nicht auf den Listen wichtiger Ziele für die strategische Bomberflotte erschienen.

Allerdings hatte es schon vorher drei schwächere Bombenangriffe auf Dresden beziehungsweise den Dresdner Raum gegeben. Am 24. August 1944, um die Mittagszeit, griffen etwa 60 amerikanische Bomber, die von zahlreichen Langstreckenjägern vom Typ »Mustang« begleitet wurden, aus großer Höhe Freital an. 150 t Sprengbomben, die in der Hauptsache den Ortsteil Birkigt trafen, zerstörten und beschädigten in sechs Minuten an diesem Tag 2230 Wohnungen und töteten 241 Menschen, in der Hauptsache Frauen, Kinder und ältere Leute. Sechs Wochen später, am 7. Oktober 1944, erschienen 29 amerikanische Bomber über Dresden und warfen 290 Fünfzentnerbomben ab. Das Ergebnis waren 435 Tote, darunter allein – so wird berichtet – im Betrieb Seidel & Naumann 59 Tote und etwa 400 Verwundete. Schäden entstanden vorwiegend in Dresden-Friedrichstadt und Dresden-Löbtau.

Erneut heulten am 16. Januar 1945 die Luftschutzsirenen. Wieder waren es amerikanische Bomber, 127 an der Zahl, die ihre Bombenschächte in 7300 m Höhe über Dresden öffneten und weit über 250t Bomben abwarfen. Bei diesem Angriff gab es 376 Tote. Alle drei Angriffe waren aber noch keine solchen Großangriffe, wie sie zu dieser Zeit schon auf viele deutsche Städte stattgefunden hatten.

In der den Zielmarkierern für den Angriff am 13./14. Februar 1945 ausgehändigten Karte war der Angriffssektor genau eingezeichnet. Er zieht sich, vom heutigen Heinz-Steyer-Stadion ausgehend, direkt über das Stadtzentrum. Die Fläche der Totalzerstörung nach dem Angriff entspricht etwa dieser Festlegung des anglo-amerikanischen Oberkommandos. Durch Abdrift und ungenaue Bombenabwürfe ist der Plansektor allerdings erweitert, wodurch einige wenige industrielle und militärische Objekte, die ursprünglich gar nicht im Plan vorgesehen waren, mit getroffen wurden.

Mit unheimlicher Präzision erledigten die 243 »Lancaster«-Flugzeugbesatzungen ihren Auftrag. Der Hauptzielmarkierer William Topper setzte befehlsgemäß um 22.05 Uhr die erste rote Zielmarkierungsbombe in das heutige Heinz-Steyer-Stadion, nachdem ab 22.03 die Innenstadt durch »Christbäume« und grüne schwebende Leuchtbomben erhellt worden war. In der Maschine des Hauptmarkierers befand sich eine Kamera, mit der während des Bombardements in Abständen von je einer Sekunde Aufnahmen gemacht wurden. Die Maschinen der Zielmarkierer flogen in etwa 1800 Fuß (rund 600 m) das Stadion an und warfen ihre Bomben. Dabei wäre es beinahe zu einer Verwirrung gekommen. Nachdem die erste Bombe gefallen war, glaubte der Masterbomber, Maurice A. Smith, der in einer »Mosquito« über Dresden kreiste und den Angriff leitete, plötzlich einen Fehler bei der Zielmarkierung erkannt zu haben. Er nahm an, daß das falsche Stadion, nämlich das heutige Dynamo-Stadion, markiert worden sei. Nach einigen Sekunden Zweifels unterrichtete er jedoch die acht Zielmarkierer, daß alles in Ordnung sei. Genau im vorgeschriebenen Zielpunkt, dem Heinz-Steyer-Stadion, mit nur 30 m bis 40 m Abweichung explodierte die erste rote Leuchtbombe.

Alles weitere verlief mit ungewöhnlicher Genauigkeit und Schnelligkeit. Von dem weithin sichtbaren Orientierungspunkt aus legten die Besatzungen Schlag auf

Das kulturhistorische Zentrum Dresdens vor der Zerstörung

Der weltberühmte Zwinger vor der Zerstörung

Luftmarschall Harris (sitzend)
›espricht mit seinem Stellvertreter, Vizemarschall Saundby (Mitte), und dem Befehlshaber einer Luftflotte einen Einsatz

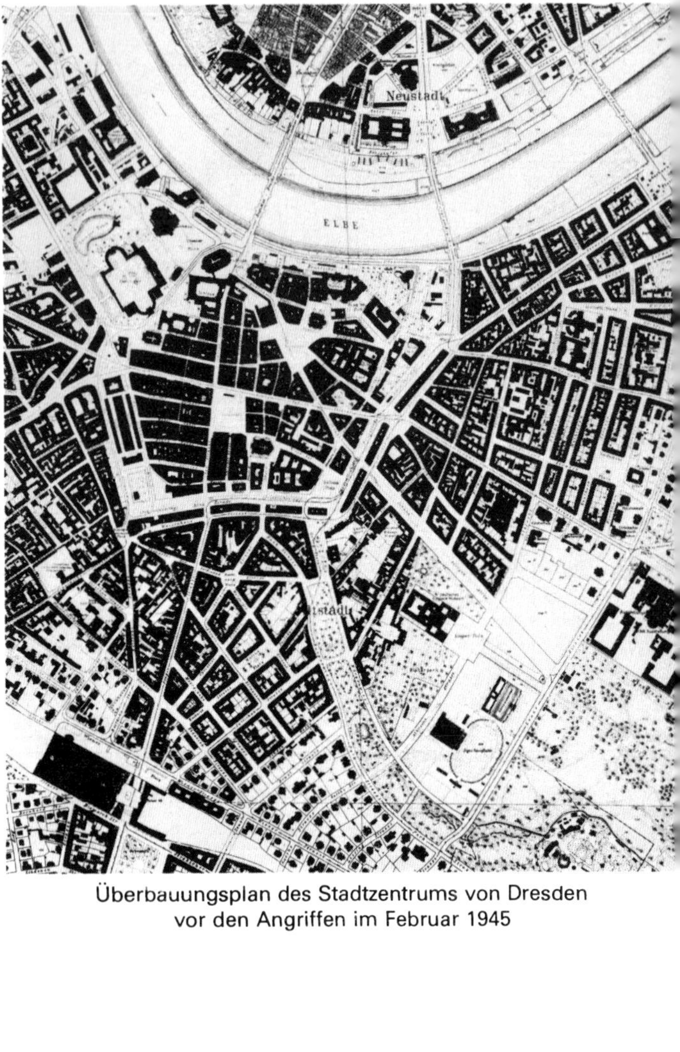

Überbauungsplan des Stadtzentrums von Dresden
vor den Angriffen im Februar 1945

Luftaufnahme der RAF von Dresden mit eingezeichnetem Zielsektor.
Vom heutigen Heinz-Steyer-Stadion ausgehend,
umfaßt er das kulturhistorische Zentrum
und die Wohnviertel der Altstadt

William Topper, Hauptzielmarkierer
während des ersten Nachtangriffs am 13. Februar.
Er löste die erste Zielmarkierungsbombe
über dem heutigen Heinz-Steyer-Stadion aus

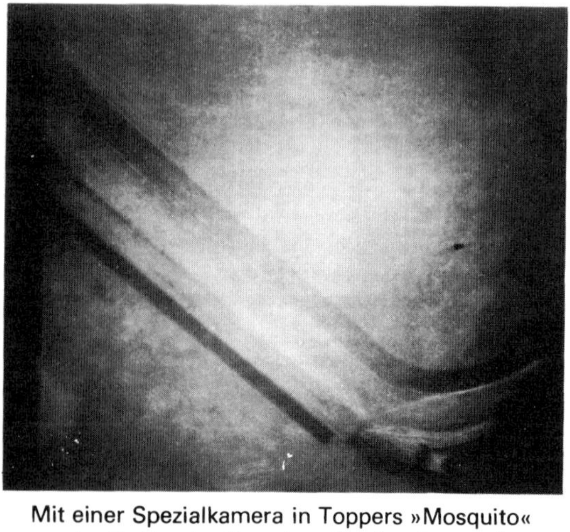

Mit einer Spezialkamera in Toppers »Mosquito«
wurde die Bombe über dem Stadion fotografiert

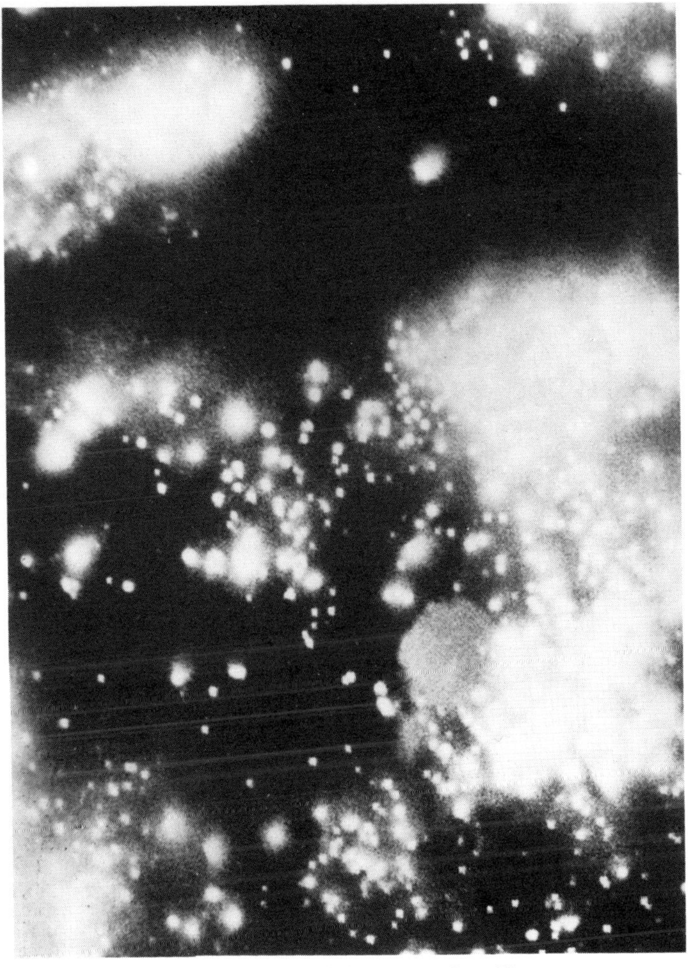

Schon während des ersten Angriffs
entstanden im geplanten Zielraum große Flächenbrände,
die von der RAF gefilmt wurden

Amerikanische Bomber über Dresden

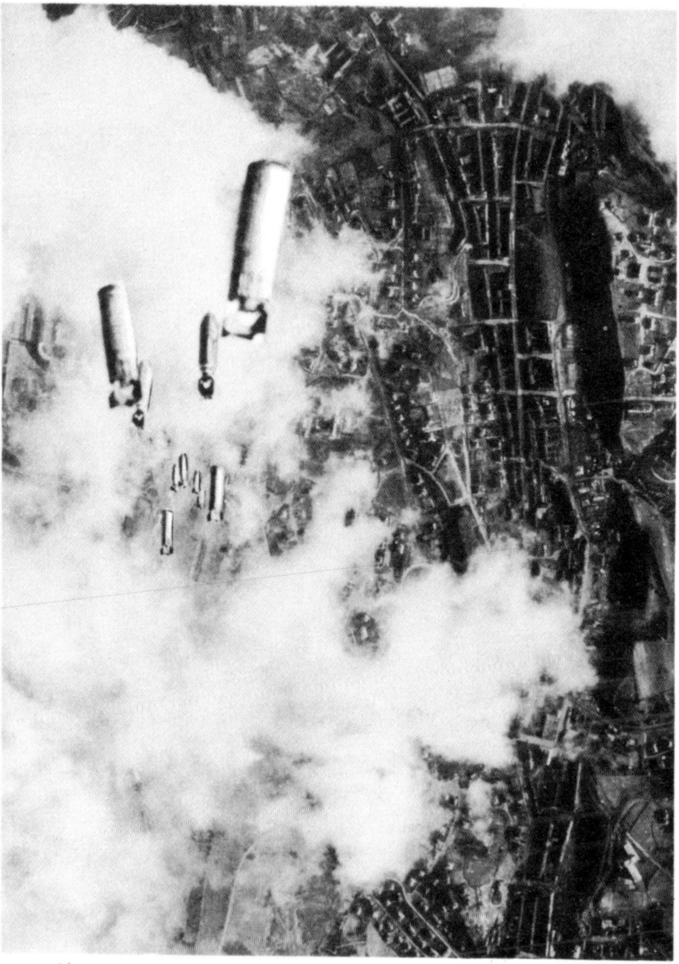

Während des Tagesangriffs der 8. amerikanischen Luftflotte am 14. Februar 1945 entstand diese Aufnahme

Eine Aufnahme von Dresden-Friedrichstadt zeigt die Bahngleise
und ein Flammenmeer in den nahe gelegenen Straßen

Militärische Objekte, Rüstungsbetriebe
und Industrieanlagen blieben unversehrt
wie das weithin sichtbare Tanklager in Dresden-Friedrichstadt

35 000 Opfer forderte der Angriff auf Dresden

Der teuflische Plan ist ausgeführt.
Fast 15 km^2 des Zentrums von Dresden sind totalzerstört

Auf der Suche nach den Angehörigen

Schlag, Welle für Welle fächerförmig die »Teppiche« von Brand- und Sprengbomben in den befohlenen Raum.

Obwohl die englischen Flugzeugbesatzungen wußten, daß es mit der deutschen Luftabwehr nicht mehr zum besten stand, überraschte es sie doch, daß keine Scheinwerfer aufleuchteten und keine Flakgranaten explodierten. Der beim Angriff auf Dresden in der Nacht von englischen Flugzeugen aufgenommene Film von 120 m Länge läßt keine Flakabwehr oder irgendwelche Scheinwerfer erkennen.

Ein gewaltiger Regen von etwa 650 000 Stabbrandbomben ergoß sich über die Innenstadt. Ein Feuersturm unvorstellbaren Ausmaßes, mit alles verheerender und verzehrender Kraft war die Folge, genau, wie es der Angriffsplan vorgesehen hatte.

Haushohe Flammenbarrikaden versperrten den Rettung suchenden Menschen den Weg. Grauenvoll war ihr Sterben. Nicht einmal eine halbe Stunde dauerte der Angriff, und schon war viele Dutzende Kilometer weit der blutrote Himmel, das Fanal des Feuersturms, der in einer der schönsten Städte der Welt wütete, zu sehen. Um 22.28 Uhr fiel die letzte Bombe des ersten Angriffes.

In dem offiziellen dreibändigen Werk über die Tätigkeit der englischen Luftwaffe im zweiten Weltkrieg »Royal Air Force 1939–1945« wird kaltschnäuzig die »Schönheit der Vernichtung Dresdens« beschrieben. Es heißt dort:

»Die Mannschaften des Bombengeschwaders erfüllten die Aufgabe sehr gründlich. ›Die Stadt‹, so sagte ein Pilot, der an dem 1. Angriff teilgenommen hatte, ›sah sehr schön aus; erleuchtet von den Christbäumen, und die Feuer im Innern waren von verschiedenen Farben. Einige waren weiß, andere pastellfarben mit orangefarbener Umrandung. Ganze Straßenzüge waren in Flammen ... es berührte mich nicht einmal so schrecklich, wegen seiner schaurigen Schönheit.‹«[67]

Nur allzugut kennen die Dresdner die furchtbaren Stunden und Tage, die dem Angriff folgten. Da es schon viele beschrieben haben, ist es nicht nötig, noch einmal den Versuch zu unternehmen, das Grauen und Entsetzen auch nur andeutungsweise zu schildern.

Aber das Maß der Leiden für die schwergeprüfte

Dresdner Bevölkerung war noch nicht voll. Knapp drei Stunden nach dem Ende des ersten Angriffs, um 1.23 Uhr, näherte sich ein neuer Bomberstrom der Stadt, doppelt so stark wie der erste. Diesmal waren es 529 mit Bomben vollgeladene »Lancaster«-Maschinen. Jetzt brauchten sie keine Zielmarkierer mehr. Schon aus 70 km bis 100 km Entfernung war die größte Brandkatastrophe aller Zeiten zu sehen. Geradewegs, ohne jede Behinderung, steuerten sie das Flammenmeer an und warfen in diese Hölle ihre Bombenlasten, diesmal im wesentlichen Sprengbomben. Tausende mit den Flammen um ihr Leben und ihr Hab und Gut verzweifelt kämpfender Menschen wurden Opfer dieses Angriffs.

Staffelführer Major C. P. C. de Wesselow, der beim zweiten Nachtangriff Masterbomber war, berichtete, daß er ungehindert 20 Minuten lang in 1300 m Höhe über der Stadt kreisen konnte und beobachtete, wie Kirchen, Krankenhäuser, Schulen, Wohnhäuser brannten.

Den Rest, vielleicht das Allerschlimmste, besorgten am Mittag des 14. Februars die Amerikaner, als sie ihren am 13. Februar vertagten Angriff nachholten. Ein Verband von 450 Bombern war auf Dresden angesetzt. Durch Kursabweichungen und andere Umstände erreichte ein Teil davon nicht das Ziel. Mit 311 »Fliegenden Festungen« und über 200 Jagdflugzeugen erschien die 8. amerikanische Luftflotte über der bereits zur Hölle gewordenen Stadt.[68] Die Brutalität kannte keine Grenzen. Neben dem Abwurf von 475 t Sprengbomben und 300 t Brandbomben war den begleitenden Jagdfliegern die Erlaubnis erteilt worden, »Gelegenheitsziele« mit Bordwaffen anzugreifen.[69] Tausende Obdachlose, Männer, Frauen und Kinder wurden gekillt, sie waren solche »Gelegenheitsziele«.

Jetzt wird manchmal behauptet, es habe keinen Bordwaffenbeschuß gegeben. Das ist nicht richtig:

1. Es heißt schon in der bereits genannten Schlußmeldung vom 15. März 1945: »Bei allen Angriffen war Bordwaffenbeschuß festzustellen.«[70]

2. Mir haben viele Freunde, denen ich unbedingt vertraue, bestätigt, daß zumindest beim Tagesangriff am 14. Februar 1945 Bordwaffen eingesetzt waren.

3. Ich habe Ende 1945 an Baumstämmen im Großen

Garten reihenweise Einschüsse von Infanteriegeschossen (Maschinengewehre) feststellen können. Das waren keine Einschlagstellen von Splittern. Der Schußkanal ging immer von oben schräg abwärts. Als Soldat des ersten Weltkriegs konnte ich das sehr wohl beurteilen.

Am nächsten Tag, dem 15. Februar, in der Mittagsstunde, öffnete noch einmal ein stärkerer Verband amerikanischer Maschinen seine Bombenschächte über Dresden. Sie hatten eigentlich ein anderes Ziel. Möglicherweise waren sie abgedrängt worden oder hatten sich, wie es damals hieß, »verfranzt« und deshalb Dresden angesteuert. Es kann aber auch sein, daß sie wußten, Dresden ist ungefährlich, und deshalb das eigentliche Ziel, das wahrscheinlich das Treibstoffwerk Schwarzheide bei Ruhland sein sollte, absichtlich verfehlt haben. Trotz der rund 440 t Bomben waren die Opfer und Schäden bei diesem Angriff, gemessen an den drei der beiden Vortage, wesentlich geringer. Aber die Rettungsarbeiten störten sie empfindlich und vergrößerten die Panik. Die Leidtragenden waren auch hier Frauen, Kinder und alte Leute.

Über die Zahl der am Angriff auf Dresden beteiligten Flugzeuge werden zum großen Teil übertriebene Angaben gemacht. Czesany behauptet, daß allein am zweiten Angriff 1350 Bomber und am dritten, am 14. Februar mittags, 1100 Bomber teilgenommen hätten.[71]

Noch mehr gibt Karl Bartz an. Nach seinen Angaben sind bei den beiden ersten Angriffen die Briten mit je 1000 Bombern und bei den beiden folgenden die Amerikaner mit 1350 beziehungsweise 1100 Bombern und 900 Jägern Begleitschutz beteiligt gewesen. Also waren es insgesamt 5350 Flugzeuge.[72]

Den Rekord halten aber einige BRD-Zeitungen. So schrieben die »Ruhr-Nachrichten« am 13. Februar 1965: »Um 21.30 Uhr laden 9000 Bombenflugzeuge ihre feurige Fracht über der Stadt ab.« Die wirkliche Zahl der am ersten Angriff beteiligten Bomber hat der eifrige Skribent der »Ruhr-Nachrichten« mit 37 multipliziert. Der Zweck ist klar. Es geht um den immer wiederkehrenden Refrain: Die Atombombe ist nicht so schlimm wie die sogenannten konventionellen Luftangriffe im zweiten Weltkrieg.

Tatsächlich waren an den beiden britischen Nachtangriffen, die ohne Jagdschutz geflogen wurden, 243 und 529, also 772 »Lancaster«-Bomber beteiligt. Dazu kommen die »Mosquitos« der Pfadfinderstaffeln (9 für den ersten Angriff, 4 für den zweiten), die die Zielmarkierung übernahmen. Am Mittag des 14. Februar hatten die Amerikaner 311 »Fliegende Festungen« und mehr als 200 Langstreckenjäger vom Typ »Mustang« eingesetzt; am 15. Februar 210 Bomber. Insgesamt sind also während der vier Angriffe am 13., 14. und 15. Februar 1945 auf Dresden so um die 1500–1600 anglo-amerikanische Flugzeuge eingesetzt gewesen.[73]

Von diesen Flugzeugen wurden am 13./14. Februar auf die Innenstadt Dresdens bei den beiden englischen Nachtangriffen 2978 t Brand- und Sprengbomben und bei den beiden amerikanischen Tagesangriffen rund 1230 t Bomben, also insgesamt etwas über 4000 t abgeworfen[74], das heißt für jedes der 66 000 Dresdner Gebäude viel mehr als ein Zentner.

Die Zerstörungen waren gewaltig. Fast 15 km^2 dicht bebaute Fläche in der Innenstadt wurde total zerstört. Weitere Teile der Stadt wurden schwer beschädigt.

Dresden stand im Mai 1939 (Volkszählung) mit seinen 629 713 Einwohnern an der siebenten Stelle der deutschen Großstädte. Nach den amtlichen Statistiken waren Ende 1938 rund 66 000 brandversicherungspflichtige Gebäude vorhanden. Darunter 35 000 Wohnhäuser mit fast 19 000 Nebengebäuden, einschließlich derjenigen, in denen auch Läden, Büros sowie kleinere Handwerks- und Gewerbebetriebe untergebracht waren. Von den 35 000 Wohnhäusern waren 25 000 Altbauten, die zu einem erheblichen Teil schon 100, 200 und noch mehr Jahre standen.[75] Das ganze Stadtzentrum bestand praktisch aus solchen Altbauten, bei denen Holz ein wesentlicher Baustoff war. Vor allem dominierte gerade im Zentrum noch die Holztreppe. Der im Bildteil veröffentlichte Bebauungsplan des Dresdner Zentrums aus der Zeit vor den Angriffen im Februar 1945 zeigt, daß die ganze Innenstadt mit ihren engen Straßen und Gäßchen und den winzig kleinen Höfen mit Gebäuden buchstäblich vollgepfropft war.[76]

In der Dresdner Statistik werden für Ende 1938 insgesamt 214000 Wohnungen angegeben. Da 1939 und in bescheidenem Umfang auch noch in den ersten Kriegsjahren gebaut wurde (so entstanden zum Beispiel 1941 64 neue Wohnhäuser mit 444 Wohnungen), da außerdem manche große Wohnung geteilt und Mansarden ausgebaut beziehungsweise wieder als Wohnungen genutzt wurden, erhöhte sich die Zahl der Wohnungen bis zum Jahreswechsel 1944/45 auf 222000 im gesamten Stadtgebiet. Davon wurden bei den Bombenangriffen

75000	total zerstört
11000	schwer beschädigt
7000	mittelschwer beschädigt und
81000	leicht beschädigt.

Nur reichlich 21 Prozent aller vorhandenen Wohnungen hatten das Inferno heil überstanden.[77]

In einem späteren Kapitel werden zu einem vor kurzem aufgefundenen instruktiven Bericht, der im Anhang des Buches zum erstenmal veröffentlicht wurde, nähere Angaben gemacht. Die dort angegebenen Zahlen über zerstörte Schulen, Kirchen, Theater, Museen, Krankenhäuser usw. differieren mit den folgenden Zahlen manchmal nach oben, aber auch nach unten. Die Gründe sind verständlich:

1. Innerhalb weniger Wochen bis zur Abfassung des damaligen Berichtes war keine so exakte Erfassung möglich, wie dann bei den späteren, nach dem 8. Mai 1945 durchgeführten Ermittlungen.

2. Manchmal werden Gebäude nach dem Zweck beurteilt, dem sie ursprünglich dienten, und manchmal auch nach der damaligen Nutzung. Das erklärt zum Beispiel die unterschiedlichen Zahlen bei Schulen und Lazaretten beziehungsweise Krankenhäusern. Das gleiche trifft auf Museen und kulturhistorische Bauten zu.

3. Es bestand immer ein gewisser Unsicherheitsfaktor in der Unterscheidung dessen, was total zerstört und was schwer beschädigt ist. So manches zunächst nur als schwer beschädigt registriertes Gebäude stellte sich bei näherem Zusehen als total zerstört heraus. Der umgekehrte Fall trat auch ein.

Im großen und ganzen besteht aber Übereinstimmung zwischen den nach 1945 ermittelten Bombenschäden und den Angaben des obengenannten Berichtes. Fast genau übereinstimmend sind die jeweiligen Angaben über die zerstörten und beschädigten Wohnhäuser oder Wohnungen. Nach den neueren Unterlagen waren rund 79 Prozent der Wohnungen zerstört oder beschädigt, nach dem Bericht vom 15. März 1945 sind es 70 Prozent der Wohnhäuser. Da aber im Zentrum und in den betroffenen Stadtteilen in der Regel größere Häuser mit mehr Wohnungen standen, kann man sagen, daß die Angaben übereinstimmen.

Von 30 bedeutenden kulturhistorischen Gebäuden im innerstädtischen Gebiet wurden

11 zerstört
(darunter Frauenkirche, Schloß, Taschenbergpalais,
Sempergalerie, Semperoper,
Altes Rathaus, Bürgerhäuser)

9 sehr schwer beschädigt
(darunter Zwinger, Hofkirche und Sekundogenitur)

10 schwer beschädigt

20 Kirchen und 8 Kapellen hatten Totalschaden.

Zerstört wurden unter anderem noch
114 öffentliche Gebäude
40 Krankenhäuser, Lazarette, Hilfslazarette und Privatkliniken
68 sonstige Kulturstätten
35 Schulen.

Der bereits erwähnte Bericht gibt auch Auskunft über die schweren Schäden an Fabriken, Versorgungswerken und vielem anderem.

Das vorhandene Kanalisationsnetz war an 605 Stellen durch Bomben getroffen; ganz zu schweigen von den Schäden an Wasser- und Gasleitungen, an Stark- und Schwachstromleitungen und am Straßennetz der Stadt.

Allein 17 Millionen m³ Trümmer sind mit einem Kostenaufwand von 150 Millionen Mark geräumt worden.[78]

Aber noch viel größer waren die Verluste, die am materiellen Inhalt der Gebäude entstanden. Unersetzbare kulturhistorische Werte gingen dabei verloren, wie – um nur ein Beispiel zu nennen – die weltberühmte Silbermann-Orgel in der Frauenkirche, wertvolle Gemälde und vieles andere mehr.

Die schweren Schäden waren durch den sorgfältig vorausberechneten und geplanten kombinierten Einsatz von Brand- und Sprengbomben entstanden. Am Beginn des zweiten Weltkrieges war die Sprengbombe noch der beim Bombardement am meisten angewandte Typ. Immer klarer erkannten aber im Verlauf des Krieges westliche Militärs die besonders zerstörende Kraft der Brandbombe. Nachdem bei dem Angriff der britischen Bomberverbände in der Nacht vom 27. zum 28. Juli 1943 auf Hamburg der erste Feuersturm im zweiten Weltkrieg entfesselt worden war und bei dem Großangriff auf Kassel am 23. Oktober 1943 eine ähnliche katastrophale Wirkung eintrat, wurde die Brandbombe in steigendem Maß bei Angriffen auf deutsche Stadtzentren verwandt.

In der Innenstadt von Kassel gelang es in der Nacht vom 22. zum 23. Oktober 1943, auf einer Fläche von 2,9 km^2 durch Brandbombenabwurf einen gewaltigen Feuersturm zu erzeugen. Diese Kasseler »Entdeckung« war für die britische RAF Grund genug, immer mehr zu dieser barbarischen Methode der Zerstörung dicht besiedelter Zentren und des Umbringens von Zivilisten überzugehen.

Drei Viertel aller Kriegszerstörungen in Deutschland entstanden durch Feuer. Die Brandbombe war der allerschlimmste Feind der Städte, die im wesentlichen durch sie vernichtet wurden. Niemals in der Geschichte aller Kriege hat die organisierte Brandstiftung eine solche Rolle gespielt wie im zweiten Weltkrieg. In dem Bericht »The United States Strategic Bombing Survey« wird festgestellt:

»Bei den Angriffen zeigte sich, daß Brandbomben je t 4—5mal mehr zerstörten als Sprengbomben. Obwohl auch eine gute unabhängige Löschwasserversorgung geschaffen worden war, vermochte der Brandschutz bei den immer schwerer werdenden, oft reinen Brandangriffen Flächenbrände nicht zu verhindern. Der Feuersturm, der wie ein Hurrikan überall neue Feuer entfachte, machte alle Anstrengungen zunichte.«[79]

In Kassel war es infolge besonderer Umstände möglich, die Todesart der beim Angriff am 22./23. Oktober 1943 Umgekommenen festzustellen. Danach sind von 100 Toten 15 durch Sprengbomben erschlagen worden, 15 verbrannten und 70 erstickten in Rauch und tödlichen Gasen, die sich als Folge der großen Brände entwickelt hatten.[80]

Nach sorgfältiger Prüfung der Unterlagen, die bei der Bergung der Opfer des Angriffs vom 13./14. Februar auf Dresden angefertigt wurden, und nach Aussagen der an ihrer Bestattung Beteiligten kann man feststellen, daß das Feuer und seine Folgen auch in Dresden sicherlich bei 80 bis 90 Prozent aller Menschenopfer die Ursache des Todes war. Auf die Anzahl der sinnlos und barbarisch vernichteten Menschenleben und ihr entsetzliches Sterben wird in einem besonderen Kapitel eingegangen.

Der greise Dichter Gerhart Hauptmann, der von der Loschwitzhöhe aus die Zerstörung Dresdens im Feuersturm erlebte, schrieb danach die ergreifenden Sätze:

»Wer das Weinen verlernt hat, der lernt es wieder beim Untergang Dresdens. Dieser heitere Morgenstern der Jugend hat bisher der Welt geleuchtet. Und ich habe den Untergang Dresdens unter den Sodom- und Gomorrha-Höllen der englischen und amerikanischen Flugzeuge persönlich erlebt. Wenn ich das Wort ›erlebt‹ einfüge, so ist mir das jetzt noch wie ein Wunder. Ich nehme mich nicht wichtig, um zu glauben, Saturn habe mir dieses Entsetzen gerade an dieser Stelle in dem fast liebsten Teil meiner Welt ausdrücklich vorbehalten.

Ich stehe am Ausgangstor des Lebens und beneide alle meine hohen Geisteskameraden, denen dieses Erlebnis erspart geblieben ist.

Ich weine. Man stoße sich nicht an dem Wort weinen. Die größten Helden des Altertums, darunter Perikles und andere, haben sich seiner nicht geschämt.

Von Dresden aus, von seiner köstlich gleichmäßigen Kunstpflege in Musik und Wort, sind herrliche Ströme durch die Welt geflossen, und auch England und Amerika haben durstig davon getrunken. Haben sie das vergessen?

Ich bin nahezu 83 Jahre alt und stehe mit meinem Vermächtnis vor Gott, das leider machtlos ist und nur aus dem Herzen kommt: Es ist die Bitte, Gott möge die Menschen mehr lieben, läutern und klären zu ihrem Heil als bisher.«[81]

Die geheimnisvolle Aktion »Donnerschlag«

Im Juli 1944 gab es bei den Generalstabschefs der westlichen Alliierten Erstaunen und ein wenig Aufregung. Auf Weisung von höchster Stelle hatten sie begonnen, die ersten Gespräche über einen besonderen Bombenangriff auf eine deutsche Großstadt zu führen, und ihre Gedanken dazu fixiert. Überraschend schnell, bereits am 1. August, fanden sie ihre Überlegungen in einem außergewöhnlichen, detaillierten Memorandum wieder, das der Chef des britischen Luftstabes, Sir Charles Portal, mit der Forderung nach allergrößter Geheimhaltung den Generalstabschefs überreichte. Der in diesem Memorandum enthaltene Plan wurde von ihnen bestätigt und erhielt die Tarnbezeichnung »Donnerschlag«.

Historiker der westlichen Welt bezeichnen dieses Memorandum allgemein als die Geburtsurkunde der Dresdner Luftoperation. In diesem Memorandum heißt es, es »könnten ungeheure Zerstörungen hervorgerufen werden, wenn sich der gesamte Angriff auf eine einzige große Stadt außer Berlin konzentrierte, und die Wirkung würde besonders groß sein, wenn es sich um eine Stadt handelte, die bis dahin relativ geringe Zerstörungen erlitten hätte«[82].

Von diesem Plan waren außerdem das britische Außenministerium, die Exekutive für politische Kriegführung und das Ministerium für Wirtschaftskriegführung informiert. Nach deren Meinung »konnte ein solcher Angriff einen bevorstehenden Sieg beschleunigen oder die Entscheidung für den Sieg herbeiführen«[83].

Es handelte sich also um einen Plan für einen »besonderen Luftangriff« auf eine bis dahin relativ unzerstörte Stadt.

Zunächst mußte jedoch auf Anraten des Vereinigten Planungskomitees die Verwirklichung »bis zu dem Zeitpunkt aufgeschoben« werden, »an dem der Vereinigte Nachrichtenausschuß die Umstände für eine erneute Prüfung seiner Möglichkeiten für günstig erachten würde«[84].

Welche Besonderheiten fallen an dem Plan für die Aktion »Donnerschlag« auf? Ein herkömmlicher Luftangriff mit 100, 300, 500 oder gar 1000 und noch mehr Bombern konnte nicht gemeint sein, denn solche hatten schon seit 1942 stattgefunden. In der Nacht vom 30. zum 31. Mai 1942 flog die britische RAF den ersten »1000-Bomber-Angriff« auf Köln.[85] Seitdem wiederholten sich solche massierten Angriffe immer wieder. Und was noch zu bedenken ist: Solche Angriffe mit 1000 und noch mehr Bombern konnten trotz aller Schwere kein »Donnerschlag« werden, der die »Entscheidung für den Sieg herbeiführen« konnte. Davon waren sowohl die amerikanische wie auch die britische Regierung und ihre führenden Militärs überzeugt.

Relativ unzerstörte Städte gab es im Osten Deutschlands Anfang August 1944 noch einige, die in der Folgezeit mit zum Teil sehr schweren Angriffen von 1000 und mehr Bombern in einer Nacht oder in kurzen Intervallen zerstört wurden. Auch die später in Dresden angewandte Taktik war bereits in Hamburg, Kassel und anderen deutschen Städten erprobt. Doch der Zusammenbruch des faschistischen Deutschlands wurde damit nicht erreicht. »61 Städte mit mehr als 100 000 Einwohnern und einer Gesamtbevölkerung von 25 Millionen wurden bombardiert. Der moralische Effekt war aber ganz entgegengesetzt dem, was Herr Douhet und seine Anhänger prophezeit hatten. Der Zusammenbruch blieb jedenfalls aus«[86], schlußfolgerte der prominente britische Militärhistoriker Fuller aus den anglo-amerikanischen Terrorangriffen auf Deutschland. Nach fünf Kriegsjahren, Mitte 1944, mußten die verantwortlichen Militärs der Vereinigten Britisch-Amerikanischen Stabschefs wissen, daß mit Flächenbombardements von Großstädten, auch wenn sie noch so massiv waren, die Kriegsentscheidung nicht herbeigeführt werden konnte.

Was verbarg sich also hinter der Aktion »Donnerschlag«?

Rufen wir uns dazu noch einmal in Erinnerung, daß es in dem Memorandum hieß, »ein solcher Angriff« könnte »einen bevorstehenden Sieg beschleunigen oder die Entscheidung für den Sieg herbeiführen«. Jeder von uns weiß, daß selbst der außerordentlich schwere Luftangriff auf Dresden mit fast 15 km² total zerstörter Fläche und nahezu 35000 Toten eine völlig untergeordnete Rolle bei der Erringung des Sieges durch die Antihitlerkoalition spielte. Es ist klar, daß die Aktion »Donnerschlag« viel mehr enthielt als einen gewöhnlichen, wenn auch mit außerordentlich starken Kräften geführten und massierten Bombenangriff auf eine unzerstörte Stadt.

So unwahrscheinlich es auch klingen mag, so sicher ist es: Die erste Atombombe sollte auf eine deutsche Stadt fallen. Dazu war der »besondere Plan« für die geheimnisvolle Aktion »Donnerschlag« geschaffen worden.

Diese erschreckende Feststellung wird jedoch nur glaubhaft und verständlich, wenn man einige Fakten aus der Geschichte der Entwicklung und Herstellung der Atombombe betrachtet.

Spätestens im Jahre 1941 bestand die Gewißheit, daß es möglich ist, eine neue Bombe von ungewöhnlich starker Sprengkraft zu schaffen. Am 6. November 1941 berichtete das NAC (National Academy Committee) an Vannevar Bush, den Direktor des Amtes für wissenschaftliche Forschung und Entwicklung in den USA, der gleichzeitig als wissenschaftlicher Berater Präsident Roosevelts bei der Entwicklung der Atombombe fungierte, folgendes: »Eine Spaltungsbombe von überwältigender Zerstörungswirkung wird erzielt durch rasches Zusammenbringen einer genügenden Menge des Elements U-235. Das erscheint so sicher, wie überhaupt irgendeine Voraussage, die auf Theorie und Experiment beruht, sicher sein kann, bevor man sie experimentell geprüft hat.« Über den Zeitraum, der für die Herstellung einer solchen Bombe benötigt wird, gibt der Bericht folgende Einschätzung: »Gegenwärtig kann man nur eine ganz rohe Schätzung der Zeit, die für die Entwicklung, die technische Durcharbeitung und die Erzeugung der Spaltungsbomben nötig sein wird, vornehmen. Immerhin kann man erwarten, vorausgesetzt, daß jede mögliche Anstrengung auf die Verwirklichung des Programms verwendet wird, daß Spaltungsbomben in beträchtlichen Quantitäten innerhalb von drei oder vier Jahren zur Verfügung stehen.«[87] Der Empfänger des Berichtes, Dr. Vannevar Bush, war zu dieser Zeit Mitglied »der obersten Gruppe, die alle Informationen erhielt und oft als ›Oberste Planungsgruppe‹ bezeichnet wurde«. Ihr gehörten an:

1. Der Präsident der USA, Roosevelt,
2. der Vizepräsident der USA, Wallace,
3. der Kriegsminister der USA, Stimson,
4. der Generalstabschef der USA, Marshall,
5. der Direktor des Amtes für wissenschaftliche Forschung in den USA, Bush,
6. dessen Stellvertreter Conant.[88]

Man beachte: Die amerikanischen Wissenschaftler waren im November 1941 der Meinung, daß die neue Bombe in drei bis vier Jahren »in beträchtlichen Quantitäten« zur Verfügung stehen würde.

Noch etwas früher waren auch die Wissenschaftler in England zum gleichen Ergebnis gekommen. »Anfang 1940 lenkten Dr. Frisch und Prof. Peierls von der Universität Birmingham und Prof. Sir James Chadwick von der Universität Liverpool unabhängig voneinander die Aufmerksamkeit auf die Möglichkeit, eine militärische Waffe von beispielloser Gewalt herzustellen.«[89] Im April 1940 setzte Churchill ein Komitee von Wissenschaftlern ein, das diese Angaben prüfen und ihm darüber Bericht erstatten sollte. Darüber heißt es in dem amtlichen englischen Bericht »Britannien und die Atombombe«: »Im Frühsommer 1941 kam das Komitee zur Überzeugung, daß die Ausführbarkeit einer militärischen Waffe auf der Basis der Atomenergie endgültig feststehe, daß diese Waffe beispiellose Zerstörungsgewalt haben werde, daß eine Methode, um die erforderlichen Materialmengen zu erzeugen, in Aussicht sei und daß die für die Ausführung des Projektes nötige industrielle Anstrengung einigermaßen abgeschätzt werden könne. Dementsprechend verfaßte das Komitee einen vom 15. Juli 1941 datierten Bericht, der die Ergebnisse zusammenfaßte und Vorschläge für die Verfolgung des Projekts in großem Maßstab machte.«[90] Ebenso wie Roosevelt setzte auch Churchill eine oberste beratende Kommission ein, der außer ihm als Vorsitzendem noch weitere vier namhafte Persönlichkeiten angehörten. Das bereits erwähnte, von Churchill eingesetzte wissenschaftliche Prüfungskomitee hatte nämlich festgestellt, »es sei eine gute Chance dafür vorhanden, Atombomben noch rechtzeitig für den Gebrauch in diesem Krieg herzustellen«[91].

Es gibt viele Zeugnisse dafür, daß die an der Entwicklung und Herstellung beteiligten Wissenschaftler und Techniker und demzufolge auch die führenden Staatsmänner Amerikas und Englands der Meinung waren, daß die Atombombe 1944, spätestens aber im Januar 1945 eingesetzt werden könne. In einem Bericht an Präsident Roosevelt vom 9. März 1942, »der den allgemeinen Optimismus widerspiegelt«, hielt zum Beispiel Dr. Bush die »Vollendung des Projektes im Jahre 1944 für möglich«[92].

Nachdem im Herbst 1942 Roosevelt und Churchill sich geeinigt hatten, an der Herstellung der Atombombe gemeinsam zu arbeiten und das Forschungs- und Entwicklungszentrum in den USA zu stationieren, waren im Frühjahr 1943 Oppenheimer, der allgemein »Vater der Atombombe« genannt wird, sowie der Leiter der Abteilung Theoretische Physik im Atomzentrum, Hans Bethe, und viele andere daran mitarbeitende Wissenschaftler der Meinung, »daß die erste Atombombe Mitte 1944 fertig sein werde«[93].

Am 17. September 1942 war vom Kriegsminister der USA dem Brigadegeneral des Ingenieurkorps, Leslie R. Groves, die Gesamtleitung des Atombombenprojektes übertragen worden, an dem in den USA einige Jahre bis zu 150 000 Menschen arbeiteten. Die Kosten der A-Bombe betrugen 2 Milliarden Dollar. General Groves schreibt in seinen Memoiren: »Wir erwarteten, daß der erste ›dünne Mann‹ im Juni 1945 fertig sein würde. Der ›dicke Mann‹ wurde noch entwickelt, aber es bestand einige Hoffnung, daß der erste dieses Modells schon im Januar 1945 geliefert werden könnte.«[94] (»Dünner Mann« war der Deckname für die Uranbombe, »dicker Mann« der für die Plutoniumbombe.) Das war die Meinung von Groves noch im Sommer 1944. Gleichzeitig – Anfang August – hatte er wichtige Vorschläge für das Trainingsprogramm der Flieger der 509. zusammengesetzten Gruppe der 20. Luftstreitmacht gemacht, die ausgesucht waren, die Bomben zu werfen.[95] Zum gleichen Zeitpunkt war auch, wie erinnerlich, der Plan »Donnerschlag« entstanden.

Welche deutsche Stadt war für die atomare Vernichtung vorgesehen? Sehen wir uns dazu die heute schon vorliegenden Tatsachen an:

1. In dem bereits erwähnten amtlichen Bericht des britischen Informationsdienstes »Britannien und die Atombombe« vom 12. August 1945 findet sich diese Bemerkung: »In der Folge fanden weitere Besprechungen zwischen Präsidenten Roosevelt und Mr. Churchill statt, die zur Einsetzung des Vereinigten Planungskomitees (Combined Policy Committee) in Washington führten.«[96] Erinnern wir uns: Das Vereinigte Planungskomitee wurde schon einmal genannt. Es hatte Anfang August 1944 angeraten, die Verwirklichung des Planes »Donnerschlag« bis zu dem Zeitpunkt aufzuschieben, »an dem der Vereinigte Nachrichtenausschuß die Umstände für eine erneute Prüfung seiner Möglichkeiten für günstig erachten würde«. Nach General Groves' Angaben vom August 1944 kann man als Zeitpunkt der »erneuten Prüfung seiner Möglichkeiten« mit Sicherheit den Monat Januar 1945 nennen, in dem mit der ersten einsatzfähigen Bombe gerechnet wurde. Der enge Zusammenhang zwischen dem Memorandum und dem Einsatz der Atombombe ist nicht zu übersehen.

2. Im August 1944 war die Leitung des amerikanisch-englischen Atombombenprojektes überzeugt, daß die Plutoniumbombe im Januar 1945 fertig sein werde. Zu diesem Zeitpunkt – Sommer 1944 – begann auch das Training der für den Abwurf der Atombombe vorgesehenen Flieger.

3. General Groves, der Chef des gesamten Atombombenprojektes, berichtet über eine Konferenz mit Präsident Roosevelt »vor seiner Abreise nach Jalta« folgendes:

»Auf der gleichen Konferenz informierte mich Mr. Roosevelt, daß er wünschte, daß wir vorbereitet seien, die Bomben auf Deutschland abzuwerfen, falls wir die ersten Bomben vor Beendigung des Krieges in Europa hätten.«[97] Das war am 31. Dezember 1944, wie General Groves in einem Interview am 7. Oktober 1965 laut UPI berichtete. Der Unterredung wohnte auch der damalige Kriegsminister der USA, Harry L. Stimson, bei.

Interessant dazu ist, daß der englische Luftmarschall, Charles Portal, am 24. Januar 1965 in London eine Erklärung abgegeben hat, über die »Die Welt« folgendes berichtet: »Lord Charles Portal, der während des Krieges Stabschef der britischen Luftwaffe war, dementierte am Sonntag einen Bericht des SED-Blattes ›Neues Deutschland‹, wonach Großbritannien geplant habe, die erste Atombombe im Sommer 1944 auf Dresden abzuwerfen... Portal sagte, es sei niemals ein Atomangriff in Europa geplant gewesen.«[98] Lord Portal hat im Übereifer, sich reinzuwaschen, die Wahrheit doch ein bißchen zu sehr vergewaltigt, denn sein Komplize, General Groves, der mehr von den Dingen wußte, sagt das Gegenteil.

4. Im Juli 1944 erschien eines Tages bei dem bekannten deutschen Physiker und Nobelpreisträger Werner Heisenberg, dem damaligen Vorsitzenden des deutschen Uran-Vereins, der Adjutant des faschistischen Reichsmarschalls Hermann Göring. Über diesen Besuch und das Gespräch berichtete Werner Heisenberg am 25. Oktober 1963 an den Herausgeber der »Physikalischen Blätter«:

»Im Sommer 1944 (wahrscheinlich Anfang Juli) kam einmal der Adjutant von Göring zu mir mit der Mitteilung, es sei über die deutsche Vertretung in Lissabon eine amerikanische Drohung gegen die deutsche Regierung ausgesprochen worden, es werde innerhalb der nächsten sechs Wochen eine Atombombe über Dresden abgeworfen werden, wenn die Regierung nicht in irgendeiner Art um Frieden bäte. Über den genauen Inhalt der Bedingungen wurde mir nichts mitgeteilt. Ich wurde von dem Adjutanten Görings gefragt, ob ich es für möglich hielte, daß die Amerikaner bereits über eine Atombombe verfügten. Mir war diese Frage begreiflicherweise sehr unangenehm, weil mit der Antwort auf jeden Fall eine große

Verantwortung verbunden war. Ich habe dann gesagt, daß ich es zwar für außerordentlich unwahrscheinlich, aber nicht für völlig unmöglich hielte, daß die Amerikaner zu diesem Zeitpunkt über eine solche Waffe verfügten, und habe versucht zu erklären, daß die Herstellung der Waffe auf jeden Fall einen enormen industriellen Aufwand erfordern müßte, von dem ich mir nicht denken könnte, daß die Amerikaner ihn schon geleistet hätten.«[99]

Heisenberg glaubte dieser amerikanischen Mitteilung nicht; der aufgeblasene Göring sicherlich erst recht nicht.

Schon am 9. Juli 1943 war Göring von namhaften deutschen Physikern unterrichtet worden, »daß (gemeint ist in Deutschland – *W. W.*) die Arbeiten zur Schaffung von praktisch brauchbaren Kraftmaschinen oder Sprengstoffen gefördert seien. Wenn auch die deutschen Arbeiten nicht in kurzer Zeit Erfolg haben würden, ›so ist auf der anderen Seite aber die Sicherheit vorhanden, daß die Feindmächte uns auf diesem Gebiet nicht mit Überraschungen aufwarten können‹.«[100]

Das war, wie wir alle Anfang August 1945 nach Abwurf der Atombomben auf Hiroshima und Nagasaki erfahren haben, ein großer Irrtum.

5. Etwa zur Zeit des Besuchs des Adjutanten Görings bei Heisenberg erschien in der großen bürgerlichen schwedischen Tageszeitung »Stockholms Tidningen« eine Notiz mit folgendem Inhalt: »In den Vereinigten Staaten werden wissenschaftliche Versuche mit einer neuen Bombe ausgeführt. Als Material dient Uran, und wenn die gebundenen Kräfte in diesem Element frei würden, dann könnten Sprengwirkungen von bisher nicht geahnter Kraft erzeugt werden. Eine 5-kg-Bombe könnte dann ein Loch von 1 km Tiefe und 40 km Radius hervorbringen. In einem Umkreis von 150 km würden alle festen Gebäude in Trümmer gehen.«[101]

Der bekannte, jetzt in Dresden lebende Wissenschaftler und Forscher Prof. Dr. h.c. Manfred von Ardenne berichtete dazu 1964 an die »Physikalischen Blätter«, »daß auch unserer damals in Berlin-Lichterfelde arbeitenden Gruppe die Veröffentlichung in ›Stockholms Tidningen‹ bekannt gewesen ist. Die schwedische Pressenotiz über die amerikanischen Arbeiten an der Atombombe waren mir kurz nach ihrem Erscheinen vom Auswärtigen Amt übermittelt worden mit der Bitte um Rückäußerung, ob die Nachricht ernst zu nehmen sei. Auch in Kenntnis des Inhaltes der Arbeiten, die Fritz G. Houtermans damals bei mir durchgeführt hatte (Geheimveröffentlichung), lautete unsere Stellungnahme, daß die schwedische Nachricht große Aufmerksamkeit verdiene und daß man sich bemühen solle, weitere Informationen zu beschaffen.«[102]

6. Die Aktion »Donnerschlag« war – wie wir wissen – für eine deutsche Stadt mit »bis dahin relativ geringen Zerstörungen« vorgesehen. Das von Roosevelt und Churchill berufene Vereinigte Planungskomitee für den Einsatz der Atombombe hatte den Plan »Donnerschlag« bestätigt. Als Zielobjekt kam nur eine Stadt in Frage, die folgende Eigenschaften haben mußte: »Da zu erwarten ist, daß die Bombe den größten Schaden durch Explosion und danach durch Feuer anrichten wird, sollen die Ziele einen großen Prozentsatz von eng aneinandergebauten Holzgebäuden und anderen Bauten einschließen, bei denen durch Luftdruck und Feuer der meiste Schaden angerichtet werden kann.

Die hauptsächliche Explosionswirkung der Bombe wird sich, laut Berechnungen, über eine Region von ungefähr einer Meile Radius ausdehnen. Daher sollen die ausgewählten Ziele eine dichtbebaute Gegend von mindestens dieser Größe enthalten...

Das erste Ziel soll möglichst unberührt von früheren Bombardements sein, damit die Wirkung einer einzelnen Atombombe festgestellt werden kann.«[103]

7. Der Vereinigte Nachrichtenausschuß hatte am 25. Januar den englischen Premier Churchill und seine führenden Militärs auf den im Tresor liegenden Plan »Donnerschlag« aufmerksam gemacht und seine modifizierte Durchführung empfohlen.[104] Nachdem die Atombombe nicht fertig war, sollte wenigstens versucht werden, die politischen Absichten mit sogenannten konventionellen Waffen zu erreichen.

Angesichts dieser Tatsachen wird der Verdacht, daß die erste Atombombe auf Dresden fallen sollte, außerordentlich erhärtet.

Selbst David Irving sagte in einem Gespräch am 24.

Januar 1965 in Hamburg zu einem Journalisten der »Neuen Berliner Illustrierten«: »Wenn ich mir jetzt alles überlege, dann könnte Dresden doch die Stadt sein, die für den Atombombenabwurf gedacht war, vieles spricht dafür. Merkwürdig ist ja, daß Dresden bis kurz vor Kriegsende nicht zerstört oder beschädigt wurde.«[105]

Die Hitlerregierung hatte aus verschiedenen Quellen Kenntnis von der Produktion und baldigen Erprobung einer neuen furchtbaren Waffe in den USA. Sie wurde auch darauf hingewiesen, daß man die Nachrichten darüber ernst nehmen sollte. Aber die faschistischen Machthaber dachten gar nicht daran, diese furchtbare Gefahr durch die Beendigung des sinnlosen Krieges abzuwenden. Den deutschen Imperialisten, den Nazis und Militaristen war es völlig gleichgültig, ob auf Dresden diese neue Bombe fallen würde oder nicht. Sie waren durch ihre millionenfachen Morde so abgebrüht, daß die Vorstellung sie überhaupt nicht rührte, mit dieser Bombe könnten 100 000 oder 200 000 Menschenleben auf einmal ausgelöscht werden. Es war wahrhaftig nicht ihr Verdienst, wenn Dresden dieses unausdenkbar grauenhafte Schicksal erspart blieb.

Das hatte wesentlich andere Ursachen. Die westlichen Alliierten hatten als frühestes Datum der Beendigung des Krieges in Europa die zweite Hälfte des Jahres 1945 vorausberechnet. Noch am 9. Februar 1945 berichteten die Vereinigten Britisch-Amerikanischen Stabschefs in Jalta in einer Sitzung den beiden Regierungschefs Roosevelt und Churchill: »Wir empfehlen, daß die Planungsdaten für das Ende des Krieges mit Deutschland folgende sein sollen: a) Frühestes Datum: 1. Juli 1945; b) Datum, nach dem eine Weiterführung des Krieges unwahrscheinlich ist: 31. Dezember 1945.«[106]

Dieser Empfehlung lag ein Memorandum der Britischen Stabschefs vom 30. Januar 1945 zugrunde, in dem gesagt wird: »Dagegen stellen wir jedoch fest, daß die Entfernung im Zusammenwirken mit einer Versteifung des deutschen Widerstandes wahrscheinlich die Russen auf der ungefähren Linie Landsberg–Riesengebirge zum Stehen bringen wird.«[107]

Die sowjetischen Truppen standen zum Beispiel am 22.

Juni 1944, dem Vorabend der Belorussischen Offensive, erst bei Witebsk. Das waren immerhin bis Berlin noch rund 1200 km. Die führenden anglo-amerikanischen Militärs und solche Politiker wie Churchill konnten sich einfach nicht vorstellen, daß diese gewaltigen Entfernungen und Räume von der Roten Armee im schwersten Ringen mit einem verbissen kämpfenden und noch zum großen Teil gut ausgerüsteten Gegner in zehn Monaten überwunden werden könnten. Die Engländer und Amerikaner sahen sich im Geist lange vor der Roten Armee als Sieger durch das Brandenburger Tor in Berlin einziehen. Derweil, so meinten sie, würden sich die »Russen« bestenfalls in Polen mit den Deutschen herumschlagen. Doch »mit des Geschickes Mächten ist kein ewiger Bund zu flechten«. Obwohl Hitlerdeutschland den größten Teil seiner Kräfte, die besten Waffen und die einsatzfähigsten Truppen an die Ostfront warf und mit brutalem Terror die Soldaten zu verbissenem Widerstand zwang, schaffte es die Rote Armee. Sie schlug bei ihren Offensiven ein unerhörtes Tempo an. Der Krieg war dank den gewaltigen Siegen der Roten Armee in Europa viel früher zu Ende, als es im Plan der westlichen Alliierten vorgesehen war.

Demgegenüber mußten die in den USA an der Entwicklung und Erprobung der neuen Massenvernichtungswaffe arbeitenden Wissenschaftler und Techniker wiederholt den Termin der Erprobung der Atombombe hinausschieben, weil sich ständig neue Probleme ergaben. Erst am 16. Juli 1945, nachdem die Kriegshandlungen in Europa schon über zwei Monate beendet waren, konnte in der Wüste des USA-Staates New Mexico die erste Probeexplosion einer Atombombe stattfinden. Genau 21 Tage später – am 6. August 1945 – wurde dann die Bombe Nr. 2 über Hiroshima und noch einmal drei Tage später die Bombe Nr. 3 über Nagasaki zur Explosion gebracht.

Worin bestanden die wesentlichen Schwierigkeiten, die bei der Entwicklung der Atombombe auftraten und den Termin der Fertigstellung verzögerten?

Es waren zwei verschiedene Atombomben, die zu gleicher Zeit entwickelt wurden. Einmal eine Uranbombe und zum anderen eine Plutoniumbombe. In beiden Fällen war die Produktion des Materials in der benötigten Menge und dem extrem hohen Reinheitsgrad eine äußerst komplizierte und zeitraubende Angelegenheit, die, nachdem die Laboratoriumsversuche abgeschlossen waren, nur unter ungewöhnlich großem industriellem Aufwand gemeistert werden konnte. Zu einem wesentlich früheren Zeitpunkt war damals die Produktion des benötigten Urans und Plutoniums nicht zu schaffen. Im März 1944 betrug die tägliche Produktion von Plutonium in der Prototypanlage nur ein Gramm. Aber für die »Nagasaki-Bombe« waren sechs Kilogramm, also 6000 Gramm, notwendig. Die erste industrielle Anlage mit einer Kapazität von 250 Gramm pro Tag wurde im September 1944 in Betrieb genommen und lieferte im Frühsommer 1945 das Material, welches sofort zu Bomben verarbeitet wurde. Zwei weitere Anlagen mit der gleichen Kapazität wurden im Sommer 1945 in Betrieb genommen.

Zum anderen ergab sich gerade bei Plutonium die sehr schwierige Frage, wie es möglich sei, einen stark überkritischen Zustand zu erreichen, damit eine hohe Ausbeute der Kettenreaktion gewährleistet wird. Die Lösung war, wie General Leslie R. Groves sagte, »diabolisch ingeniös«.

Eine Kugelschale aus zwei unterschiedlichen Explosivstoffen war so konstruiert, daß außer der üblichen Explosionswelle, die mit ihrer Ausdehnung immer schwächer wird, eine ins Innere der Schale gerichtete sich selbst beschleunigende Implosionswelle entstand. Diese Konstruktion führte zu einer unförmigen Gestalt, der der Tarnname »dicker Mann« zu verdanken ist. Der Implosionsdruck preßte eine im Inneren befindliche sechs Kilogramm schwere leicht unterkritische Kugel aus Plutonium (umgeben von einem Neutronen-Reflektor aus Uran) so schnell zusammen, daß kaum Gelegenheit bestand für ein zufälliges Neutron, die Kettenreaktion vorzeitig auszulösen. Mit der Ankunft der Implosionswelle im Zentrum wurde eine starke Neutronenquelle aktiviert. So ist zum Beispiel bei der »Nagasaki-Bombe« von den sechs Kilogramm Plutonium nur ein Kilogramm durch die Kettenreaktion als Explosionsstoff wirksam geworden. Die restlichen fünf Kilogramm wurden unverbraucht zerstreut.

Das Problem der Ausbeute der Kettenreaktion hat somit auch große Schwierigkeiten bereitet.[108]

Wenn dennoch Dresden, das nach den angeführten Tatsachen mit an Sicherheit grenzender Wahrscheinlichkeit als Ziel für den ersten Atombombenabwurf vorgesehen war, das Schicksal von Hiroshima und Nagasaki erspart blieb, dann danken wir das in allererster Linie den Soldaten, Offizieren und Generalen der Sowjetarmee. Ihr schneller Vormarsch, ihre Ruhmestaten, die zur bedingungslosen Kapitulation Hitlerdeutschlands am 8. Mai 1945, also Monate vor der Fertigstellung einer Atombombe, führten, schalteten die Möglichkeit des Abwurfes der ersten Atombombe auf Dresden aus. Das sollten wir nie vergessen!

Das Bild rundet sich. Die heute schon bekannten Tatsachen beweisen: Von dem Zeitpunkt an, als die Bemühungen der amerikanischen und der englischen Wissenschaftler und Techniker in den Vereinigten Staaten zur Herstellung der Atombombe sicheren Erfolg verhießen, war Dresden von anglo-amerikanischen Politikern und Militärs als Versuchsobjekt ausersehen. Es wurde gewissermaßen dafür aufgespart. Daß vorher keine ernsthaften Angriffe erfolgten, war sicherlich von dem Bestreben diktiert, an einer noch unzerstörten Großstadt mit dichter Bebauung und vielen alten Häusern, die in einem Talkessel liegt, die Wirkung der neuen Bombe zu erproben. Dieser Plan bestand bis zum Januar 1945. Als dann aber die Rote Armee im stürmischen Vormarsch die Oder überschritt und die englische und die amerikanische Regierung befürchten mußten, daß die »Russen« in einem Blitzvorstoß Dresden unversehrt in Besitz nehmen könnten, und als die Gewißheit bestand, daß die Atombombe infolge der stürmischen Offensive der sowjetischen Truppen nun doch für Dresden zu spät kam, hat Churchill umgeschaltet. Wir wissen, daß Churchill vom Stand der Entwicklung der Atombombe regelmäßig informiert wurde. Dafür gibt es viele Zeugnisse. So berichtet Truman: »Das Geheimnis der Atombombe blieb wie überall sonst auch in Potsdam strengstens gewahrt und drang nicht über den kleinen Kreis von Amerikanern, die schon vorher davon gewußt hatten, hinaus. Nur noch Churchill war selbstverständlich schon lange in die Sache eingeweiht, war doch das Projekt von amerikanischen und britischen Wissenschaftlern gemeinsam entwickelt worden.«[109]

Churchill selbst hat nie ein Hehl daraus gemacht, daß er immer auf dem laufenden war, nicht nur alle Pläne kannte, sondern sie auch mit geschmiedet hatte. Die Atombombe war seine besonders heiß ersehnte »Wunderwaffe« gegen die Sowjetunion. In seinen Erinnerungen schreibt er tief befriedigt, nachdem Truman und er während der Potsdamer Konferenz die Nachricht von der geglückten Versuchsexplosion erhalten hatten: »Damit war er (Stalin – *W. W.*) des Trumpfes, dessen er sich in Jalta mit solchem Erfolg gegen die Amerikaner bedient hatte, verlustig gegangen.«[110] Macht diente Churchill zur Erpressung im Interesse des Imperialismus. Die erfolgreichen Bemühungen der Sowjetunion um einen dauerhaften Frieden waren ihm ein Dorn im Auge. Er haßte den ersten Arbeiter-und-Bauern-Staat der Welt, von dem er in seinen Erinnerungen schreibt: »Einstens hatte ich mich so sehr bemüht, ihn schon bei der Geburt abzuwürgen.«[111]

Der nach dem Tod Roosevelts amtierende Präsident der USA, Harry Truman, frohlockte in den letzten Stunden, als er am 16. Juli 1945 in Potsdam auf Nachricht über das Gelingen des Versuches mit der Atombombe wartete: »Wenn sie explodiert, und sie wird explodieren, dann halte ich gegen diese Burschen (gemeint ist die Delegation der Sowjetunion in Potsdam – *W. W.*) einen Hammer in den Händen.«[112]

Ursprünglich sollte dieser »Hammer gegen die Russen« Dresden zerschmettern, damit die anglo-amerikanischen Imperialisten in Jalta für die beabsichtigten Erpressungen den notwendigen Druck ausüben konnten. Die Angst hat Churchill im Januar 1945 gepeinigt, daß der Atomschlag gegen Dresden nicht mehr rechtzeitig gelänge. Die »Russen« waren ihm zu schnell; deshalb beeilte er sich, um überhaupt noch einen »Donnerschlag« gegen das fast unversehrt in Stoßrichtung der Roten Armee liegende Dresden führen zu können, mit dem Bombenangriff, wenn auch »nur« mit konventionellen Mitteln.

Glücklicherweise hatten die deutschen Physiker, die im

Auftrag der Hitlerregierung, insbesondere Görings, ebenfalls an dem Problem der Atombombe arbeiteten, bei ihrer Forschung und Entwicklung keinen durchschlagenden Erfolg. Es ist gar nicht auszudenken, welche furchtbaren Folgen die Atombombe in den Händen Hitlerdeutschlands über die Menschheit gebracht hätte.

Übrigens: Von einem Plan »Donnerschlag« – aber nicht von seinem wahren Inhalt – hatten so nach und nach eine ganze Reihe Leute, vor allem hohe Militärs, in den Vereinigten Staaten Amerikas und in Großbritannien etwas gehört. Zur Tarnung – wie das bei Plänen aller kriegführenden Staaten üblich war – wurden Scheinpläne, Ablenkungsdokumente ausgearbeitet, um die Frage nach dem Inhalt des Planes »Donnerschlag« für jene, die etwas gehört hatten, sowohl in den eigenen Ländern, aber auch bei eventuellen Informanten des Feindes in eine falsche Richtung zu lenken.

Daß zum Beispiel der Plan »Donnerschlag« etwa ein Bombenangriff mit zwei- oder dreitausend Bombern gegen Berlin oder, wie in einem Brief an mich behauptet wurde, Mannheim/Ludwigshafen sein sollte, ist irrig, wie aus den in diesem Kapitel dargelegten beweiskräftigen Fakten eindeutig hervorgeht.

Was hatte Dresden mit einem Separatfrieden zu tun?

Zwei bedeutsame Kriegsereignisse Ende 1944/Anfang 1945 standen in engem Zusammenhang mit den vielfältigen Versuchen deutscher und anglo-amerikanischer imperialistischer Gruppen, einen Separatfrieden zwischen den Westmächten und Hitlerdeutschland abzuschließen. Diese beiden Ereignisse waren einerseits die teilweise erfolgreiche Ardennenoffensive der deutschen Wehrmacht und andererseits der Terrorangriff anglo-amerikanischer Bomber auf Dresden. Beide Aktionen waren dazu bestimmt, andere »weich« zu machen, den Boden für einen Separatfrieden zu bereiten beziehungsweise die bereits laufenden Verhandlungen vorwärtszutreiben.

Die deutschen Faschisten waren gerade um die Jahreswende 1944/45 brennend daran interessiert.

Ein Waffenstillstand mit den Westmächten und der Abschluß eines Sonderfriedens sollten es den deutschen Faschisten ermöglichen, der unausweichlichen Niederlage zu entgehen, die bedrohten Existenzgrundlagen des deutschen Imperialismus zu retten und vor allem die gesamte Wehrmacht als gedungene Söldner »im Interesse des Abendlandes« in den »End«kampf gegen die »bolschewistische Gefahr« zu führen. Zum anderen gab es einflußreiche Kräfte in England und in Amerika, die verbissen ihre alte Idee verfolgten, daß Hitlerdeutschland die Sowjetunion besiegen oder wenigstens so schwächen werde, daß die anglo-amerikanischen Imperialisten nur noch die Liquidation des ersten sozialistischen Staates der Welt zu vollziehen hätten. In diesem Punkte trafen sich ihre Absichten vollständig mit den Zielen der deutschen Imperialisten. Nur spekulierten jene Kreise zusätzlich auf eine so starke Schwächung des faschistischen Deutschlands, daß auch dieser lästige Konkurrent ausgeschaltet werden und die imperialistischen Westmächte die Bedingungen der zukünftigen Gestaltung Deutschlands festlegen könnten.

Diese Politik hat eine lange Geschichte. Sie wurde buchstäblich mit der Oktoberrevolution geboren und häufig zu praktizieren versucht. Wie schon zitiert, wollte Churchill die Sowjetunion »schon bei der Geburt abwürgen«. Auch beim Münchner Abkommen 1938 stand diese Politik Pate. Besonders hartnäckig verfolgten englische imperialistische Gruppen solche Pläne. Der bekannte amerikanische Journalist Walter Lippmann schrieb schon 1944 darüber: »Als dann die Gefahr der deutschen Expansion in den Jahren 1937 und 1938 immer drohender wurde, opferten sie (England und Frankreich – *W. W.*) in München zugunsten ihrer eigenen Sicherheit die Beziehungen zu Rußland, in der letzten vergeblichen Hoffnung, es werde zwischen Deutschland und Rußland zu einem Krieg der gegenseitigen Vernichtung kommen.«[113]

Es gab sogar Versuche, sich an einem Krieg der deutschen Faschisten und ihrer Satelliten gegen die Sowjetunion zu beteiligen. Erinnert sei nur an das Projekt eines gemeinsamen Expeditionskorps nach Finnland Anfang des Jahres 1940. Zur gleichen Zeit arbeitete mit Wissen, ja sogar im Auftrag der französischen Regierung deren Generalität, wie Gamelin und Weygand, Pläne aus, die UdSSR vom Süden, besonders vom Balkan aus, anzugreifen und die kaukasischen Ölfelder durch Bombenangriffe zu vernichten.[114] Und das zu einem Zeitpunkt, als ihr Menetekel schon an die Wand geschrieben war.

Immer wenn es gegen die UdSSR ging, war der damalige Premierminister Großbritanniens, Churchill, mit von der Partie: »Niemand ist ein unversöhnlicherer Gegner des Kommunismus gewesen als ich selbst seit fünfundzwanzig Jahren. Ich nehme nicht ein einziges Wort zurück, das ich zu diesem Thema gesagt habe«[115], sagte er am 22. Juni 1941 um 21 Uhr in einer Rundfunkansprache.

Schon seit September 1939, der Krieg hatte im Westen überhaupt noch nicht ernsthaft begonnen, fanden Verhandlungen der deutschen Imperialisten mit den Westmächten statt. Der Münchner Rechtsanwalt Dr. Josef Müller schaltete im Auftrag des deutschen Abwehrchefs Admiral Canaris den Vatikan ein, um schon zu dieser Zeit, natürlich noch mit hochgesteckten Zielen, ein Abkommen mit England zu erreichen.[116]

Von diesem Zeitpunkt an rissen solche Versuche nicht mehr ab. Auch zu bestimmten einflußreichen Kreisen in den USA wurden die ersten Fühler ausgestreckt.

Besonders intensiv wurden solche Gespräche zwischen englischen, amerikanischen und deutschen Monopolvertretern seit Beginn des Jahres 1943 geführt. Auch Schacht, der damalige Präsident der Reichsbank, machte seinen Einfluß geltend. Unter dem Motto »Den Krieg im Westen beenden und im Osten mit ganzer Kraft fortführen«, unternahm er entsprechende Schritte. Die Schlacht an der Wolga hatte die deutschen Imperialisten aufgescheucht. Über verschiedene neutrale Staaten, zum Beispiel über die Schweiz und über Schweden, liefen gleichartige Bemühungen.

Spätestens aber seit Sommer 1944, unter dem Eindruck der katastrophalen Niederlage der Wehrmacht in Belorußland und der begonnenen Invasion in Frankreich, waren sich alle führenden deutschen Monopolgruppen darüber einig, daß nunmehr ein Separatfrieden dringend notwendig sei. Auf einer Konferenz deutscher Industrieller am 10. August 1944 in Straßburg wurde diese Linie bestätigt.

Die einflußreichen deutschen Konzernherren Otto und Hugo Stinnes fuhren dann als Beauftragte der deutschen Kohle- und Stahlmagnaten im Herbst 1944 nach Stockholm. Sie trafen sich mit ihrem seit langer Zeit in Amerika lebenden Bruder Edmund, der als Gesandter amerikanischer Monopolkreise anzusehen war, und mit anderen Vertretern der USA und Englands, um die Bedingungen für einen Separatfrieden auszuhandeln.[117]

Auch jener reaktionäre Teil der Verschwörer des 20. Juli 1944, der die Existenz des deutschen Imperialismus sichern wollte, betrieb den Abschluß eines Sonderfriedens mit den Westmächten. Folgende Teilnehmer bekannten sich in Dokumenten, Verhandlungen und in ihren späteren Aussagen zu einem Separatfrieden mit den Westmächten und zum anschließenden gemeinsamen Krieg gegen die Sowjetunion: Goerdeler, Generaloberst Beck, Admiral Canaris, Generalmajor Oster, Hauptmann Kaiser, der ehemalige Leiter der Katholischen Arbeitervereine, Letterhaus, und Regierungsrat Gisevius.[118] Sogar Himmler hatte in puncto Separatfrieden die gleiche Meinung wie Goerdeler. Beide setzten ihre Hoffnung auf die reaktionärsten Kreise des Westens. Sie spekulierten nicht unbegründet auf deren Antikommunismus.

Die angeführten Beispiele nennen nur einige der vielen Versuche, die das deutsche Monopolkapital unternahm, um durch einen Separatfrieden im Westen der vollständigen Niederlage zu entgehen.

Aber die Sowjetunion vereitelte – unterstützt von den Volksmassen in allen Ländern – den von reaktionären imperialistischen Gruppierungen in Amerika und England versuchten Verrat. Sie warnte ihre Verbündeten nachdrücklich vor jedem solchen Schritt. Schon am 17. Januar 1944 hatte die »Prawda« eine Meldung ihres Kairoer Korrespondenten veröffentlicht, in der auf Besprechungen zwischen deutschen Faschisten und britischen Persönlichkeiten über einen Sonderfrieden für Hitlerdeutschland aufmerksam gemacht wurde.

Daraufhin schrieb Churchill »streng geheim und persönlich« an Stalin, der die Botschaft am 24. Januar 1944 erhielt: »Ich bin überzeugt, Sie wissen, daß ich niemals separat mit den Deutschen verhandeln würde und daß wir Ihnen, genau wie Sie uns auch, jeden Vorschlag mitteilen, den sie uns machen.«[119]

Churchill dachte aber gar nicht daran, dieses Versprechen zu halten. Von keinem der zahlreichen Versuche, einen Separatfrieden abzuschließen, haben die Imperialisten ihren Verbündeten im Osten wahrheitsgetreu informiert. Im Gegenteil, selbst wichtige offizielle Angebote Hitlerdeutschlands wollten sie verheimlichen.

Wie schon dargelegt, war das faschistische Deutschland in einer sehr schwierigen Lage. Sämtliche europäische Verbündete waren ausgefallen. An der Ostfront hatte es eine schwere Niederlage nach der anderen gegeben. Die Alliierten, vor allem die Sowjetarmeen, standen schon auf deutschem Boden. Die Niederlage war unvermeidlich. Das wußten auch die führenden Kreise Hitlerdeutschlands. Deshalb setzten sie alle ihre Hoffnungen auf die Sprengung der Antihitlerkoalition. Der Antikommunismus war ihre größte »Geheimwaffe«. Der Separatfriedensvertrag schien ihnen das geeignete Mittel, sich mit den Imperialisten im Westen zu einigen, um den Vormarsch der Sowjetarmee zu stoppen. Die Ardennenoffensive sollte die noch zaudernden westlichen Politiker und Militärs »weich« machen. Deshalb sandte Keitel, sicherlich im Einverständnis mit Hitler, als er meinte, daß der Schock im Westen gewirkt hatte, zum Jahreswechsel 1944/45 an Eisenhower und Montgomery ein offizielles Angebot zum Abschluß eines hunderttägigen Waffenstillstandes an der Westfront, damit in der Zwischenzeit die Rote Armee vernichtend geschlagen werden könne.[120]

Auch General de Gaulle, damals Chef der provisorischen Regierung Frankreichs, wurde in das Spiel einbezogen. Noch in der zweiten Hälfte des Monats April 1945 schickte Himmler an ihn ein Memorandum, in dem es hieß: »Es sei anerkannt: Wir sind besiegt! Was aber werden Sie jetzt tun? Beabsichtigen Sie, sich auf die Angelsachsen zu verlassen? Sie werden Sie als Satelliten behandeln und Ihre Würde mit Füßen treten. Oder glauben Sie wohl an die Allianz mit den Sowjets?... Der einzige Weg, der Ihr Volk zu Größe und Unabhängigkeit führen kann, ist der Weg des Übereinkommens mit dem besiegten Deutschland. Erklären Sie sich darüber unverzüglich! Sie sollten sich sofort mit jenen Führern des Reiches in Verbindung setzen, die noch über reale Macht verfügen und Ihr Land auf einen neuen Weg führen wollen. Sie sind dazu bereit. Sie bitten Sie darum.«[121]

General de Gaulle schrieb später in seinen Memoiren, daß das von Himmler entworfene Bild viel Richtiges enthalten hätte und in den herrschenden Kreisen Frankreichs augenscheinlich gewisse Tendenzen bestanden, mit den geschlagenen Nazis zu paktieren. Es war ihm jedoch unmöglich, Himmler zu antworten. »Diese Figur war zu anrüchig«[122], gesteht de Gaulle ein.

Insgesamt hatten Keitel, Eisenhower und Montgomery in der Zeit kurz vor dem Angriff auf Dresden sieben Funksprüche gewechselt. Doch die Sowjetunion hatte trotz aller Bemühungen der anglo-amerikanischen Generalstäbe, diese streng geheimzuhalten, davon Kenntnis bekommen. Die westdeutsche Zeitschrift »Der deutsche Soldat« schrieb: »Dieses plötzliche Wissen der Sowjets um die geheimen Funksprüche mit Berlin hatte Eisenhower bewogen, kurzerhand die Funkverbindungen abzubrechen, während Montgomery (Marschall und englischer Oberbefehlshaber) dies bedauert habe.«[123]

Noch Anfang Februar 1945 hatten westliche Imperialisten die Hoffnung, über einen Separatfrieden mit Hitlerdeutschland die Sowjetunion entscheidend zu schwächen. Deshalb glaubten sie auch, wenn mit dem Angriff auf Dresden, mit einer Demonstration der »gewaltigen Kraft und Stärke der Westmächte«, der »genügend starke Schock« für die Sowjetunion ausgelöst wird, würden die »Russen« sich letzten Endes mit den Tatsachen abfinden.

Die Funksprüche Keitels an Eisenhower und Montgomery Anfang 1945, die ihren Absichten entgegenkamen, mögen diese Kräfte unter den anglo-amerikanischen Imperialisten veranlaßt haben, nunmehr mit der »Aktion Dresden« bei den »Russen« Daumenschrauben anzusetzen. Geplanter Verrat im westlichen Lager an der

Sowjetunion war mit eine der entscheidenden Triebfedern für das Verbrechen an Dresden.

Nebenbei sei in diesem Zusammenhang daran erinnert, daß, als der Krieg in Europa zu Ende ging und der Zusammenbruch des faschistischen Deutschlands unmittelbar bevorstand, Churchill seinem Feldmarschall Montgomery den Befehl gab, die Waffen der kapitulierenden deutschen Truppen zu sammeln, um sie eventuell den Hitlerfaschisten zum gemeinsamen Kampf gegen die Sowjetunion wieder auszuhändigen.[124]

Die Sowjetunion war jedoch wachsam und durch nichts »weich« zu machen. Nicht nur das deutsche Monopolkapital mit seinen faschistischen Henkersknechten und Militaristen hatte sich bezüglich der Kraft und der Stärke der Sowjetvölker gründlich verrechnet, nein, auch die westlichen Imperialisten!

Es gab noch weitere Gründe für den Mißerfolg der Verhandlungen um einen Separatfrieden.

1. Die britische und die amerikanische Regierung waren sich darüber im klaren, daß Hitlerdeutschland auch nach einem Separatfrieden nicht in der Lage sein würde, die Sowjetunion zu besiegen. Der Vorschlag der Anhänger des Separatfriedens im westlichen Lager, sofort gemeinsam mit den Hitlerfaschisten den Krieg gegen die Sowjetunion weiterzuführen, war bei der damaligen Lage in Amerika und England in keinem Fall realisierbar. Es war einfach unmöglich, den Volksmassen in England und Amerika einen solchen Vorschlag zu machen, ohne schwere innenpolitische Erschütterungen befürchten zu müssen. Das haben die Imperialisten selbst mehr als einmal zugegeben.

2. Amerika wollte sich die spätere sowjetische Hilfe im Fernen Osten gegen Japan – wie in Jalta vereinbart – nicht verscherzen. Das Experiment mit der Atombombe glückte bekanntlich erst am 16. Juli 1945.

In dem Protokoll einer Sitzung der Vereinigten Britisch-Amerikanischen Stabschefs vom 2. Februar 1945, die auf der Insel Malta stattfand, heißt es: »In Beantwortung einer Anfrage von Sir Alan Brooke (Chef des Generalstabs des Britischen Imperiums – *W. W.*) gab General Marshall (Stabschef der US-Armee – *W. W.*) einen Überblick über die strategischen Gründe, die die Aufrechterhaltung des russischen Wohlwollens (goodwill's) von so lebensnotwendiger Wichtigkeit machten.«[125]

Außerdem schätzten amerikanische Regierungskreise um den Präsidenten Roosevelt damals die Lage wesentlich nüchterner ein als ihre britischen Kollegen.

Admiral Leahy, der persönliche Stabschef des Präsidenten Roosevelt, das heißt des Höchstkommandierenden der US-Armee und US-Marine, schrieb in einem Brief vom 16. Mai 1944 an den damaligen amerikanischen Außenminister Hull: »Da es im höchsten Grade unwahrscheinlich zu sein scheint, daß Großbritannien und Rußland oder Rußland allein sich gegen die Vereinigten Staaten wenden würde, ist es dagegen offensichtlich, daß jeder kommende Weltkonflikt in absehbarer Zukunft Großbritannien und Rußland in gegnerischen Lagern finden würde. Wenn man die darin liegenden Möglichkeiten abschätzt, muß als hervorstechendstes Faktum die in kurzer Zeit stattgefundene außerordentliche Entwicklung der bisher schlummernden russischen militärischen und wirtschaftlichen Stärke angesehen werden, eine Entwicklung, die sich als epochemachend erweisen und in ihren Auswirkungen auf künftige politische und militärische internationale Beziehungen, und die erst noch ihr volles, mit russischen Hilfsquellen erreichbares Ausmaß erreichen wird...

In einem Konflikt zwischen diesen beiden Mächten würde unter den gegenwärtigen Bedingungen die Disparität in den militärischen Kräften, über die sie auf dem Kontinent verfügen, bei weitem zu groß sein, um durch unsere Intervention auf seiten Großbritanniens ausgeglichen zu werden. Wenn man die in Frage kommenden militärischen Faktoren entsprechend in Betracht zieht – Hilfsquellen, Menschenmaterial, geographische Lage und insbesondere unsere Fähigkeiten, unsere Streitkräfte über den Ozean zu werfen und sie entscheidend auf dem Kontinent einzusetzen –, könnten wir in der Lage sein, Großbritannien erfolgreich zu verteidigen, aber wir könnten unter den gegenwärtig bestehenden Bedingungen nicht Rußland schlagen. Mit anderen Worten, wir würden uns in einen Krieg verwickelt finden, den wir nicht gewinnen können, wenn auch die Vereinigten Staaten dabei weder in Gefahr wären, geschlagen oder besetzt zu werden.«[126]

3. Schließlich darf man auch nicht übersehen, daß die beiden großen imperialistischen Mächte der Antihitlerkoalition durchaus nicht in allen Fragen eine einheitliche Auffassung besaßen. Je mehr der Krieg sich seinem Ende näherte, um so schärfer machten sich die Differenzen bemerkbar, die zwischen beiden über die zukünftige Gestaltung und Beherrschung Europas und der Welt bestanden.

Es ist anzunehmen, daß diese tiefgehenden Differenzen nicht ohne Einfluß auf die Bemühungen um einen separaten Friedensvertrag geblieben sind.

Die Erfolge der Sowjetunion während und seit der Schlacht bei Stalingrad hatten so manche deutschen und auch westlichen imperialistischen Spekulationen über den Haufen geworfen. Der hitlerische General der Infanterie, Günther Blumentritt, der den berüchtigten Bundeswehrgeneral Speidel als »ihm eng befreundet« bezeichnete, faßte gezwungenermaßen das ganze Problem in den bedauernden Worten zusammen: »Zudem wurden die russische Kraft, die materiellen und persönlichen Möglichkeiten unterschätzt, ebenso die Fähigkeit und Tapferkeit.«[127]

Im Sommer 1944 mußten sich die Westmächte sogar mit der Errichtung der zweiten Front beeilen, damit das militärische »Endkonzert« in Deutschland nicht ausschließlich mit einem sowjetischen Orchester und einem sowjetischen Dirigenten stattfand. Die Vorstellung vom »Weißbluten« der beiden Völker, um insbesondere dem Sowjetvolk den Frieden diktieren zu können, zerrann immer mehr.

Lügen und Legenden um eine verbrecherische Aktion

Forderte die Sowjetunion den Angriff auf Dresden?

Viele Jahre haben die westlichen Imperialisten die gemeine Lüge verbreitet und verbreiten sie manchmal auch heute noch, daß Dresden »auf Wunsch der Russen« zerstört worden sei. Schon 1948 erschienen in den USA in Zeitschriften und Zeitungen Berichte und sensationell aufgemachte Artikelserien, in denen das Märchen von der Schuld der Sowjetunion an der Bombardierung Dresdens aufgetischt wurde. In »Colliers Magazin« vom 31. Juli 1948 wird Churchill in Sachen Angriff auf Dresden sogar gewissermaßen als Opfer einer politischen Erpressung durch Stalin hingestellt. Millionen Amerikaner – und nicht nur Amerikaner – mögen das geglaubt haben und vielleicht heute noch glauben, zumal einige Zeit später dasselbe Märchen, mit einem gewissen amtlichen Anstrich versehen, auch von offiziellen Stellen verbreitet wurde. Das USA-Außenministerium gab am 11. Februar 1953 die Erklärung ab, daß »die vernichtende Bombardierung Dresdens in Übereinstimmung mit den sowjetischen Forderungen, die Unterstützung ihrer Truppen durch Luftstreitkräfte zu verstärken, durchgeführt und mit den sowjetischen Organen vorher abgesprochen wurde«[1].

Bei der Verbreitung dieser antikommunistischen Lüge sind bürgerliche Historiker und Journalisten der BRD und Westberlins mit am Werk. Zum Beispiel schrieb die Westberliner Zeitung »Der Tag« am 13. Februar 1955: »Aus

Dokumenten, die nach dem Krieg veröffentlicht wurden (sie werden allerdings nicht angeführt – *W. W.*), geht einwandfrei hervor, daß die sowjetische Führung zur Unterstützung ihrer Operationen die Bombardierung von Dresden verlangte.« Noch 1965 schrieb die bundesdeutsche Zeitung »Christ und Welt« zum Terrorangriff auf Dresden: »Der Angriff erscheint als eine Gefälligkeit gegenüber Stalin.«[2]

Viele Seiten dieses Buches wären nötig, um all die verlogenen Behauptungen der imperialistischen Presse aufzuführen, die in vielen Variationen den alten, längst eindeutig widerlegten Schwindel von »der Schuld der Russen« erneut aufwärmen und verbreiten.

Die Absichten sind allzu durchsichtig. Eine Beweisführung für diese antikommunistischen Verleumdungen ist selbstverständlich nicht möglich. Aber das Gegenteil läßt sich eindeutig beweisen.

Von den großen kriegführenden Mächten, die im zweiten Weltkrieg über ein entsprechendes ökonomisches und militärisches Potential verfügten, hat allein die Sowjetunion abgelehnt, Bombenangriffe auf die Wohnviertel der Zivilbevölkerung zu führen, wenn sie nicht unmittelbar in der Kampfzone lagen. Sie lehnte die Terrorisierung der Zivilbevölkerung nicht nur mit Worten ab, sondern hat sich auch in den schwersten Tagen des Krieges strikt danach verhalten. Es gibt kein Beispiel, daß die sowjetische Luftflotte großangelegte Flächenangriffe auf Städte und Dörfer im tiefen Hinterland geplant und ausgeführt hat, wie es sofort bei Beginn des Krieges die Hitlerfaschisten und später die Engländer und die Amerikaner taten.

Westliche Historiker und Militärs behaupten in ihren Büchern, daß die sowjetische operative Luftflotte sich mangels geeigneter Flugzeuge und Besatzungen nicht am strategischen Luftkrieg gegen Deutschland beteiligt hätte. Tatsächlich verfügte die Sowjetunion über eine strategische und taktische Luftflotte, die im Verlauf des Krieges wirkungsvoll erweitert wurde. Allerdings baute die Sowjetunion nicht vorrangig strategische Fernbomber, da sie die Theorien imperialistischer Militärs über die Luftkriegführung gegen die Zivilbevölkerung, den »Angriff auf die Moral des feindlichen Hinterlandes«, ablehnte. Die sowjetische Kriegskunst sah für die Luftstreitkräfte neben der Erfüllung von Aufgaben zur Unterstützung der Operationen der Landstreitkräfte auch selbständige Aufgaben, »Schläge auf wichtige Objekte der gegnerischen Verteidigung«[3], vor. Dafür unterhielt sie Fernfliegerkräfte, die durchaus in der Lage gewesen wären, im Falle der militärischen Notwendigkeit einen schweren Angriff gegen Dresden zu fliegen. Aber das sowjetische Oberkommando sah eine solche Notwendigkeit nicht, und auf die verbrecherische Idee, ein militärisch völlig bedeutungsloses Stadtzentrum zu zerstören und Zehntausende Menschen zu vernichten, konnten sowjetische Generale und Offiziere, die im Geiste des Marxismus-Leninismus erzogen sind, tatsächlich nicht kommen. Die Kommunistische Partei, die Staats- und Armeeführung der Sowjetunion lehnten in Übereinstimmung mit ihrer ganzen Bevölkerung eine Kriegführung, die auf die Terrorisierung der Bevölkerung und auf sinnlose Zerstörung gerichtet war, nicht nur aus strategischen und taktischen, sondern aus prinzipiellen Gründen ab. Das ist die Wahrheit.

In Teheran beschlossen im November/Dezember 1943 die »Großen Drei«, Stalin, Roosevelt und Churchill: »Keine Macht der Erde kann uns daran hindern, die deutschen Heere zu Lande, ihre U-Boote zur See und ihre Rüstungsanlagen aus der Luft zu zerstören. Unsere Angriffe werden erbarmungslos und mit steigender Wucht geführt werden.«[4] Hier fiel kein Wort von Angriffen auf Großstädte schlechthin oder gar auf Wohngebiete. Ausdrücklich wird nur von *Rüstungsanlagen* gesprochen.

Noch deutlicher als in Teheran wurde bei den Besprechungen in Jalta, daß die Sowjetunion die Bombardierung der Wohngebiete ostdeutscher Städte durch die anglo-amerikanischen Verbände ablehnte. Die USA und Großbritannien waren mit einem großen Aufgebot an hohen Stabsoffizieren nach Jalta gekommen. Allein in der amerikanischen Delegation befanden sich 34 hohe Stabsoffiziere.[5] Einer der Hauptpunkte, der sowohl in den Sitzungen der Vereinigten Britisch-Amerikanischen Stabschefs wie auch in den Sitzungen und Besprechungen mit den Vertretern des sowjetischen Generalstabs behandelt wurde, war die sogenannte Bombardierungslinie. Östlich dieser Linie, die zunächst von Stettin über Berlin, Dresden, Wien und Agram festgelegt war, mit dem Vorrücken der sowjetischen Truppen aber automatisch weiter westlich verlaufen sollte, waren den Anglo-Amerikanern Luftangriffe untersagt. Es sei denn, daß in Moskau mindestens »24 Stunden bevor der Angriff stattfinden sollte, ein Übereinkommen erzielt« wird.

Dieser sowjetische Minimalvorschlag wurde zunächst in der Sitzung der Vereinigten Stabschefs am 9. Februar 1945 in Jalta abgelehnt und dieser Beschluß noch am gleichen Tage dem sowjetischen Marschall Chudjakow mitgeteilt. Aus den Protokollen der Sitzungen der amerikanischen und britischen Stabschefs in Malta wie auch in Jalta geht eindeutig hervor, daß ihnen »die Linie zu tief« war und daß sie auf keinen Fall an ein Übereinkommen mit der Sowjetunion gebunden sein wollten, wenn sie mittel- und ostdeutsche Städte in Schutt und Asche legten.

Immer wieder drängten besonders die amerikanischen Stabsoffiziere unter Führung von Stabschef Marshall die Vertreter der Sowjetunion, die Vorschläge der westlichen Alliierten, die eine uneingeschränkte »strategische Bombardierung Ostdeutschlands« vorsahen, anzunehmen. Aber die sowjetischen Offiziere blieben fest. Noch mehr! Nachdem sie sich davon überzeugt hatten, daß es den Anglo-Amerikanern darauf ankam, Angriffe auf die Wohnzentren der ostdeutschen Städte – und damit auf die Zivilbevölkerung – zu starten und bevorzugt die Städte, die in der späteren sowjetischen Besatzungszone lagen, zu zerstören, verfestigte sich ihre ablehnende Haltung.

Widerlegt nicht dieser Vorgang, der aus den Jalta-Dokumenten ersichtlich ist, ein weiteres Mal sehr überzeugend die böswillige Verleumdung, die Sowjetunion habe die Bombardierung Dresdens gefordert?

Ein in der BRD lebender Skribent, der solche Verleumdungen verbreitet, ist ein gewisser Wolfgang Paul, einstmals Nazi und Offizier der faschistischen Wehrmacht. Er lebt vom Schwindel über Dresden. Was schreibt er über diese in Jalta geführten Verhandlungen? Frech lügt er:

»Der sowjetische General Antonow nennt die Städte Berlin, Dresden, Wien und Zagreb. Diese Städte sollen den Westmächten für Luftangriffe zur Verfügung stehen, aber dabei dürfen Industrieziele und Verkehrsverbindungen in der Umgebung von Berlin und Dresden nicht angegriffen werden. Diese Abgrenzung, die wohl besprochen, aber nicht verbindlich gemacht wurde, läßt den Schluß zu, daß den Sowjets Luftangriffe auf die Städte gleichgültig waren, die Zerstörung der nützlichen Industrien und Verkehrswege aber unangenehm.«[6] Paul kehrt einfach die Tatsachen in das Gegenteil um. Zwar ist seine Fälschung dumm und plump, aber er spekuliert auf den Antikommunismus und rechnet mit denen, die solche Behauptungen ungeprüft gläubig in sich aufnehmen.

Das sowjetische Oberkommando wurde zur Verschleierung der Absichten der westlichen Alliierten im Falle Dresdens sogar regelrecht betrogen. Nachweisbar wurde dem Generalstab der Sowjetarmee am 12. Februar 1945 vom Leiter der Luftwaffenabteilung der amerikanischen Militärmission in Moskau, Generalmajor Edmund W. Hill, mitgeteilt, daß die 8. Luftflotte am 13. Februar die Rangierbahnhöfe in Dresden und Chemnitz angreifen würde. Wie wir gesehen haben, mußte der Angriff wegen des ungünstigen Wetters verschoben werden. Das Ziel wurde nicht verändert – es waren aber nicht die Bahnhöfe, sondern das dichtbesiedelte Zentrum Dresdens. Am 3. März 1962 bestätigte das Mitglied des Redaktionskollegiums der sowjetischen Zeitschrift »Wojennoistoritscheski Shurnal«, Generalleutnant S. P. Platonow, von David Irving nochmals befragt, diesen Sachverhalt: »Wie aus dieser Mitteilung hervorgeht, teilten die Alliierten dem sowjetischen Oberkommando lediglich ihre Absicht mit, Rangierbahnhöfe in Dresden zu bombardieren. Über massive Angriffe auf das Stadtgebiet selbst wurde der Generalstab der sowjetischen Armee nicht unterrichtet.«[7]

Nach Erscheinen der ersten Auflage des Buches erhielt der Verfasser auf seine Bitte eine Zuschrift des damaligen Oberkommandierenden der 1. Ukrainischen Front, Marschall der Sowjetunion I. S. Konew, die alle Versuche endgültig zerschlägt, die Sowjetunion zum Schuldigen an dem Verbrechen an Dresden zu stempeln. Wegen ihrer großen Bedeutung wird die Erklärung im Wortlaut wiedergegeben:

»Hochverehrter Genosse Weidauer!

Ich habe mich mit Ihrem Brief bekannt gemacht. Ich halte es für meine Pflicht, zu der Bombardierung Dresdens durch die anglo-amerikanischen Luftstreitkräfte am 13. und 14. Februar 1945 Stellung zu nehmen. Bekanntlich wurde im Ergebnis dieses Luftangriffs eine der ältesten und schönsten Städte Europas völlig zerstört. Es kamen über 35000 Menschen um, und es wurden 35470 Gebäude zerstört – darunter im zentralen Teil der Stadt Museen sowie Denkmäler der Architektur und der Geschichte.

Da dieser barbarische Akt den Protest der fortschrittlichen Kräfte in aller Welt hervorrief, versuchen die herrschenden Kreise der USA und Englands, die Schuld von dem kranken Kopf auf einen gesunden abzuwälzen. Am 11. Februar 1953 wurde vom State Department der USA eine Erklärung abgegeben, nach der angeblich ›die vernichtende Bombardierung Dresdens in Übereinstimmung mit den sowjetischen Forderungen, die Unterstützung ihrer Truppen durch Luftstreitkräfte zu verstärken, durchgeführt und mit den sowjetischen Organen vorher abgesprochen wurde‹. Auch bis zur heutigen Zeit dringt dann und wann diese verlogene Behauptung in die Presse der Westmächte. Dabei wurden niemals und nirgends Dokumente für den Beweis dieses Hirngespinstes angeführt. Die Bombardierung Dresdens war nicht mit den sowjetischen Organen abgestimmt, und dem Generalstab der sowjetischen Armee war hierüber nichts bekannt. Diese Tatsache wird in unserer Literatur überzeugend aufgezeichnet.

Ich war zu dieser Zeit Oberkommandierender der 1. Ukrainischen Front, die am weitesten in Richtung Dresden vorgerückt war. Ich kann mit aller Verantwortung erklären, daß die Bombardierung und die Zerstörung Dresdens im Februar 1945 keinerlei Beziehung zu den Aktionen der sowjetischen Truppen hatte. Die barbarische Zerstörung der Stadt bedeutete keinerlei Unterstützung für unsere Truppen auch in der späteren Zeit, als wir unmittelbar an den Stadtrand Dresdens vorrückten; denn Dresden war keine Festung, und in ihm gab es keine besonders wichtigen industriellen oder militärischen Objekte oder irgendwie bedeutende faschistische Truppen. Die Stadt war zu dieser Zeit mit Flüchtlingen überfüllt. Dresden hatte folglich nicht die militärische, politische und ökonomische Bedeutung, die seine Zerstörung erfordert hätte.

Mit aufrichtiger Hochachtung
I. Konew
Marschall der Sowjetunion

6. Juli 1965«

Bestätigt wird die prinzipielle Ablehnung einer Kriegführung, die sinnlose Zerstörungen verursacht, zum Beispiel auch durch eine Anordnung des sowjetischen Oberkommandos während der Weichsel-Oder-Operation im Januar/Februar 1945. Als sich die Möglichkeit bot, deutsche Armeen in Schlesien und Oberschlesien einzukesseln, entschloß sich der Oberbefehlshaber der Front, den Ring nicht zu schließen und den faschistischen Truppen den Rückzug nicht zu verlegen, um sie erst außerhalb dieses Gebietes endgültig zu zerschlagen. Diese Entscheidung wurde getroffen, um die kulturhistorisch und industriell sehr bedeutsamen Städte dieser Gebiete nicht zu zerstören. Außerdem ist bekannt, daß die Sowjetarmee beim Kampf um Potsdam und Berlin, bei dem erbitterte Gefechte stattfanden, unzerstörte Kulturdenkmäler von der Beschießung verschonte. Welch ein himmelweiter Unterschied ist das zu der von Hitler verkündeten »Ausradierung« großer Städte, zur deutschen Kriegführung der »verbrannten Erde« und den anglo-amerikanischen Angriffen auf die Wohnviertel der Städte. Dem umsichtigen und humanen Vorgehen der sowjetischen Truppen ist es zu verdanken, daß viele deutsche Städte und Dörfer, insbesondere auch Kulturdenkmäler, vor der Zerstörung bewahrt blieben.

Im Gegensatz zu den Behauptungen der Imperialisten und ihrer Soldschreiber, daß der Angriff auf Dresden den Vormarsch der Sowjetarmee unterstützen sollte, muß man feststellen:

Der Angriff auf Dresden war eine hinterhältige, direkte Sabotage der sowjetischen Offensive. Am 12. Februar 1945 hatte die Sowjetarmee in stürmischem Vormarsch Liegnitz und Bunzlau erreicht. Sie stand also 110 km vor Dresden. In den sowjetischen Plänen zur Durchkreuzung der Absichten der Faschisten spielte Dresden sogar eine wichtige Rolle. In der sowjetischen »Geschichte des zweiten Weltkrieges 1939–1945« heißt es: »Auf Anordnung des Hauptquartiers des Oberkommandos entschloß sich der Oberbefehlshaber der I. Ukrainischen Front noch vor Abschluß der Januaroffensive, die Pläne des Gegners, der eine unüberwindliche Verteidigung an der Oder aufbauen wollte, durch einen Angriff in Richtung auf Dresden zu vereiteln.«[8]

Selbst die stets schöngefärbte Einschätzung des Oberkommandos der faschistischen Wehrmacht (OKW) vermerkt am 7. Februar 1945: »... anzunehmen ist die Stoßrichtung in den Raum südlich Berlins mit einem Nebenstoß in Richtung Dresden.«[9]

Durch die Totalzerstörung des Stadtkerns von Dresden war eine fast 15 km^2 große, schwer passierbare Trümmerfläche entstanden. Sie hatte die Stadt für eine im schnellen Vormarsch befindliche Armee mit ihrem riesigen Nachschub zu einem ernsten Hindernis gemacht. Die vorteilhaftesten Verkehrsstraßen nach Chemnitz, Zwickau, Plauen sowie in Richtung Leipzig und die Nord-Süd-Verbindung Berlin–Prag führten aber gerade durch das verwüstete Stadtzentrum. Außerdem brachten das bei der Zerstörung entstandene Chaos sowie die demolierten Wasser-, Elektrizitäts-, Gas- und Kanalisationsleitungen große Gefahren mit sich.

Als Krönung der Heuchelei muß man ein Telegramm Churchills bezeichnen, das er am 17. Februar, also vier Tage nach dem Angriff auf Dresden, an J. W. Stalin richtete:

»Wie nach meiner Überzeugung der Präsident und Sie, so bin auch ich entschlossen, zu verhindern, daß die so festgefügte Freundschaft und Zusammenarbeit nach der Erringung des Sieges schwächer werden. Ich bete darum, daß es Ihnen noch lange vergönnt sein möge, die Geschicke Ihres Landes zu leiten, das seine ganze Größe unter Ihrer Führung offenbart hat. Ich sende Ihnen meine besten Wünsche und herzlichen Dank.«[10]

Viel besser wäre es gewesen, wenn Churchill, statt für Stalin zu beten, dafür gesorgt hätte, daß die 35000 Dresdner Kinder, Frauen und Männer am Leben geblieben wären. Das hätte sicherlich bei seinem Gott ein größeres Wohlgefallen gefunden.

Die brutale Zerstörung Dresdens fügte der Antihitlerkoalition auch in anderer Hinsicht ernsten Schaden zu. Teile der deutschen Bevölkerung begannen Ende 1944/Anfang 1945 zu erkennen, daß die Niederlage und der Zusammenbruch des Hitlerreiches nicht den Untergang der deutschen Nation, sondern Erlösung aus dunkelster Barbarei bedeuteten. Mit Ungeduld ersehnten sie das Ende des Krieges. Immer mehr Menschen erwarteten – wenn auch noch mit gewissen Vorbehalten – die alliierten Armeen. Durch den Angriff der anglo-amerikanischen Bomber wurde diese Meinung mit einem Schlage auf das schwerste erschüttert. Wollten die Westmächte tatsächlich, wie es die Goebbels-Meute täglich schrieb und in den Äther schrie, auch nichts anderes als die physische Vernichtung des deutschen Volkes? Hatte der »Feind« die gleichen Absichten wie die eigene Führung, alles in den Strudel des Abgrundes zu reißen? Die in großen Teilen der Bevölkerung aufkeimende Hoffnung, daß ein Sieg der Antihitlerkoalition eine Rettung auch des deutschen Volkes bedeutete, war erneut der Angst und Furcht gewichen.

Der englische »Bombermarschall«, Sir Arthur Harris, schreibt in seinem Buch, allerdings mit anderer Betonung, dazu: »...die Wirkung auf die deutsche Moral war nicht nur in Dresden, sondern auch in weit entfernten Teilen des Landes geradezu verheerend.«[11]

Das ist ein fundamentaler Irrtum. Es gab gerade in den Tagen und Wochen nach dem Bombenangriff besonders in Dresden nicht wenige Menschen, die den Hetzmeldungen der Goebbels-Propaganda teilweise wieder Glauben schenkten. Schuld daran war, das kann niemand bestreiten, der militärisch sinnlose, mörderische Luftangriff auf die Zivilbevölkerung.

Es ist zu bedauern, daß den imperialistischen Geschichtsfälschern auch Hilfe von solchen Menschen zuteil wird, die angeben, ehrliche und entgegengesetzte Absichten zu verfolgen, wie zum Beispiel durch den englischen Schriftsteller David Irving in seinem Buch »Der Untergang Dresdens«. Er legt der Öffentlichkeit teilweise interessantes und auch einiges neues Material vor. Leider hat auch er sich, wie viele andere bürgerliche Historiker, zu bösen Unwahrheiten und üblen Verleumdungen hinreißen lassen, die natürlich von den Feinden der Deutschen Demokratischen Republik und der Sowjetunion weidlich zur antikommunistischen Hetze ausgenutzt werden.

Hat der Fabrikbesitzer Noble die Bomberverbände an Dresden herangeführt?

Verbreitet war und ist vereinzelt noch die Meinung, daß von der Villa »San Remo« im Stadtteil Dresden-Weißer Hirsch, die seinerzeit der Besitzer der Kamerawerke Niedersedlitz, ein gewisser Noble, bewohnte, der Bombenangriff auf Dresden mit Lichtsignalen oder einem Funkgerät geleitet worden sei. Es wird behauptet, ohne die Hilfe des Kapitalisten Noble hätten die englischen Bomberverbände Dresden schwer oder überhaupt nicht gefunden!

Wie schon berichtet, hatte der englische Chefmeteorologe mitgeteilt, daß der Himmel über Dresden am 13. Februar 1945 ab 21.00 Uhr wenigstens für fünf Stunden wolkenlos sein würde. Da sich auch Meteorologen irren können, setzte Marschall Harris vorsichtshalber den Angriff der ersten Welle um eine volle Stunde später an. Pünktlich, sogar zwei Minuten vor der festgelegten Zeit, begann die Vernichtung der Stadt. Aber anstatt 21.00 Uhr, wie vom englischen Chefmeteorologen vorausgesagt, hatte sich die Wolkendecke tatsächlich erst eine Stunde später, nämlich um 22.00 Uhr, wenigstens so weit gelichtet, daß die Bomberstaffeln die bunten Zielmarkierungen ausmachen konnten. Hätte sich die Wolkendecke noch 30 Minuten später, etwa erst gegen 22.30 Uhr, verzogen, wäre der Angriff der ersten Welle und damit sicherlich das Hauptziel des Planes, die außerordentlich konzentrierte Zerstörung der Dresdner Innenstadt, in dieser Nacht gescheitert, obwohl die Bombenlast der ersten Welle auch dann noch genug Opfer gekostet hätte, wenn sie nur nach einer Zielmarkierung oberhalb der Wolkendecke geworfen worden wäre. Über das Warum sagte der Masterbomber des ersten Angriffs, Oberstleutnant Maurice A. Smith, aus: »Hätte man den ersten Angriff auf Dresden zehn oder fünfzehn Minuten früher angesetzt, wäre der ganze Doppelschlag zweifellos fehlgeschlagen; die »Lancaster«-Bomber hätten nicht fünfzehn Minuten lang kreisen und warten können, bis der Himmel wolkenlos war.«[12]

Als die 243 »Lancaster«-Bomber der ersten Welle nach Hause kamen, hatten die meisten Maschinen tatsächlich nur noch für 10 bis 15 Flugminuten Treibstoff in ihren Tanks.

Sicherlich wird mancher sagen: Die Maschinen brauchten ja notfalls nur 150 km ostwärts hinter die russischen Linien zu fliegen, dann wäre sowohl ihr Auftrag erfüllt als auch ihre Sicherheit gewährleistet gewesen. Ja, so sollte man meinen. So dachten aber die englischen leitenden Militärs nicht.

Die Flugzeugbesatzungen hatten, wie Hauptmann William Topper, Hauptzielmarkierer für den ersten Angriff, aussagte, die Weisung, falls sie »in Schwierigkeiten gerieten, sollten sie Kurs nach Westen nehmen und möglichst zu vermeiden suchen, östlich von Dresden zum Niedergehen oder Landen gezwungen zu werden; und sie sollten auf jeden Fall das Flugzeug und alles andere zerstören. *Die Besatzungen sollten lieber in dem von Deutschen besetzten als in dem von der sowjetischen Armee überrannten Gebiet landen* (Hervorhebung – *W. W.*).«[13]

Das muß man zweimal lesen, um die ganze Niedertracht zu verstehen: Die Besatzungen sollten, statt bei der verbündeten Sowjetarmee Rettung zu suchen, lieber in die Hände der Faschisten fallen, von denen bekannt war, daß sie, entsprechend einem Befehl Hitlers, die in ihre Hände fallenden Flugzeugbesatzungen liquidierten. Diese Weisung entspringt der gleichen antikommunistischen

Geisteshaltung, der auch der Plan der Zerstörung Dresdens entsprang.

Der Angriff der ersten Welle mit 243 Bombenflugzeugen und einem so präzisen Bombenabwurf in der kurzen Zeit von knapp einer halben Stunde (dasselbe trifft auf den zweiten Angriff zu) war nur möglich, wenn zwei Voraussetzungen erfüllt waren:

Erstens mußte die gegnerische Luftwaffe und Luftabwehr zumindest so weit niedergekämpft sein, daß die Verluste der starken angreifenden Bomberverbände bei einer so langen Anflugstrecke auf ein erträgliches Minimum reduziert wurden. Diese Voraussetzung war – wie schon dargelegt – insbesondere durch die Leistungen der Sowjetarmee erfüllt. Sie war so gut erfüllt, daß die englische Bomberflotte bei den beiden Nachtangriffen mit 772 »Lancaster«-Maschinen auf Dresden am 13. und 14. Februar 1945 nur 6 Flugzeuge – das sind weniger als ein Prozent – verlor. Das ist wohl mit die prozentual niedrigste Verlustquote bei allen anglo-amerikanischen Großangriffen während des zweiten Weltkrieges.

Die zweite Bedingung für einen so weit ins Land des Feindes hineinreichenden Nachtflug, das Finden und das genaue Markieren des Zieles, war von Erfindungen und Entwicklungsarbeiten der Wissenschaftler und Techniker abhängig, die gerade in England während des Krieges in rascher Folge neue, besonders für die Bomberflotte höchst brauchbare Ergebnisse lieferten. Es handelte sich um zuverlässige und genügend weitreichende Systeme von Funkanlagen, mit deren Hilfe die Flugzeuge in großer Höhe auch bei schlechter oder ohne Sicht, im sogenannten Blindflug, sicher ans Ziel gebracht werden konnten. Erfahrene Flieger aus dem zweiten Weltkrieg berichteten, daß bei Flügen in etwa 5000 m Höhe die Möglichkeit, das Ziel nachts allein mit dem menschlichen Auge genau zu erfassen, selbst bei hellstem Mondschein noch sehr fragwürdig ist.

Zur Entwicklung dieser wissenschaftlichen Geräte für die Flugzeuge einige Worte: In den ersten Kriegsjahren hatten Bombenangriffe in der Nacht noch sehr wenig Aussicht auf Erfolg. Nur in besonders mondhellen Nächten waren Flüge möglich. Die Ziele waren meist durch

Wolken, Nebel, Rauch oder Industriedunst verhangen und unsichtbar. Dazu kam die mehr oder weniger starke Abwehr, die angreifende Bomber zwang, in maximalen Höhen zu fliegen. Die Ergebnisse solcher Bombenangriffe waren gering und standen in keinem Verhältnis zu den dabei auftretenden Verlusten an Flugzeugen und fliegendem Personal. Die ganze Nachtfliegerei in den ersten Kriegsjahren war mehr auf Störung und moralische Wirkung bei der Bevölkerung gerichtet als auf wirksame materielle Zerstörungen.

In dem bereits erwähnten amtlichen amerikanischen Bericht »The United States Stretegic Bombing Survey ...« wird deshalb auch gesagt, daß man sehr bald davon abkam, während der Nacht bestimmte Punktziele, wie Aluminium- und Flugzeugwerke, anzugreifen: »Mit den damaligen technischen Mitteln war es nicht möglich, die Ziele genau auszumachen und zu treffen.«[14]

Erst im Februar 1942 gelang es, die Bomberverbände mit Hilfe des »Gee-Verfahrens« im Blindflug an das Ziel heranzuführen. Das »Gee-System« war verhältnismäßig einfach: Von drei weit auseinanderliegenden englischen Sendern wurden gleichzeitig Impulse von Radiowellen gleicher Länge gesendet. In den Flugzeugen, die an diese Sender angeschlossen waren, stimmte man mit Hilfe eines oszillographischen Bordempfängers die Zeitpunkte des Eintreffens der Impulse genau aufeinander ab. Das heißt, der Pilot konnte so die Entfernung seiner Maschine von den Sendern in England feststellen. Vorgesehen war eine maximale Abweichung von nur 200 m, die aber nicht erreicht wurde. Der englische Marschall Harris versprach sich sehr viel von diesem System, da nach seiner Meinung die Flieger nunmehr die Bomben würden »blind« werfen können. Aber diese Erwartung war zu hoch geschraubt. Sehr bald waren sich fast alle Beteiligten darüber klar, daß bei der relativ geringen Reichweite des »Gee-Systems« – es reichte von England bis höchstens ins Ruhrgebiet – und der noch vorhandenen großen Ungenauigkeit Angriffe auf Punktziele immer noch sehr fragwürdig waren. Nur Flächenangriffe auf sehr ausgedehnte Ziele, wie zum Beispiel Großstädte, waren damit möglich.

Aber längst war man in England dabei, zwei weitere wichtige technische Neuerungen zu schaffen: ein Dunkelheit und Wolken durchdringendes »elektronisches Auge«, das den Piloten bei jeder Witterung das Ziel sicher und genau finden läßt, und eine noch viel weiter als das »Gee-System« reichende Funknavigation.

Die Entwicklungsgeschichte dieses »elektronischen Auges« (Panorama-Radargerät), das, wenn es im Flugzeug eingebaut ist, in der Pilotenkabine die Landschaft, Wasserläufe, Straßen, Gebäude auf einem Schirm widerspiegelt, war relativ kurz. Bereits 1940 hatte der bekannte englische Physiker Watson Watt dem englischen Premierminister Churchill den Vorschlag dafür unterbreitet. Churchill und seine Ratgeber zeigten sofort das allergrößte Interesse.

Die Entwicklung dieser komplizierten Apparatur, die in England unter dem Geheimzeichen H_2S geführt wurde, dauerte nur wenige Jahre. Den Engländern half dabei, daß kurz vorher durch Megaw das sogenannte Hohlraum-Magnetron geschaffen worden war, welches erstmalig Dezimeterwellen-Impulse großer Stärke herzustellen gestattete.

In Deutschland war übrigens dem Physiker Manfred von Ardenne 1934 die Weiterentwicklung des Kurzwellen-Magnetrons durch den Lorenz-Konzern untersagt worden.

Das »elektronische Auge« kam einer Revolution auf dem Gebiet der Radiotechnik gleich. Lange wurde von den Experten nach einem Gerät gesucht, das sich in ein Flugzeug einbauen ließ. Mit großen Anstrengungen hatten die Engländer bis 1941 das Muster einer solchen Anlage gebaut. Im Mai 1942 wurden in England die ersten H_2S in Auftrag gegeben. Aber die Serienherstellung erforderte viel Zeit, und man konnte im August mit drei und im November des gleichen Jahres nur mit zwölf Apparaten rechnen. Das erschien der englischen Führung viel zu wenig, sie beschleunigte die Produktion und gab ihr jeden erdenklichen Vorrang.

Anfang März 1943 war bei Rotterdam von deutschen Nachtjägern ein englischer Bomber mit einer merkwürdigen Anlage abgeschossen worden. An Bord befanden sich zunächst unerklärliche rotierende Antennensysteme. Ein großer Teil war zwar zerstört, aber Fachleute, die sich die Trümmer ansahen, berichteten vorsichtshalber über den Fund nach Berlin. Von dort kam die Weisung, die Reste des geheimnisvollen Apparates augenblicklich zur Untersuchung nach Berlin zu bringen. Die Physiker traten zusammen und konnten feststellen, daß das Gerät, das sie nach dem Fundort »Rotterdam-Gerät« tauften, ein »elektronisches Dezimeterwellen-Auge« war, über dessen unerhörte umwälzende Bedeutung sich alle sofort im klaren waren.

Der deutsche General Martinie erhielt nunmehr von der faschistischen Führung den strikten Befehl, schnellstens alles zu veranlassen, daß das Gerät nachgebaut werde. Im August 1943 wurde die Anlage fertig. Die Wissenschaftler konnten so das Geheimnis des schweren Angriffs auf Hamburg und der furchtbaren deutschen U-Boot-Verluste aufklären.[15]

Zur gleichen Zeit, als Watson Watt 1940 dem britischen Premierminister seinen Vorschlag unterbreitete, hatte der Physiker Manfred von Ardenne zusammen mit dem Kurzwellen-Physiker Hans-Erich Hollmann dem sogenannten Reichsmarschall Hermann Göring die Entwicklung des gleichen Gerätes als Hilfe bei der Verteidigung von Städten, nämlich zur Abbildung angreifender Flugzeugverbände vom Erdboden aus, vorgeschlagen. An diesen Vorschlag und seine Autoren erinnerte man sich, als es 1943 galt, die Arbeitsweise des »Rotterdam-Gerätes« aufzuklären. Göring hatte 1940 den Vorschlag mit den Worten abgelehnt, daß der Krieg schon gewonnen sei; eine so umfangreiche Entwicklung käme nicht mehr zum Einsatz. Hitler untersagte schließlich alle Grundlagenforschungen, die nicht im Verlauf eines Jahres produktionsreife Ergebnisse brächten. Klugheit war nie die starke Seite der faschistischen Führer und ihrer besonders sturen Generale.

Im August 1942 wurde der englische Fliegerkommodore Bennet beauftragt, eine Wegweise- oder Pfadfinderstaffel zu bilden, damit die technischen Mittel schnellstens militärisch wirksam werden konnten. Die überragende Bedeutung des »Radarauges« bei der Navigation und Zielfindung und die Tatsache, daß solche Apparate kompliziert, teuer und sehr knapp waren, führte dazu, die besten Spezialisten in vorausfliegende Maschinen zu setzen, die den Weg zeigten und das Ziel durch Leuchtbomben markierten.[16]

So war Anfang 1943 eine Anzahl Flugzeuge mit dem »Radarauge« ausgerüstet. Die Wegweise- oder Pfadfinderstaffel wurde zuerst auf See gegen die deutschen U-Boote eingesetzt. In dem bereits erwähnten amerikanischen Bericht vom 30. September 1945 über den Luftkrieg heißt es dazu: »Im Frühjahr 1943 errangen die Bomberkräfte einen deutlichen Sieg über die U-Boote. Mit Radar ausgerüstete Langstreckenbomber ließen die Verluste der U-Boote zu katastrophaler Höhe anwachsen.«[17]

Aber das neue »Radarauge« reichte damals allein auch noch nicht aus, um die Bomberströme an ein so weit entferntes Ziel wie etwa Dresden heranzubringen. Es war ja praktisch unmöglich, alle Maschinen mit dem kostbaren neuen Radargerät auszurüsten. Der entscheidende Schritt dazu war die Entwicklung eines Funknavigationssystems, das die Flugzeuge im Blindflug zu weit entfernten Zielen leiten konnte. Das war das sogenannte Loran-Navigationssystem (Long range navigation system), das beim Angriff auf Dresden, nach Aussagen beteiligter englischer Flieger, zum erstenmal auf eine so große Entfernung und bei einem so starken Bomberverband voll zur Anwendung kam.

Im Raum Dresden übernahmen die mit den neuen Radargeräten ausgerüsteten Sonderflugzeuge, die vorausgeflogen waren, die Markierung des Ziels. Da die Masse der Bomber keine Radargeräte hatte, konnte die Bombardierung nur nach Sicht mit dem Auge geschehen. Eine durchaus mögliche Zielmarkierung durch schwebende Leuchtbomben über den Wolken kam nicht in Frage, denn man wollte ja Dresden nicht schlechthin bombardieren, sondern, entsprechend den strikten Weisungen, Maßarbeit an Vernichtung und Massenmord leisten. Darum waren Sonderflugzeuge als sogenannte Pfadfinder eingesetzt, um mit weithin sichtbaren Leuchtbomben das Ziel exakt an der im Plan festgelegten Stelle zu markieren.

Dem Leser wird es jetzt nicht mehr schwerfallen, die Unmöglichkeit der Behauptung zu erkennen, daß der englische Bomberstrom mit Hilfe eines Amateur-Funkgerätes oder gar mit Lichtsignalen von der Villa »San Remo« an Dresden herangeführt worden sei. Solche Behauptungen gehören ins Reich der Fama. Und dennoch gibt es Leute, die dieses Ammenmärchen glauben und weiter kolportieren.

Prof. Dr. h.c. Manfred von Ardenne schreibt in einem Brief vom 12. Juli 1965 an den Verfasser folgendes: »Zu dem Gerücht, Noble habe von der Villa ›San Remo‹ aus den Einflug der anglo-amerikanischen Bomberverbände auf Dresden am 13. Februar 1945 eingesteuert, möchte ich Ihnen mitteilen, daß ich dieses Gerücht für sicher nicht zutreffend halte. Zu dem betreffenden Zeitpunkt hatte die englische Luftwaffe, wie ich aus persönlicher Besichtigung der bei Rotterdam abgeschossenen englischen Panorama-Radaranlage weiß, Einrichtungen, welche sogar durch die Wolkendecke hinweg das Reflexionsbild des Erdbodens dem Leitflugzeug sichtbar machen konnten. Sie selbst beschreiben ja in Ihrem Buch ›Inferno Dresden‹ Werdegang und Einsatz der englischen Panorama-Radaranlagen. Bei dieser Lage bestand im Februar 1945 absolut keine Notwendigkeit, auch noch die primitive und unzuverlässige Methode einer Einsteuerung der Bomberverbände vom Boden aus anzuwenden.«

Alle befragten Fachleute, Piloten, Bordfunker, Flugzeugkonstrukteure und andere, vertraten die gleiche Meinung wie Professor von Ardenne.

Prof. Dr.-Ing. Baade äußerte sich zu der Frage der seinerzeitigen Entwicklung der Navigationsgeräte für Flugzeuge wie folgt:

»Bereits während des Krieges war in England das sogenannte Decca-Funk-Navigationsverfahren voll entwikkelt und müßte u. E. nach auch bei dem Angriff auf Dresden angewendet worden sein. Dieses Verfahren besteht darin, daß von mehr als zwei Sendestationen Funksignale mit verschiedenen Frequenzen gesendet werden und an Bord des Flugzeuges die Verarbeitung zu den Koordinaten des jeweiligen Aufenthaltspunktes des Flugzeuges erfolgt.

Da die Möglichkeit bestand, zur Zeit des Angriffs mindestens in England und Nord-, wenn nicht Südfrankreich Sendestationen zu verwenden, war es auf jeden Fall möglich, eine Funkortung mit einer Genauigkeit von etwa 10 m bis 50 m zu verwirklichen. Daraus geht bereits eindeutig hervor, daß das genaue Heranführen des Bomberverbandes nicht von irgendwelchen Signalen abhängig war.«[18] Prof. Dr.-Ing. Kauczor, ebenfalls ein hervorragender Spezialist gerade auf diesem Gebiet, vertritt die gleiche Ansicht.

Der ehemalige Oberleutnant der faschistischen Luftwaffe Eberhard Charisius schreibt in einem Brief vom 31. Juli 1965 an den Verfasser:

»Die Legende, daß der Fabrikbesitzer Noble von der Villa ›San Remo‹ den Luftangriff auf Dresden mit Hilfe von Lichtsignalen oder mit Funkgeräten geleitet haben soll, kann nicht den Tatsachen entsprechen.

Als Flugzeugführer und Beobachter habe ich im Verband der II. Kampfgruppe des Kampfgeschwaders 55, Gießen, der faschistischen Luftwaffe während des zweiten Weltkrieges an vielen Nachteinsätzen teilgenommen. Meine Erfahrungen besagen, daß das Erkennen von Zielen, also auch von Lichtsignalen, aus Höhen von etwa 4000 m bis 5000 m (der damals üblichen Flughöhe bei Nachtangriffen) oder auch aus niedrigeren Höhen selbst bei Mondlicht außerordentlich unsicher ist. Ein solches Risiko hat der englische Luftstab sicherlich nicht auf sich genommen.

Zur Heranführung der Flugzeuge mit Hilfe von Funksignalen hätte Noble eine starke Sendeanlage haben müssen, die Peilzeichen auf Hunderte von Kilometern hätte ausstrahlen können. Bei Inbetriebnahme wäre eine derartige Sendeanlage durch den Hitlerschen Funküberwachungsdienst sicher sehr rasch ermittelt und beseitigt worden. Somit entfällt auch dieses Argument.

Zweifellos ist bei dem Angriff auf Dresden das Loran-System und auch das ›Radarauge‹ angewendet worden.«

Auch die hin und wieder geäußerte Meinung, daß der Stadtteil Dresden-Weißer Hirsch nicht konzentriert angegriffen worden sei, weil die Villa »San Remo« dort steht, geht an den Tatsachen vorbei. Bei der offenen Bauweise mit verhältnismäßig vielen Gärten und Freiflächen hätte ein Angriff auf das Gebiet Weißer Hirsch und Bühlau wesentlich geringere Schäden und Opfer zur Folge gehabt. Wir wissen aber, daß von Anfang an der Plan der anglo-amerikanischen Imperialisten auf ein noch nie dagewesenes Maß an Zerstörungen und Menschenopfern berechnet war. Ihre politische Absicht, »die Sowjetunion zu erschrecken«, sollte gerade durch den »Feuer-Hurrikan« mit gewaltigen Zerstörungen und vielen Tausenden verbrannten, erstickten, zerfetzten und mit Bordwaffen niedergemetzelten Menschen verwirklicht werden.

Allerdings wird Noble damit von anderen Verbrechen gegen das deutsche Volk nicht entlastet. Daß er als Kriegs- und Naziverbrecher 1946 enteignet wurde, geschah völlig zu Recht.

Wurde die Dresdner Bevölkerung vor dem Angriff gewarnt?

Immer wieder wird auch heute noch behauptet, daß die Dresdner Bevölkerung vor dem bevorstehenden schweren Bombenangriff gewarnt worden sei und daß bestimmte Sender diese Warnung mit sehr konkreten Daten gegeben haben sollen. Insbesondere wird immer wieder erzählt, daß speziell der Londoner Rundfunk die Bevölkerung Dresdens vom genauen Termin des bevorstehenden Angriffs unterrichtet hätte. Was ist daran wahr? Hat es solche Warnungen gegeben und, wenn ja, warum wurden diese Warnungen von der Dresdner Bevölkerung nicht beachtet?

Es gibt für derartige Behauptungen keine Beweise. Alle bisher bekannten Tatsachen sprechen dagegen:

1. David Irving hat die Meldungen des englischen Rundfunks aus dieser Zeit kontrolliert und nicht die Spur eines Hinweises gefunden.

2. Daß eine solche Warnung erfolgte, ist auch deshalb besonders unglaubhaft, weil Churchill, wie er selbst sagte, gegen die »Russen« überraschend einen »Donnerschlag« führen wollte, der selbst Stalin erschrecken sollte. Da die Sowjetunion sich über die Nachrichten und die

Propaganda der Alliierten selbstverständlich genau informierte, wäre es geradezu widersinnig, zu glauben, daß man die »Russen« erschrecken kann, wenn man Wochen vorher in die ganze Welt hinausposaunt, was beabsichtigt ist. Das Gegenteil ist richtig: Alle Beteiligten sagen aus, daß gerade bei diesem Angriff – entgegen den sonstigen Gepflogenheiten – alles besonders geheimnisvoll vorbereitet wurde, weil eben die Sowjetunion nichts merken sollte.

3. Churchill wie auch andere Verantwortliche aus der damaligen Zeit, zum Beispiel Minister Sinclair und Marschall Harris, wurden noch zu ihren Lebzeiten schwer angegriffen wegen des – wie auch der englische Minister Crossman sagt – »Verbrechens an Dresden«. Wären diese Leute im Besitz eines Beweises dafür gewesen, daß die Dresdner Zivilbevölkerung gewarnt worden ist, dann hätten sie sich damit zu rechtfertigen gesucht. Das wäre doch ein ausgezeichnetes Argument für sie gewesen; auf dieses humanistische Mäntelchen hätten sie nie verzichtet.

4. Es ist auch deshalb kaum möglich, daß die Dresdner Bevölkerung über den Termin des bevorstehenden Angriffs unterrichtet wurde, da der Angriff bekanntlich wegen des ungünstigen Wetters einige Male verschoben werden mußte. Noch am 13. Februar morgens mußten die Piloten der amerikanischen Bombergeschwader, die den ersten Angriff am Tage fliegen sollten, wieder aus ihren schon warmgelaufenen Maschinen steigen, weil das Wetter zu diesem Zeitpunkt noch keinen Angriff erlaubte.

5. Der schon erwähnte geheime Bericht des »Höheren SS- und Polizeiführers Elbe« vom 15. März 1945, der ansonsten bis ins Detail alles berichtet, erwähnt mit keinem Wort irgendwelche vorher ergangenen Warnungen. Die Verluste der Polizei, Feuerwehr und anderer wichtiger Dienststellen an Menschen und Material zeigen, daß auch sie von den Angriffen völlig überrascht worden sind.

Nein – eine solche Warnung ist nie erfolgt und konnte auch gar nicht erfolgen. Die heute noch darüber kursierenden Gerüchte beruhen vielleicht bei einzelnen auf einem Irrtum, der in einer solchen Zeit stürmischer

Ereignisse verständlich ist. Sie sind aber im Grunde genommen – ob man will oder nicht – eine Rechtfertigung der Imperialisten, die im nachhinein sich als »so human« bezeichnen, daß sie sogar den Termin ihres Terrorangriffs vorher der Dresdner Bevölkerung mitgeteilt haben wollen. Aber die »einfältigen Dresdner« haben das nicht ernst genommen; sie haben nicht darauf reagiert und sich nicht in Sicherheit gebracht. Daher ist es ihre Schuld, wenn Zehntausende dabei umgekommen sind. Nein! Das mit der Warnung ist eine für einen sehr durchsichtigen Zweck erfundene Legende wie so viele andere auch.

Das schließt nicht aus, daß der eine oder andere, in erster Linie führende Nazis, durch ihre vielseitigen Informationen vorher irgend etwas wußten. Die Engländer hatten in Dresden offenbar einen gut eingespielten Agentenapparat. Am Vormittag des 13. Februar 1945 brachten sie über den Londoner Rundfunk die Mitteilung, daß der Gauleiter für Sachsen, Mutschmann, mit seiner Frau und dem engsten faschistischen Führerklüngel in die Felsenkeller Lockwitz umgezogen war, obwohl er in seiner Villa beste Luftschutzanlagen besaß. Das heißt, einige Tage nach dem Umzug wußten die Engländer schon Bescheid. Weshalb Mutschmanns Umzug erfolgte und ob er mit der Kenntnis des beabsichtigten Angriffs zusammenhing, wird im nächsten Kapitel behandelt.

Man kann also feststellen, daß die Dresdner Bevölkerung vor dem Angriff nicht gewarnt worden ist. Jedoch muß man an dieser Stelle darauf verweisen, daß das deutsche Volk schon lange Zeit vorher eindringlich auf die Folgen aufmerksam gemacht worden war, die der Faschismus mit seiner räuberischen Kriegspolitik für die deutsche Nation haben würde. Schon 1932 hatte die Kommunistische Partei Deutschlands dem deutschen Volk zugerufen: »Wer Hitler wählt, wählt den Krieg!« Sie unterließ nichts, um dem deutschen Volk den Weg zu ersparen, der in den zweiten Weltkrieg, in die nationale Katastrophe führte.

Es ist nicht zu bestreiten, die Beweise sind tausendfältig, daß die Kommunistische Partei nicht nur vor dem Krieg gegen den Faschismus und die Kriegsgefahr kämpfte, sondern vom ersten Tag des Krieges an einen erbitterten Widerstand leistete. Nach dem Überfall Deutschlands auf die Sowjetunion, der das schwerste Verbrechen des deutschen Imperialismus war, rief das Zentralkomitee der KPD das deutsche Volk auf, seine Geschicke in die eigenen Hände zu nehmen und Deutschland damit vor der unvermeidlichen Katastrophe zu retten.

Durch Rundfunk, Flugblätter und Zeitungen wurden die eindringlichen Warnungen des ZK der KPD in Deutschland verbreitet. Die KPD wandte sich viele Male an das deutsche Volk, an die Bevölkerung in der Heimat, an die Soldaten und Offiziere an den Fronten, den Hitlerkrieg zu beenden, um mit der sinnlosen Vernichtung von Menschenleben Schluß zu machen, um die völlige Verwüstung Deutschlands zu verhindern, um die Leidenszeit unseres Volkes zu verkürzen.

Je deutlicher sich die kommende tiefe und verheerende Katastrophe für das deutsche Volk abzeichnete, um so nachdrücklicher wurden die Warnungen, sich von den Handlangern des deutschen Imperialismus, den Faschisten, zu trennen. Es war allerhöchste Zeit, wenn noch etwas aus dem allgemeinen Strudel der völligen militärischen Niederlage, des Zusammenbruchs des faschistischen Systems gerettet werden sollte.

Von allen, die damals lebten, hat die übergroße Mehrheit von solchen Warnungen gehört. Wenn sie ehrlich sind, werden sie das zugeben müssen. Es war mehr als naiv, angesichts der damaligen Situation und der bereits tausendfältig gesammelten Erfahrungen, den Märchen der Nazis, daß Dresden als Kunststadt nicht bombardiert werden würde, Glauben zu schenken. Diese Mär verbreiteten die Mutschmann und Konsorten nur, um zu verschleiern, daß die Bevölkerung einem massierten Angriff praktisch schutzlos ausgeliefert war, und um keine Schutzeinrichtungen für die Zivilbevölkerung bauen lassen zu müssen. Ende 1944 konnte niemand mehr über das Ergebnis des von Hitlerdeutschland provozierten zweiten Weltkrieges im unklaren sein.

Man kann also feststellen, daß das Inferno des 13./14. Februars völlig überraschend über die Bevölkerung Dresdens hereinbrach. Dennoch war eine Gruppe damals führender Personen Dresdens über den bevorstehenden Angriff informiert. Wer war das? Warum haben sie geschwiegen und die Bevölkerung nicht gewarnt? Das soll im nächsten Kapitel zum erstenmal dargelegt werden.

Waren die Nazibonzen über den bevorstehenden Angriff auf Dresden unterrichtet?

Manche glauben dem Gerücht, Mutschmann habe von dem berüchtigten Fabrikanten Noble genaue Nachrichten über den bevorstehenden Angriff auf Dresden erhalten, jedoch niemandem ein Wort davon gesagt, nur sich und seine Frau nach dem Jagdschloß Grillenburg in Sicherheit gebracht. Das stimmt nicht! Mutschmann saß, wie mehrere Zeugen aussagen, während des ersten Angriffs im Bunker seiner Villa in der Comeniusstraße. Mit der Mär, er habe sich und seine Familie in Sicherheit gebracht, wird Mutschmann – bewußt oder unbewußt – zum Alleinschuldigen am Ausmaß der Dresdner Katastrophe erklärt. Sie ist so etwas wie eine Miniaturausgabe des oft gehörten Argumentes der westdeutschen Militaristen und Revanchisten: »Hitler war an allem schuld!« Damit glauben die Mitschuldigen und Mitverantwortlichen ihre blutbesudelte Weste wieder blütenweiß gewaschen zu haben, und als »rehabilitierte Ehrenmänner« steuern sie erneut den Kurs, mit dem Deutschland schon zweimal in die Katastrophe geführt wurde. Ebenso wie Hitler nicht der Alleinschuldige ist, so auch Mutschmann nicht! Es war schlimmer, viel schlimmer.

Lange vor dem 13. Februar 1945 hatte die faschistisch-militaristische Führungsschicht in Dresden Klarheit darüber, daß der Stadt ein Großangriff bevorstand. Viele Beweise sprechen dafür. Am besten aber wird die verbrecherische Einstellung der führenden Nazis und Militärs, ihre Gewissenlosigkeit, mit einem Auszug aus dem Protokoll der Aussagen eines Augen- und Ohrenzeugen, Alexander Mackowskys, eines persönlichen Mitarbeiters von Mutschmann, bewiesen:

»Frage: Hat die Führung der NSDAP etwas vom bevorstehenden Angriff auf Dresden am 13./14. Februar gewußt?

Antwort:Ja, sie hat gewußt, daß wir mit einem schweren Angriff rechnen mußten... Damit haben ja alle parteilichen Stellen gerechnet, im Gegensatz zur Bevölkerung, wo bei einem ganzen Teil die Meinung bestand, daß Dresden verschont wird. Ich erinnere nur an den Witz: Churchills Tante wohnt in Dresden und ähnliche Dinge.

Schon Ende 1943/Anfang 1944 wurde in Dresden-Lockwitz eine Ausweichstelle der Gauleitung der NSDAP für Sachsen aufgebaut. Diese Ausweichstelle war in einer großen Baracke gegenüber der ›Kelterei Donath‹ untergebracht. In den Felsenkellern der ›Kelterei Donath‹, die in unmittelbarer Nähe der Baracke der Gauleitung lagen, waren Luftschutzräume eingerichtet bzw. erweitert worden. Ein Fernschreiber war dort untergebracht, und eine Funkstation stand auf dem Gelände der Ausweichstelle der Gauleitung. Alles war vorbereitet, weil man sich mit Recht sagte, bei einem Angriff, bei einer zerbombten Stadt, kann man nur von außen leiten...

Beim Angriff früh war eine Gruppe des Generals Unruh, das war eine Kommission, die uk-Leute auskämmte, in der Gauleitung zu einer Besprechung. Ein Oberst und ein Oberstleutnant von der Flak waren mit dabei. Mit dem Oberstleutnant sprach ich und fragte: ›Was sagen Sie denn nun?‹ Wir wußten ja, daß schon wochenlang fast täglich ganz hoch über Dresden Beobachtungsflugzeuge der Engländer und Amerikaner kurvten, ohne daß Alarm gegeben wurde. Die Bevölkerung hat davon nichts gemerkt. Der Oberstleutnant sagte: ›Nach den Beobachtungsflügen, die wieder zugenommen haben, zu urteilen, rechnen wir damit, daß, sobald wieder einmal klare Nächte mit guter Sicht kommen, Dresden angegriffen wird.‹

Das war am Morgen des 13. Februars 1945. Mit anwesend war unter anderen der damalige Kreisleiter der NSDAP von Dresden, Walter.

Frage: Es war am 13. Februar 1945, früh, als bei den obersten Stellen die feste Meinung bestand, daß mit einem baldigen Luftangriff zu rechnen war?

Antwort: Ja, also daß man mit einem Luftangriff rechnete, ist ganz klar. Die NSDAP hat die Bevölkerung viel zuwenig aufgeklärt und auf den Ernst der Lage hingewiesen. Sie (die NSDAP – *W. W.*) hat sich gesagt, wenn wir das nicht tun, dann bleiben sie schön ruhig, das ist besser, als sie erst wieder aufzuwühlen.

Frage: War das die Überzeugung auch von Mutschmann und den anderen, zum Beispiel vom Kreisleiter Walter in Dresden?

Antwort: Das weiß ich ganz genau. Mutschmann und Walter, ich habe mit ihnen persönlich viel darüber gesprochen, haben gesagt: ›Jawohl, wir werden in Dresden mit Angriffen nicht verschont.‹ Mutschmann hat ja selbst seine Sachen sichergestellt.

Frage: Wann war das, als Mutschmann seine große Villa geräumt und alles in die Lockwitzer Felsenkeller gebracht hat? War das am 12. Februar?

Antwort: Daß der Möbelwagen erst am 12. Februar dort gestanden hat – ich kann das genaue Datum nicht angeben –, glaube ich nicht. Das war schon viel früher. Daß die Bevölkerung gesagt hat, Mutschmann packt schon die Koffer usw., war Stadtgespräch. Das hat er auch selbst gewußt.«[19]

Das ist also die Wahrheit. Nicht irgendein Agent hat einen von dieser Gesellschaft gewarnt, der dann schwieg, während die anderen Nazigrößen und hohen Militärs alle ahnungslose Engel waren. Nein, die ganze Bande wußte vorher genau Bescheid! Sogar der damalige Oberbürgermeister, SS-Gruppenführer Nieland, und sein Kumpan, Bürgermeister Dr. Kluge, waren informiert.[20] Eine Kumpanei von Massenmördern.

Jawohl, Massenmörder! Selbst eine vorsorgliche Warnung noch am Vormittag des 13. Februars an die Bevölkerung der Stadt hätte sicherlich Tausenden, vielleicht sogar Zehntausenden Frauen und Kindern das Leben gerettet. Mehr noch! Trotz der knappen Zeit wäre eine Evakuierung möglich gewesen. Aber nichts geschah. Daß die braunen und schwarzen Bonzen schwiegen, obwohl sie vom bevorstehenden Angriff wußten, stempelt sie zu Recht mit zu den Hauptschuldigen am Dresdner Massenmord.

In der Vernehmung Mutschmanns nach seiner Verhaftung im Mai 1945 gab es folgenden Dialog:

»Frage: Was sagen Sie zu den Luftangriffen auf Dresden?

Mutschmann: Es ist furchtbar, was da in einer Nacht für Werte zerstört wurden. Dresden war eine an Kunstschätzen und vielen anderen Dingen unendlich reiche Stadt. Das ist nun fast alles kaputt.

Frage: An die Menschenopfer denken Sie wohl gar nicht? Sie rechnen anscheinend nur in Sachwerten?

Mutschmann: Menschen sind natürlich auch sehr viele umgekommen. Aber ich meinte nur, die Kunstschätze kann man nicht mehr ersetzen.

Frage: Wie konnte es zu den großen Menschenverlusten kommen?

Mutschmann: Dresden war auf einen Luftangriff nicht genügend vorbereitet. Ich habe mich zwar um den Bunkerbau bemüht, aber ich bekam von oben her keine Arbeitskräfte und kein Material, Zement usw. Man hat mir Vorwürfe gemacht, weil ich mir in meinem Haus in der Stadt und auf meinem Besitz in Grillenburg Bunker habe bauen lassen. Das waren aber reine Privataufträge, die ich aus privaten Beständen ausführen lassen konnte. Ein Bunkerbau für die ganze Stadt wurde nicht durchgeführt. Ich mußte zwar mit einem Großangriff auf Dresden rechnen, aber dann hoffte ich doch wieder, daß Dresden nichts geschehen würde.«[21]

So wollte er sich herausreden. Erst rechnete er mit einem Großangriff, dann hoffte er, daß nichts geschieht. Daß er hier ganz bewußt lügt, beweisen die angeführten Tatsachen. Er glaubte offenbar, die Wahrheit käme nicht ans Tageslicht.

Selbst das in seiner Vernehmung bekundete Interesse an den Dresdner Kunstschätzen war pure Heuchelei! Nicht nur die Tatsache, daß er nicht in erster Linie die Kunstschätze, sondern sein Privateigentum vor dem Angriff in Sicherheit bringen ließ, sondern auch seine Handlungsweise in der Nacht des Luftangriffs beweisen das:

Eine Perle Dresdens war und ist das wiederaufgebaute Gebäude »Italienisches Dörfchen«. Es ist am Theaterplatz im Zentrum Dresdens gelegen, und der Gast genießt von seinen Terrassen den Blick auf die Elbe. Auch dieses kulturhistorisch wertvolle Gebäude brannte in jener Nacht. Vielleicht wäre es zu retten gewesen, denn es ist ein frei stehendes Gebäude in unmittelbarer Nähe der Elbe. Dem Verfasser liegt der Einsatzbericht des »Kommandos der Feuer-Schutz-Polizei Dresdens, 1. Bereitschaft – 3. Zug« vor. Von 22.30 bis 23.00 Uhr bekämpften die Feuerwehrleute den Brand. Plötzlich, noch mitten in den Löscharbeiten, erhielten sie den Befehl zum Abrükken. Wohin? Der Einsatzbefehl, unterschrieben vom Bereitschaftsführer, Leutnant Raupach, trägt die handschriftliche Bemerkung: »Während der Brandbekämpfung Einsatzbefehl – Reichsstatthalterwohnung erhalten.«[22] Anstatt weltberühmte kulturhistorische Bauwerke zu erhalten, rettete die braune Bonzokratie ihr Privateigentum.

Mutschmann hatte während des Faschismus schnell Karriere gemacht. Lange vor dem 30. Januar 1933 unterstützte er den Faschismus. Frühzeitig – als die Mehrzahl der deutschen Monopolisten noch nicht auf Hitler gesetzt hatten – machte sich Mutschmann bei Hitler unentbehrlich, indem der kleine Plauener Spitzenfabrikant Hitlers fällige Wechsel einlöste und die braunen Banden finanzierte.

Dieser Mutschmann wunderte sich 1945, daß er vom Volk nicht geliebt wurde. So brutal und gemein er in seiner Glanzzeit auftrat, so klein und häßlich stand »König Mu«, wie er sich in Sachsen hatte nennen lassen, vor seinen Richtern. Aus dem Protokoll seiner Vernehmungen folgen zur Charakterisierung einige kurze Auszüge:

»Frage: Seit wann sind Sie Gauleiter?

Mutschmann: Ich wurde 1925 Gauleiter. Seinerzeit war ich Spitzenfabrikant in Plauen im Vogtland. Da die Geschäfte immer schlechter wurden und ich als Gauleiter sowieso genügend Einkünfte bezog, gab ich meine Fabrik auf und zog nach Dresden.

Frage: Welches Gehalt bezogen Sie?

Mutschmann: 4200 Mark (monatlich nach 1933 – *W. W.*).«[23]

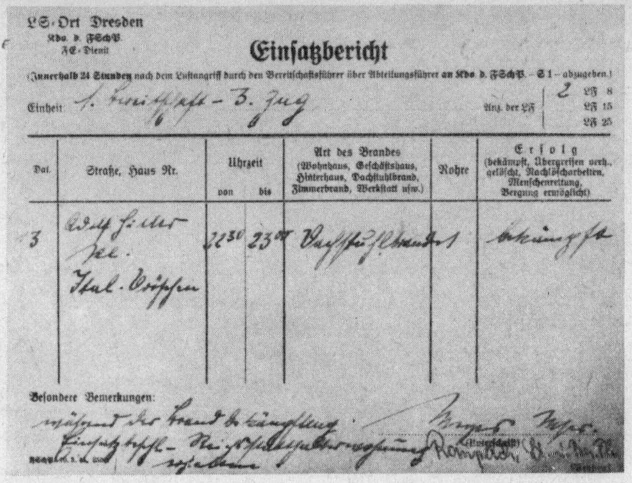

LS-Ort Dresden
Kdo. d. FSchP.
FE-Dienst

Einsatzbericht

(Innerhalb 24 Stunden nach dem Luftangriff durch den Bereitschaftsführer über Abteilungsführer an Kdo. d. FSchP. – S 1 – abzugeben.)

Einheit: 1. Bereitschaft – 3. Zug — Anz. der LF: 2 — LF 8, LF 15, LF 25

Dat.	Straße, Haus Nr.	Uhrzeit von	Uhrzeit bis	Art des Brandes (Wohnhaus, Geschäftshaus, Hinterhaus, Dachstuhlbrand, Zimmerbrand, Werkstatt usw.)	Rohre	Erfolg (bekämpft, Übergreifen verh., gelöscht, Nachlöscharbeiten, Menschenrettung, Bergung ermöglicht)
3	Adolf-Hitler-Pl. Ital. Dörfchen	22^{30}	23^{00}	Dachstuhlbrand	1	bekämpft

Besondere Bemerkungen:
während der Brandbekämpfung Einsatzbefehl – Reichsstatthalterwohnung erhalten

(Unterschrift)

Wie ihn das Volk »schätzte«, erfuhr Mutschmann bei seiner Verhaftung. Er berichtete, was nach seiner Verhaftung geschah:

»Als mich bei der Überführung einige Leute erkannten, gab es sofort einen großen Auflauf. Im Nu hatten sich etwa 500 Personen um mich versammelt. Viele riefen ganz laut: ›Da ist das Schwein Mutschmann!‹ Man spuckte mich an und schlug mir ins Gesicht.

Frage: Sahen Sie darin nicht einen Ausdruck der wahren Volksstimmung?

Mutschmann: Gewiß, die Volksgenossen sehen heute in mir einen Mitverantwortlichen an dem Unglück, das über Deutschland kam. Sie meinen, weil ich zwanzig Jahre als Gauleiter wirkte, sei ich an vielem schuld. Aber ich kann doch nichts dafür, daß alles so schlimm kam. Was hätte ich schon dagegen tun können?

Frage: Sie belogen das Volk also weiter, weil Sie um Ihren guten Posten fürchteten? Und was sagen Sie dazu, daß um solche Männer wie Sie Millionen von Deutschen ihr Leben hingaben?

Mutschmann: (fährt sich mit seinen schwulstigen Fingern durch das schüttere Haar und über das Gesicht und – schweigt.)

Frage: Meinen Sie nicht, daß das deutsche Volk gegen Sie ein berechtigtes Haßgefühl hat?

Mutschmann: Ich dachte immer, ich sei angesehen und beliebt. Aber jetzt sah ich ja selbst, daß das eigene Volk gegen mich ist. Ich weiß nicht, was mit mir an jenem Tag noch geschehen wäre, wenn ich noch länger diesem Volkszorn ausgeliefert gewesen wäre.«[24]

Interessant ist auch, was er über Goebbels und die faschistische Propaganda sagte:

»Mutschmann: Goebbels hat Propaganda gemacht, und Propaganda ist für das gewöhnliche Volk da. Goebbels' Propaganda war von Anfang an falsch. Es ist gefährlich, wenn man eine Propaganda macht, die sich hinterher als falsch erweisen kann. Ich wußte das wohl, ich mußte aber in der gleichen Propaganda machen. Was sollte ich sonst anderes tun? Wir mußten das Volk zum Kriege aufpeitschen und zum Durchhalten zwingen... Sie bezeichnen das heute als Volksbetrug, weil Goebbels und wir mit ihm mit Absicht ein falsches Bild von der Lage gaben. Aber das war doch notwendig, um einen frühen deutschen Zusammenbruch zu verhindern... Wir meinten, wenn das Volk lange genug durchhält, und dazu muß es unsere Propaganda zwingen, dann würden noch ganz andere kriegsentscheidende Dinge kommen... Freilich kann man uns den Vorwurf machen, daß Millionen Deutsche für eine Wahnidee fielen.«[25]

Noch ein Wort zu SS-Gruppenführer Nieland, dem gestiefelten Scharlatan und Feigling, der sich den Posten des Oberbürgermeisters von Dresden ergattert hatte. Aus seinem Terminkalender ist ersichtlich, daß er am liebsten an Sektfrühstücken mit Filmsternchen und anderen »holden Weiblichkeiten« teilnahm. Mit seiner Frau, die mit ihm in der gleichen Wohnung lebte, verkehrte er nur schriftlich.[26] Nach den Angriffen am 13./14. Februar 1945 hat sich das Subjekt in der Stadt überhaupt nicht mehr sehen lassen.[27] Bei seiner Vernehmung vor dem Spruchgericht Bielefeld, 9. Spruchkammer, versuchte er seinen Verrat an der schwerzerstörten Stadt und ihren in größter Not befindlichen Menschen wie folgt zu motivieren:

»Meine Uniform (als SS-Gruppenführer – *W. W.*) trug ich lediglich zu repräsentativen Anlässen, vor allem später in meiner Eigenschaft als Oberbürgermeister... Die selbständige Stellung eines Oberbürgermeisters... erschien mir besonders erstrebenswert... Während meiner Amtszeit hatte ich mit dem Gauleiter Mutschmann schwere Kämpfe durchzufechten, die darin bestanden, daß ich ständige Übergriffe von Parteiinstanzen abwehrte. Der Widerstreit mit Mutschmann führte schließlich am 18. 2. 1945 zu meiner zwangsweisen Beurlaubung. Als angeblicher Grund wurde angegeben, ich hätte die Aufräumungsarbeiten nach dem schweren Luftangriff auf Dresden nicht schnell genug durchgeführt. Der wirkliche Grund ist aber in meinen schweren tiefgreifenden Differenzen mit Mutschmann zu suchen. (Ausgerechnet Mitte Februar 1945 – *W. W.*) Ich mußte Dresden ganz plötzlich verlassen, weil mir hinterbracht worden war, daß Mutschmann und Ley mir nach dem Leben trachteten. Es soll angeblich geplant gewesen sein, mich durch den Volkssturm erschießen zu lassen. Durch Staatssekretär Stuckardt wurde ich in Dänemark als Flüchtlingskommissar eingesetzt. Mein Einsatz in Dänemark erfolgte deshalb, damit ich aus dem Reichsgebiet und damit aus dem Machtbereich der Gauleiter herauskomme.«[28]

Nielands Aussage strotzt vor Lügen. Feige verließ er die Stadt in ihrer schwersten Stunde, um sich und sein Habe zu retten. Seiner Schurkerei setzte er die Krone auf, als er Ende der vierziger Jahre bei der neuen, antifaschistischen Stadtverwaltung Dresdens die »ihm zustehende« Pension beantragte. Wenn ihm auch von unseren demokratischen Staatsorganen die gebührende Antwort erteilt wurde, so kann man doch sicher sein, daß sich der Bonner Staat seiner ebenso angenommen hat wie Tausender anderer schwerbelasteter Faschisten.

Das Urteil über die Tätigkeit, das Verhalten, den Charakter und die Moral der führenden Naziclique Dresdens ist eindeutig. Allerdings: Die Mutschmann, Walter, Nieland und Konsorten unterschieden sich in ihren moralischen und sittlichen »Qualitäten« nicht von den Hitler, Göring, Goebbels, Himmler und Ley. Im Interesse der Erhaltung ihrer Macht und zur persönlichen Bereicherung schreckten diese Vertrauensleute des deutschen Monopolkapitals vor keinem Verbrechen zurück.

Will man mit Toten ein Geschäft machen?

Wieviel Tote hat es bei den Angriffen auf Dresden im Februar 1945 wirklich gegeben? Hat sich überhaupt nach diesen schweren Angriffen, als alles drunter und drüber ging, wenigstens annähernd die Zahl der Opfer feststellen lassen? Neben der Tatsache, daß viele Tausende Zwangsevakuierter, von den Nazis aus dem Osten Deutschlands gewaltsam vertrieben, in Dresden Station gemacht hatten, muß man noch bedenken, daß sich die faschistischen staatlichen Organe nach dem Angriff darauf vorbereiteten, sich gen Westen abzusetzen und dann auch vor ihrer Flucht noch viele Dokumente vernichteten. Viele Menschen haben deshalb bezweifelt, daß zutreffende Angaben über die Zahl der Opfer ermittelt werden konnten, und tatsächlich bezweifelt es mancher heute noch. Dennoch wurde die Zahl der Opfer ziemlich genau festgestellt. Insbesondere sind nach dem Erscheinen der ersten Auflage dieses Buches entscheidende Dokumente und Urkunden aufgefunden worden, die nunmehr jeden, auch den letzten Zweifel über die Zahl der Opfer der Bombenangriffe im Februar 1945 auf Dresden beseitigen.

Um auch in dieser Frage zwischen Legende und zielgerichteter politischer Lüge einerseits und der Wahrheit andererseits unterscheiden zu können, ist es notwendig, noch einmal die Entstehung der Legenden und Lügen zu untersuchen.

Die erste Information über die furchtbare Zerstörung Dresdens erfolgte in Deutschland in recht nüchterner Form durch den OKW-Bericht am 15. Februar 1945 über den Rundfunk. Darin hieß es: »14. Februar 1945. Die Briten richteten in der vergangenen Nacht Terrorangriffe gegen das Stadtgebiet von Dresden.« Danach wurde der Angriff auf Dresden bis Anfang März in den großen deutschen Tageszeitungen – ausgenommen das faschistische Dresdner Hetzorgan »Der Freiheitskampf« – nicht mehr ausdrücklich erwähnt. Auch der Rundfunk entfaltete für das Inland zunächst keine große Propagandakampagne. Dagegen wurde in den fremdsprachigen Sendungen der Hitlerfaschisten sofort ein heftiger Propagandakrieg entfesselt. Die Faschisten hatten oft genug zu spüren bekommen, wie stark Meldungen über Verbrechen, Terrorhandlungen und unmenschliche Grausamkeiten der Hitlerclique die Weltöffentlichkeit erregten. Mit dem Schicksal Dresdens gedachte Goebbels eine ähnliche Wirkung zu erzielen. Deshalb begann bereits zu dieser Zeit das politische Geschäft mit den Opfern von Dresden. Es wird – wenn auch mit anderer politischer Zielsetzung – bis heute betrieben.

Die ersten Schätzungen der Zahl der Opfer unmittelbar nach dem Angriff wurden von den faschistischen Organen in Dresden selbst vorgenommen. Sie beliefen sich auf 60000 Tote. Im »Kriegstagebuch des Oberkommandos der Wehrmacht (Wehrmachtführungsstab)« findet sich folgende Eintragung: »Den Höhepunkt der Aktionen zur Einschüchterung bildete der Angriff auf das von Flüchtlingen vollgestopfte Dresden (13./14. Februar 1945), erst mit Brand-, dann mit Sprengbomben (schätzungsweise 60000 Tote).«[29] Auch andere Darstellungen bürgerlicher Historiker nennen 60000.[30] Offenbar liegt all diesen Angaben die erste Schätzung der faschistischen Dresdner Dienststellen zugrunde.

In Dresden, aber auch in der Weltöffentlichkeit sprach man jedoch etwas später von 250000 Opfern. Heute kann man mit Sicherheit die Urheber dieses Gerüchts nennen. Seit dem 22. März 1945 kursierte in Dresden – heimlich von Hand zu Hand weitergegeben – in Abschrift der »Tagesbefehl Nr. 47«. Er ist gezeichnet: »Für den Befehlshaber der Ordnungspolizei. Der Chef des Stabes. Grosse, Oberst der Schutzpolizei.« In diesem ominösen »Tagesbefehl« heißt es: »Um den wilden Gerüchten entgegentreten zu können, folgt nachstehender kurzer Auszug aus der Schlußaufstellung des Polizeipräsidenten von Dresden über die 4 Angriffe am 13., 14., 15. 2. 1945... Bis zum 20. 3. 1945 abends wurden 202040 Tote, überwiegend Frauen und Kinder, geborgen. Es ist damit zu rechnen, daß die Zahl auf 250000 Tote ansteigen wird.« Es wird sogar empfohlen, von den »Angaben« Gebrauch zu machen, »da die Gerüchte die Wirklichkeit weit übertreffen«.[31]

Fast gleichzeitig, am 23. März 1945, tauchte ein »Geheimer Tagesbefehl« in Berlin auf, der inhaltlich mit dem »Tagesbefehl Nr. 47« identisch ist. Er wurde bestimmten Stellen zugeleitet, von denen mit Sicherheit angenommen werden konnte, daß über sie die Angaben in das neutrale Ausland gelangten.[32] Verschiedene Tatsachen lassen den Schluß zu, daß dieser »Befehl« auf Initiative Goebbels' im faschistischen Reichspropagandaministerium fabriziert wurde. Abgesehen von der Eigentümlichkeit, daß ein »streng geheimer Tagesbefehl« in Hunderten von Exemplaren in der Bevölkerung verbreitet wurde, tauchen nämlich die Angaben aus dem »Befehl« etwa gleichzeitig in den faschistischen fremdsprachigen Sendungen auf. Richard H. S. Crossman, der im zweiten Weltkrieg Leiter der englischen psychologischen Kriegführung gegen Deutschland war, beschreibt in seinem Artikel in »Esquire« diese Kampagne und stellt dann weiter fest: »In seiner Geheimpropaganda tat Dr. Goebbels sogar mehr in dieser Richtung (Aufbauschen der Zahl der Opfer – *W. W.*), indem er der neutralen Presse erfundene, höchst vertrauliche Abschätzungen bekanntgab, daß die Verluste wahrscheinlich 250000 erreicht hätten.«[33] Heute ist erwiesen, wie weiter unten dargelegt, daß der ominöse »Tagesbefehl Nr. 47« eine Fälschung ist und von den Nazis bewußt unter die Bevölkerung gebracht wurde. Außerdem kann als sicher angesehen werden, daß dieser gefälschte »Befehl« und die »höchst vertraulichen Abschätzungen«, die Goebbels der neutralen Presse bekanntgab, aus der gleichen Quelle stammen. Höchstwahrscheinlich wurden beide auf Weisung Goebbels' für bestimmte propagandistische Zwecke im Reichspropagandaministerium ersonnen.

Goebbels witterte Morgenluft, als er vom Inhalt der Berichte der neutralen Presse, besonders aber der Schweizer und schwedischen Zeitungen, über den Angriff auf Dresden erfuhr. Sie brachten nicht nur Schilderungen des schrecklichen Ereignisses, sondern erhoben auch ernste Vorwürfe an die Adresse der westlichen Alliierten. Der faschistische Lügenproduzent goß Öl ins Feuer. Das schien ihm besonders zweckmäßig, nachdem er fast zur gleichen Zeit Kenntnis von einem wichtigen politischen Ereignis in England erhielt.

In der Sitzung des englischen Parlaments vom 6. März 1945 hatte der Abgeordnete Richard Stokes eine aufsehenerregende Rede gehalten. Stokes kritisierte ernst die Art der Luftkriegführung gegen die Wohnviertel und die Zivilbevölkerung. Es steht ohne Zweifel fest, daß er damit nicht nur seine persönliche Meinung, sondern auch die vieler englischer Bürger und die Stimmung in neutralen Ländern zum Ausdruck brachte. Er verwies darauf, daß die Sowjetunion niemals die Methode des »Teppichbombardements« auf Wohnviertel anwandte. Sarkastisch bemerkte er, »es sei seltsam, daß die Russen anscheinend große Städte einnehmen könnten, ohne sie in Trümmer zu legen«[34].

Goebbels wollte offenbar die politische Lage zugunsten der deutschen Faschisten nutzen und gab Weisung zur Anfertigung und Verbreitung des gefälschten Befehls, obwohl er zu diesem Zeitpunkt schon den genauen Polizeibericht aus Dresden mit allen Einzelheiten in den Händen haben mußte.

Beide Fälschungen erzielten eine bestimmte Wirkung. In der Weltöffentlichkeit erhoben sich erregte Proteste gegen die barbarische Zerstörung der Kunststadt Dresden. Sowohl englische als amerikanische Stellen sahen sich veranlaßt, durch Meldungen uber dle militärische Bedeutung Dresdens, seine Rolle als Verkehrsknotenpunkt und als Nachschubbasis der Wehrmacht usw. diese Wirkung abzuschwächen. Churchill, der Initiator des Angriffs, versuchte sogar, sich öffentlich von dem Angriff zu distanzieren und die Verantwortung seinen Militärs zuzuschieben.[35] Dieser Schachzug ist ihm allerdings nicht gelungen.

Unter der Dresdner Bevölkerung hielt sich ebenfalls hartnäckig das Gerücht von den 250000 Toten. Es ist verständlich, daß in den ersten Monaten nach der Zerschlagung des Hitlerfaschismus bei all denen, die damals am Aufbau der antifaschistisch-demokratischen Ordnung, an der Überwindung der katastrophalen Verhältnisse mitarbeiteten, zunächst keine Zeit für eine langwierige und komplizierte Untersuchung der Zahl der Opfer vorhanden war. Die Sorge um die Lebenden in einer so schwer getroffenen Stadt, in der der erste dünne Strahl aus der Wasserleitung schon eine Kostbarkeit war, ging allem anderen vor. Deshalb redete man allgemein von Hunderttausenden Toten, ohne daß die Unterlagen geprüft und Beweise dafür vorhanden waren.

Verschiedene Gründe veranlaßten später die neue Stadtverwaltung, den Versuch zu unternehmen, die Zahl der Luftkriegsopfer in Dresden exakt zu ermitteln. Das Vorhaben wurde auch vom damaligen sowjetischen Stadtkommandanten, Oberst Spiridonow, begrüßt und unterstützt, der der Stadtverwaltung nahelegte, alle Umstände besonders gründlich zu erwägen. Eine Kommission, der auch der Verfasser angehörte, prüfte genau alle vorhandenen Unterlagen.

Ende 1946 lag das Ergebnis vor. Mit Hunderten Personen, die etwas darüber wissen konnten, war gesprochen worden. Augenzeugenberichte wurden ausgewertet und amtliche Unterlagen geprüft. Vor allem bei den Friedhofsverwaltungen gab es relativ genaue Aufzeichnungen über die Zahl der Erdbestattungen und auch über die Verbrennungen auf dem Altmarkt. Die Dokumente des Bestattungsamtes der Stadt Dresden weisen aus, wo die Opfer der Angriffe vom 13., 14. und 15. Februar 1945 bestattet wurden. Bis Anfang Mai 1945 wurden die Opfer zum allergrößten Teil auf dem Heidefriedhof an der Moritzburger Landstraße und auf dem Johannisfriedhof an der Wehlener Straße beigesetzt. Das trifft allerdings nicht für die weit über 1000 Opfer zu, die bei den Angriffen am 7. Oktober 1944, am 16. Januar, am 2. März und am 17. April 1945 zu beklagen waren. Auf den anderen Dresdner Friedhöfen wurden in größerem Umfang erst nach dem 8. Mai 1945 Opfer bestattet, die während der Enttrümmerung geborgen worden waren.

Auf dem Heidefriedhof wurden, nach den schriftlich vorliegenden Aussagen des Oberfriedhofsgärtners Zeppenfeld, der an den Bestattungen beteiligt und deshalb am besten informiert war, insgesamt 28 746 Tote, einschließlich der Asche der 6865 auf dem Altmarkt eingeäscherten Opfer, beigesetzt. Auf dem Johannisfriedhof sind, nach Bestätigung durch den Verwaltungsdirektor Herrmann, insgesamt 3666 Opfer der Terrorangriffe beerdigt worden.

Auf Grund dieser detaillierten Untersuchungen und nach Prüfung aller vorliegenden Aussagen beteiligter Personen kam die Kommission damals einmütig zu dem Ergebnis, daß – abgesehen von den Opfern, die zu dieser Zeit noch unter den Trümmern lagen – etwas mehr als 32000 Tote geborgen worden waren.

Der Verfasser wandte sich an fünf damals leitende Mitarbeiter der Stadtverwaltung Dresden, die an der Ermittlung der Zahl der Opfer beteiligt waren. Es sind dies:

1. Kurt Liebermann, Dresden, damals Leiter des Nachrichtenamtes der Stadt Dresden;

2. Ilse Liebermann, Dresden, damals Mitarbeiterin im Nachrichtenamt der Stadt Dresden;

3. Harry Dürichen, Dresden, damals Abteilungsleiter des Statistischen Amtes der Stadt Dresden;

4. Herbert Edel, Dresden, damals leitender Mitarbeiter des Statistischen Amtes der Stadt Dresden;

5. Fritz Träger, damals Mitarbeiter im Sekretariat des Oberbürgermeisters der Stadt Dresden. Alle fünf bestätigen in ihren schriftlich vorliegenden Aussagen die obigen Feststellungen.[36]

Da die Enttrümmerung 1946/47 noch längst nicht abgeschlossen war, mußte die Kommission notgedrungen die Zahl der Opfer, die noch unter den Trümmern lagen, schätzen. Nach reiflicher Überlegung und auf Grund der bis dahin bei der Enttrümmerung gesammelten Erfahrungen rechneten wir mit höchstens weiteren 3000 Toten. Wieviel waren es aber nun tatsächlich, die noch unter den Trümmern lagen? War die Vermutung richtig?

Seit dem 8. Mai 1945 sind in Dresden, nach den lückenlos vorhandenen Unterlagen aller Friedhöfe, bei der Enttrümmerung 1858 Leichen geborgen worden. Nur bei vier Funden war es unmöglich, aus den verkohlten Resten die Zahl der Personen genau zu ermitteln. Insgesamt dürften das aber, nach den vorliegenden Bergungsberichten, bestimmt nicht mehr als 100 Personen gewesen sein.

Die weitverbreitete Annahme, daß viele Zehntausende so vollständig verbrannt oder zerfetzt worden seien, daß eine Unterscheidung der einzelnen menschlichen Körper – und damit die Ermittlung ihrer Anzahl – nicht mehr möglich war, findet in den gewissenhaft durchgeführten

Feststellungen bei der Bergung von Opfern nach dem 8. Mai 1945 keine Stütze. Auch alle an der Bergung und Bestattung der Opfer unmittelbar nach dem 13./14. Februar Beteiligten bestätigen das im wesentlichen. Erhärtet wird die Tatsache, daß eine Zählung der Opfer moglich war, unter anderem auch durch die während der Bergung, Verbrennung und Bestattung angefertigten Bilddokumente. Zusätzlich sei hier nochmals unterstrichen, daß die überwiegende Zahl der Opfer des Feuersturms in Dresden den Tod durch Ersticken fand, ebenso wie zum Beispiel in Hamburg und Kassel. Auf die Ermittlung der Todesart bei den Opfern von Kassel wurde schon eingegangen. Über die Opfer des Feuersturms in Hamburg schreibt Richard Crossman – gestützt auf offizielle Unterlagen –, daß »in Hamburg drei Viertel der Opfer an Vergiftung durch Kohlenoxydgas gestorben sind«[37].

Da bei der Enttrümmerung sehr gründlich auch die Keller ausgeräumt wurden, ist mit Sicherheit anzunehmen, daß es sich – wenn überhaupt – nur um ganz wenige verschüttete und trotz aller Sorgfalt nicht gefundene Opfer handeln kann, die nicht erfaßt wurden. Unsere 1946 angestellten Ermittlungen über die Zahl der Opfer der Luftangriffe vom Februar 1945 waren also ziemlich genau. Das wird auch durch später aufgefundene Dokumente, auf die noch zurückzukommen ist, vollauf bestätigt.

Dresden macht gar keine Ausnahme darin, daß die zuerst vermutete Zahl der Opfer größer war als die später genau ermittelte. Der ehemalige Generalinspektor für das Feuerlöschwesen im Deutschen Reich, Generalmajor Rumpf, der während des Krieges die besten Informationen erhielt, schreibt zu diesem Thema: »So ging nach den Großangriffen auf Hamburg 1943 lange Zeit die Zahl von über 100000 Bombenopfern im Lande um. Erst sechs Jahre nach Kriegsende konnte sie glaubhaft auf 40000 reduziert werden.

München hat 6250 beurkundete Luftkriegstote, aber in der Öffentlichkeit hält sich hartnäckig die anfangs voreilig genannte Zahl 25000.

Die Gesamtverluste der durch 17 Angriffe schwer heimgesuchten Stadt Heilbronn stehen heute mit 7500 Toten ziemlich fest, doch will die ursprüngliche Zahl von 16000 Opfern allein für den schweren Brandangriff am 4. Februar 1944 nicht weichen.«[38]

Ähnliche Angaben ließen sich beliebig fortsetzen. Auch in Dresden waren also die ersten Schätzungen der Zahl der Opfer ursprünglich um rund 40 Prozent zu hoch und mußten später korrigiert werden. Merkwürdig ist allerdings, daß in westlichen Ländern die Korrekturen für westdeutsche Städte anerkannt werden, soweit sie Dresden betreffen aber nicht.

Im Gegenteil! In der westlichen Welt, besonders aber in der Bundesrepublik und in den USA, wurde in den letzten Jahren die Zahl der Opfer von Dresden von gewissenlosen Skribenten und berufsmäßigen Fälschern laufend ohne jeden Beweis nach oben geschraubt. Während in den ersten Jahren auch von den Amerikanern höchstens 60000 Tote angegeben wurden, spricht und schreibt man dort heute von 150000, von 250000 und sogar noch mehr Toten bei den Angriffen auf Dresden. Auffällig ist, daß besonders in der BRD solche Phantasiezahlen verbreitet werden. Rodenberger veröffentlicht in seinem Buch »Der Tod von Dresden« sogar ein angebliches Dokument, in dem von 400000 Toten gesprochen wird.[39]

Besonders heftig entbrannte die Diskussion über die Zahl der Opfer bei den Terrorangriffen auf Dresden, als kurz vor dem 20. Jahrestag der Zerstörung Dresdens die erste Auflage von »Inferno Dresden« und das Interview mit dem Verfasser über das Buch am 23. Januar 1965 im »Neuen Deutschland« erschienen. Wie von einer Tarantel gestochen gerieten die Extremisten in Bewegung. Mit den unwahrscheinlichsten, aus der Luft gegriffenen Behauptungen wurden nicht nur unsere exakten Ermittlungen angegriffen, sondern auch diejenigen heruntergeputzt, die sich in der BRD gegen die Phantasiezahlen wandten. Eine traurige Rolle spielte dabei auch David Irving, zu dessen Jonglierererei mit gefälschten Zahlen später noch einiges gesagt werden muß.

Seit vielen Jahren ist bekannt und auch bewiesen, daß die Angriffe auf Dresden am 13./14. Februar etwa 35000 Menschen das Leben gekostet haben. Sie starben unter furchtbaren Qualen. Das entsetzliche Sterben der 35000

Kinder und Greise, Männer und Frauen ist mit Worten kaum zu schildern. Erstickt, erschlagen, zerquetscht, zerstückelt und verbrannt – so sind sie umgekommen. Viele Stunden erfüllten hilfloses Stöhnen und grauenerregende Todesschreie die Straßen der qualmenden, brennenden Stadt. Es schaudert jeden von uns noch heute, wenn er daran denkt.

Und dennoch gibt es Leute, denen es nicht ausreicht, daß 35 000 Menschen eines schrecklichen Todes starben. 35 000 Menschen sind ihnen nicht genug. So schreibt zum Beispiel Czesany über die Zeit nach dem Angriff auf Dresden: »Schließlich mußte man noch ein Letztes tun: ganze Straßenzüge durch Errichten hoher und fester Mauern abriegeln. Dadurch wurden viele Straßen einfach zugemauert. Vielleicht waren es nur 50 oder höchstens 70 Prozent aller Toten, die geborgen wurden.«[40]

Natürlich wissen die Bürger der DDR, vor allem aber die Dresdner, daß daran kein Wort wahr ist. Nicht eine Straße wurde »zugemauert«. Aber viele Millionen in den imperialistischen Ländern werden bewußt falsch informiert, um sie mit dem Gift des Antisowjetismus, des Antikommunismus für die neuen Kriegspläne der Imperialisten reif zu machen. Welche Absichten verfolgen die Soldschreiber des Imperialismus mit ihren Übertreibungen?

Die Katze aus dem Sack läßt die »Stuttgarter Zeitung« vom 29. Februar 1964 in einer Besprechung des Buches von David Irving, wenn sie in einem Bericht über den Bombenangriff auf Dresden und dessen angebliche 135 000 Opfer schreibt, daß man damit »auch der hierzulande so lautstarken antinuklearen Kampagne einigen Wind aus den Segeln genommen hat. Die Verheerungen in Dresden stellen ja, zahlenmäßig, das so viel mehr publizierte Desaster von Hiroshima in den Schatten.« Und die Moral von der Geschichte? Atombomben sind ja gar nicht so schlimm! Deshalb die Lügen und Legenden über Dresden.

David Irving, der für sich das Recht in Anspruch nimmt, Historiker genannt zu werden, verließ ebenfalls bewußt den Boden der Wahrheit und griff zu plumpen Fälschungen.

Zunächst kolportierte Irving die Lüge eines obskuren

Elements, des ehemaligen Studienrates Hanns Voigt. Was behauptet Voigt? Die wahre Zahl der Toten betrage 135 000; aber seinerzeit seien die »Russen«, die einen so »großen Erfolg der Westmächte« nicht wahrhaben wollten, gekommen und hätten einfach die »1« abgestrichen. Seitdem dürfe nur noch von 35 000 Toten geredet werden.[41] Das ist natürlich glatt erfunden. Von Interesse aber bleibt, wer war dieser Studienrat?

Im Sommer 1945 kam eines Tages Frau Elsa Fenske, damals Stadtrat für Sozialwesen in Dresden, zum Verfasser, der damals 1. Bürgermeister von Dresden war, und teilte mit, daß der Leiter der Vermißtenzentrale Dresden, ein gewisser Hanns Voigt, ein übles faschistisches Element sei. Er forderte nicht nur seine Mitarbeiter auf, der sowjetischen Besatzungsmacht entweder falsche oder besser überhaupt keine Auskunft zu geben, sondern verbreitete auch wüste Greuelmärchen über die »Russen« und lobte andererseits die »Korrektheit« der Faschisten, wo er nur konnte. Voigt war nicht nur Mitglied der NSDAP seit 1933, sondern auch aktiver Mitarbeiter der Kreisleitung der NSDAP Dresden und Günstling des berüchtigten Nazikreisleiters Walter gewesen.[42] Als offensichtlicher Feind der neuen, demokratischen Ordnung wurde er seiner Funktion enthoben. Erwartungsgemäß suchte und fand er später in der BRD offene Ohren für seine antikommunistische Greuelpropaganda. Dieser von uns hinausgeschmissene Studienrat und Funktionär der Nazipartei war einer der Kronzeugen für David Irving.

Irving kolportierte auch die folgende Mär, die ihm Voigt ebenfalls aufgetischt hat:

»Den über dreihundert Angestellten, die in den sieben über ganz Dresden verteilten Dienststellen der Vermißten-Nachweis-Zentrale arbeiteten, wurde der Zutritt zu ihren Büros verwehrt, und die Identifizierungsarbeiten wurden eingestellt. Voigt erhielt Befehl, die Unterlagen in das Rathaus Dresden-Leuben zu überführen. Er durfte in seiner Dienststelle in Dresden-Leuben mit drei Mitarbeitern an den vorhandenen Karteien weiterarbeiten: Naturgemäß wurden keine neuen Opfer mehr registriert, und die Arbeit der Dienststelle bestand hauptsächlich darin, die achtzig- bis neunzigtausend Karteikarten weiter

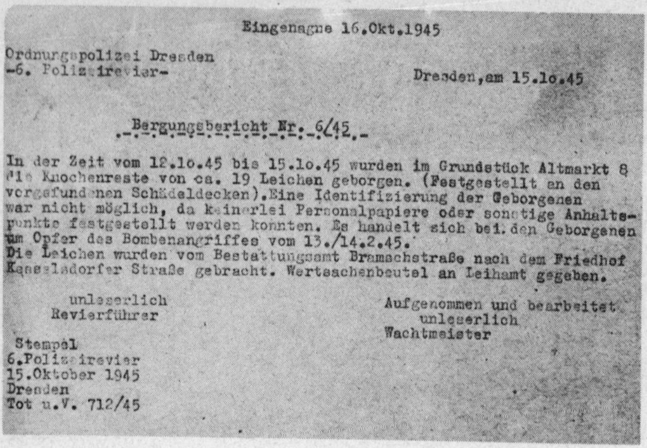

Eingenagne 16.Okt.1945

Ordnungspolizei Dresden
-6. Polizeirevier-

Dresden,am 15.lo.45

Bergungsbericht Nr. 6/45

In der Zeit vom 12.lo.45 bis 15.lo.45 wurden im Grundstück Altmarkt 8 die Knochenreste von ca. 19 Leichen geborgen. (Festgestellt an den vorgefundenen Schädeldecken).Eine Identifizierung der Geborgenen war nicht möglich, da keinerlei Personalpapiere oder sonstige Anhaltspunkte festgestellt werden konnten. Es handelt sich bei den Geborgenen um Opfer des Bombenangriffes vom 13./14.2.45.
Die Leichen wurden vom Bestattungsamt Bramschstraße nach dem Friedhof Kesselsdorfer Straße gebracht. Wertsachenbeutel an Leihamt gegeben.

unleserlich
Revierführer

Aufgenommen und bearbeitet
unleserlich
Wachtmeister

Stempel
6.Polizeirevier
15.Oktober 1945
Dresden
Tot u.V. 712/45

zu bearbeiten, die in den Monaten nach dem dreifachen Schlag über bekannte und unbekannte Opfer angelegt worden waren.«[43]

Soviel Worte – soviel Lügen. Alle Zahlen sind von Voigt frei erfunden. Die Totenkartei existiert noch. Sie befindet sich in der Urkundenstelle des Dresdner Rathauses. Die höchste Karteikartennummer, 31 102, ist auf dem Kennzettel für einen unbekannten Toten angegeben. Es ist nicht wahr, daß die Registrierung gestoppt wurde. Die Karten sagen das Gegenteil aus. Auch für jede Totenbergung nach dem 8. Mai 1945 wurde ein Bergungsbericht angefertigt.

Die Opfer sind außerdem noch in sogenannten Straßenbüchern nach Straßen und Häusern notiert. Die dort aufgeführten Nummern stimmen genau mit denen auf den Kennzetteln überein.[44]

Außerdem hatte jedes Polizeirevier Listen über die in seinem Bezirk geborgenen Toten angelegt. Leider sind diese Listen nur vom 9. Polizeirevier über 492 Tote erhalten geblieben.[45] Auch hier wieder dasselbe. Die Nummern auf den Listen stimmen genau mit denen auf den Kennzetteln überein. Es besteht also kein Zweifel, daß die Registrierung trotz aller Schwierigkeiten und kleinerer Lücken und Ungenauigkeiten, die hier und da entstanden sind, ziemlich gewissenhaft erfolgte.

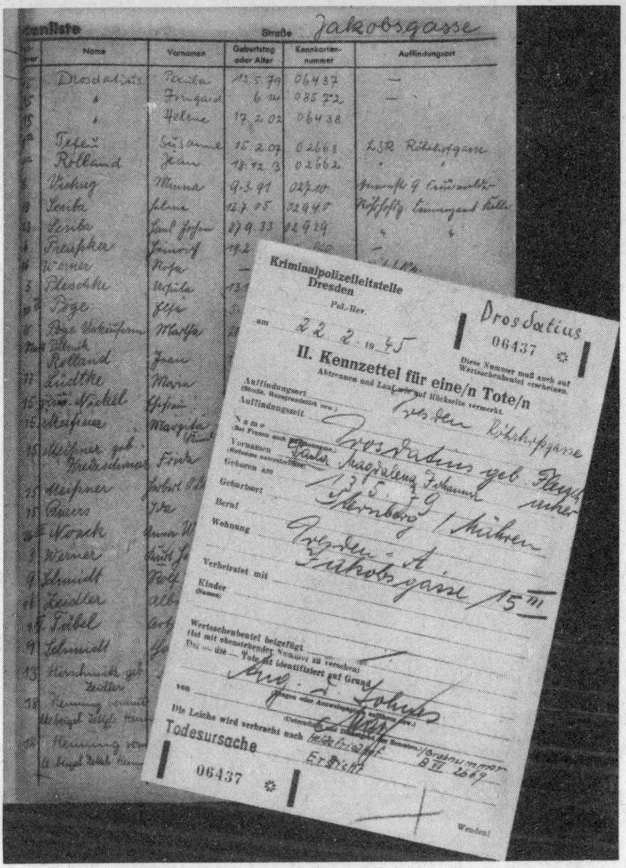

Eine Seite der Totenlisten mit Kennzettel

Seit dem Erscheinen seines Buches in deutscher Sprache sind Irving selbst Bedenken über Voigt gekommen. Er bringt zwar angeblich neue »Wahrheitsbeweise«, die sich ebenfalls eindeutig als Fälschung erweisen. Er hat die von ihm angegebene Zahl der Opfer verdoppelt. Dabei stützt er sich auf den von Goebbels gefälschten Befehl, der von mindestens 250 000 Toten spricht. Er und der Verleger seines Buches, der Sigbert Mohn Verlag, München, be-

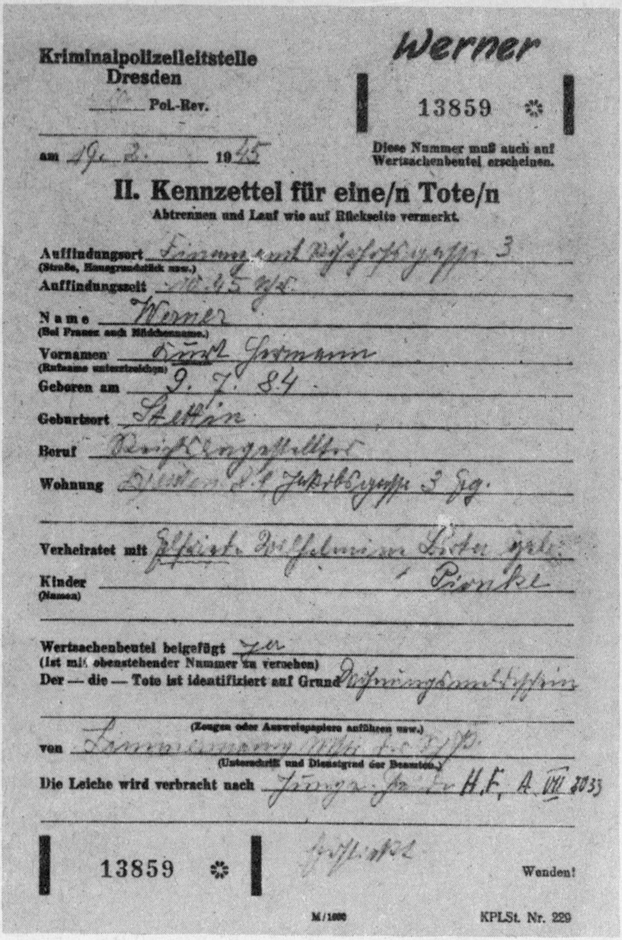

Kriminalpolizeileitstelle
Dresden

[illegible] Pol.-Rev.

am 19. 2. 1945

Werner

13859

Diese Nummer muß auch auf Wertsachenbeutel erscheinen.

II. Kennzettel für eine/n Tote/n

Abtrennen und Lauf wie auf Rückseite vermerkt.

Auffindungsort (Straße, Hausgrundstück usw.) [illegible] 3

Auffindungszeit [illegible]

Name (Bei Frauen auch Mädchenname.) Werner

Vornamen (Rufname unterstreichen) [illegible]

Geboren am 9. 7. 84

Geburtsort Stettin

Beruf [illegible]

Wohnung [illegible] 3 [illegible]

Verheiratet mit [illegible]

Kinder (Namen) [illegible]

Wertsachenbeutel beigefügt ja
(Ist mit obenstehender Nummer zu versehen)

Der — die — Tote ist identifiziert auf Grund [illegible]

(Zeugen oder Ausweispapiere anführen usw.)

von [illegible]

(Unterschrift und Dienstgrad des Beamten.)

Die Leiche wird verbracht nach [illegible] H.F. A VII 2035

13859 [illegible]

Wenden!

M/1600 KPLSt. Nr. 229

Ein Kennzettel für einen Toten

haupten in einer Reihe von Erklärungen[46], daß der Befehl absolut echt sei. Als Beweis führen sie an, daß Dr. Funfack, Dresden A 53, Loschwitzer Str. 31, ihnen bestätigt habe, daß diese Zahlen von ihm in seiner Eigenschaft als damaliger Standortarzt in Dresden ermittelt wurden. Sie schreiben wörtlich: »Die Ziffern stammen vom damaligen

Dresdner stellvertretenden Standortarzt Dr. Max Funfack.«[47]

Das ist unwahr. Dr. Max Funfack schrieb am 19. Januar 1965 an Irving: »Warum ich jetzt, nach 20 Jahren, in das Scheinwerferlicht mit Nennung meines Namens in den Zeitungen der Bundesrepublik gestellt werde und als Zeuge für die Anzahl der Toten benannt werde, ist mir allerdings völlig unklar. Ich habe, genauso wie jeder andere Betroffene, die Zahlen immer nur von dritter Hand erfahren... Ich war auch niemals Standortarzt von Dresden oder etwa stellvertretender Standortarzt... Wie man auf eine solche Vermutung kommt, ist mir völlig unbegreiflich. Ich habe mit der Betreuung solcher Dienststellen nicht das geringste zu tun gehabt.«[48]

Das ist die Wahrheit. David Irving und sein Lektor vom Sigbert Mohn Verlag, Dr. Dieter Struß, haben bewußt die Unwahrheit gesagt, genannt wird es aber »objektive Geschichtsschreibung«. Wie sagte doch Friedrich Engels: »...diejenige Geschichtsschreibung wird am besten bezahlt, die im Sinn der Bourgeoisie am besten verfälscht ist.«[49]

Am 7. Juli 1966 hat dann Irving in der Londoner Zeitung »The Times« einen Brief veröffentlicht, in dem es heißt: »Die Bombardierung Dresdens 1945 ist in den letzten Jahren von einigen Leuten als Beweis dafür angeführt worden, daß eine konventionelle Bombardierung mehr Verwüstungen anrichten kann als nukleare Angriffe, und andere haben daraus falsche Schlußfolgerungen zu ziehen gesucht. Mein eigener Anteil an diesem Vorwurf ist groß... Vor zwei Jahren beschaffte ich mir von einer privaten ostdeutschen Stelle Auszüge aus dem Bericht des Polizeipräsidenten, die das endgültige Totenverzeichnis als ›eine Viertelmillion‹ anführten,... aber es ist jetzt offenbar, daß die Statistik des Totenverzeichnisses, vermutlich 1945, gefälscht worden ist. Die ostdeutschen Behörden... haben mir jetzt eine Kopie des 11 Seiten umfassenden ›endgültigen Berichts‹ verschafft, den der Bezirkspolizeichef etwa einen Monat nach den Angriffen auf Dresden geschrieben hat, und über die Glaubwürdigkeit dieses Dokuments gibt es keinen Zweifel... Der Verfasser des Dokuments, der Höhere SS- und

Polizeiführer Elbe, war für zivile Verteidigungsmaßnahmen in Dresden verantwortlich, muß dazu bemerkt werden. Seine Zahlen sind sehr viel niedriger als die von mir zitierten... Ich habe kein Interesse daran, falsche Legenden zu wecken oder zu verewigen, und ich denke, es ist wichtig, daß der Bericht (die von Irving als ›echt‹ veröffentlichte Fälschung Goebbels' – *W. W.*) in dieser Beziehung richtiggestellt werden sollte.«

Es ist erfreulich, daß sich David Irving nach jahrelangen Auseinandersetzungen berichtigt und von dem von Goebbels gefälschten Befehl und von anderen aus ebenso trüben Quellen stammenden Lügen und Legenden über die Zahl der Toten der barbarischen Luftangriffe auf Dresden im Februar 1945 abrückt.

Wie Irving selbst schreibt, ist ihm noch eine weitere Hoffnung zusammengebrochen. So behauptete er in seinem Buch, daß der Bericht der Polizei über die Angriffe auf Dresden das Ende des Krieges nicht überlebt hätte.[50]

Das war ein Irrtum; der Bericht existiert. Im Anhang dieses Buches wird er in vollem Wortlaut veröffentlicht. Es ist der Bericht, der an die zentralen Stellen, mindestens an Himmler, Goebbels, Göring und Hitler, gegangen ist. An der Echtheit bestehen nicht die geringsten Zweifel. Wie und wo wurde er gefunden?

Anläßlich des Erscheinens der ersten Auflage von »Inferno Dresden« hat der Verfasser viele Versammlungen und Ausspracheabende durchgeführt. In jeder dieser Zusammenkünfte sprach er die Bitte aus, daß derjenige, der irgendwelche Materialien besitzt, die mit dem Thema im Zusammenhang stehen, ihm Einsicht gewähren möge. So auch in einem Forum, das während eines Lehrgangs für Sparkassenangestellte in Bad Schandau abgehalten wurde. Am Tage nach der Aussprache in Bad Schandau brachte Frau Jurk, Dresden, aus dem Nachlaß ihres Schwiegervaters dem Verfasser die »Schlußmeldung über die vier Luftangriffe auf den LS-Ort Dresden am 13., 14. und 15. Februar 1945 vom 15. März 1945«.

Der als geheim bezeichnete Bericht trägt den Kopf: »Der Höhere SS- und Polizeiführer Elbe in den Gauen Halle-Merseburg, Sachsen und im Wehrkreis IV – Befehlshaber der Ordnungspolizei –.«[51]

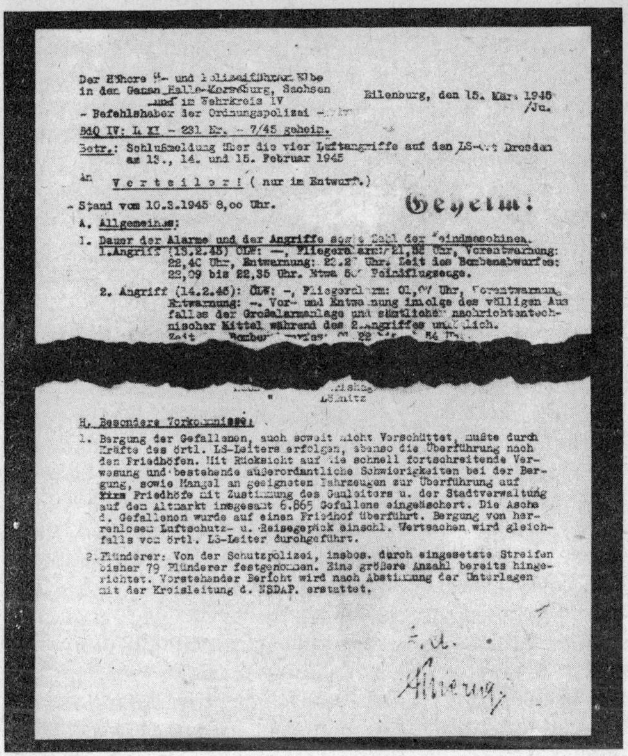

Der Höhere SS- und Polizeiführer Elbe
in den Gauen Halle-Merseburg, Sachsen
und im Wehrkreis IV
- Befehlshaber der Ordnungspolizei - [illegible]

Eilenburg, den 15. März 1945
/Ju.

BdO IV: I. KI - 231 Nr. - 7/45 geheim.

Betr.: Schlußmeldung über die vier Luftangriffe auf den LS-Ort Dresden am 13., 14. und 15. Februar 1945

an Verteiler! (nur im Entwurf.)

- Stand vom 10.3.1945 8,oo Uhr.

Geheim!

A. Allgemeines:

1. Dauer der Alarme und der Angriffe sowie Zahl der Feindmaschinen.
   1. Angriff (13.2.45) OLW: —, Fliegeralarm: 21,52 Uhr, Vorentwarnung: 22,40 Uhr, Entwarnung: 22.2[illegible] Uhr. Zeit des Bombenabwurfes: 22,09 bis 22,35 Uhr. Etwa 50[illegible] Feindflugzeuge.
   2. Angriff (14.2.45): OLW: —, Fliegeralarm: 01,07 Uhr, Vorentwarnung, Entwarnung: —. Vor- und Entwarnung infolge des völligen Ausfalles der Großalarmanlage und sämtlicher nachrichtentechnischer Mittel während des 2. Angriffes unmöglich.
   Zeit [illegible] Bomben[illegible] 22 [illegible] 54 [illegible]

[illegible]

H. Besondere Vorkommnisse:

1. Bergung der Gefallenen, auch soweit nicht Verschüttet, mußte durch Kräfte des örtl. LS-Leiters erfolgen, ebenso die Überführung nach den Friedhöfen. Mit Rücksicht auf die schnell fortschreitende Verwesung und bestehende außerordentliche Schwierigkeiten bei der Bergung, sowie Mangel an geeigneten Fahrzeugen zur Überführung auf Friedhöfe mit Zustimmung des Gauleiters u. der Stadtverwaltung auf dem Altmarkt insgesamt 6.865 Gefallene eingeäschert. Die Asche d. Gefallenen wurde auf einen Friedhof überführt. Bergung von herrenlosem Luftschutz- u. Reisegepäck einschl. Wertsachen wird gleichfalls vom örtl. LS-Leiter durchgeführt.
2. Plünderer: Von der Schutzpolizei, insbes. durch eingesetzte Streifen bisher 79 Plünderer festgenommen. Eine größere Anzahl bereits hingerichtet. Vorstehender Bericht wird nach Abstimmung der Unterlagen mit der Kreisleitung d. NSDAP. erstattet.

I. A.
Thierig

Ohne Zweifel ist der Bericht von Herrn Max Jurk, zuletzt wohnhaft in Karl-Marx-Stadt, zusammengestellt worden. Er trägt sein Diktatzeichen. Jurk war in der genannten Dienststelle als Mitarbeiter des Obersten der Schutzpolizei, Thierig, beschäftigt. Er war auch, wie aus anderen Dokumenten hervorgeht, zur angegebenen Zeit in Eilenburg, dem Evakuierungsort dieser Dienststelle. Unterzeichner des Dokuments ist der ehemalige Oberst der Schutzpolizei Wolfgang Thierig, geboren am 2. April 1890 in Zittau in Sachsen. Bis 1945 wohnte Thierig in Dresden-Hellerau, Am Torfmoor 57, und ist 1949, nach seiner Entlassung aus der Haft, angeblich nach München verzogen. Die Aussagen des Mitarbeiters von Mutschmann bestätigen, daß Thierig diese Funktion ausübte. Auch in anderen

Dokumenten und Büchern wird Thierig in dieser Funktion erwähnt.[52]

Dieser Bericht enthält genaue Angaben über die Folgen der Angriffe auf den verschiedensten Gebieten. Alles, was uns bisher schon bekannt war und was kontrollierbar ist (zum Beispiel Schäden an Gebäuden, Fabriken, Verkehrsanlagen, Schiffen usw.), beweist, daß der Bericht sehr sorgfältig zusammengestellt wurde. Am Schluß wird noch vermerkt: »Vorstehender Bericht wird nach Abstimmung der Unterlagen mit der Kreisleitung d. NSDAP erstattet.«

Es ist nicht notwendig, hier auf Einzelheiten des Berichtes einzugehen, da er im Anhang nachzulesen ist.

Richard H. S. Crossman bedauert in seinem Artikel in »New Statesman« vom 3. Mai 1963, daß Irving, obwohl er die Möglichkeit hatte, sich an Ort und Stelle gründlich zu informieren und entsprechende Entstellungen zu berichtigen, diese nicht nutzte. »Leider stützt er (David Irving – *W. W.*) sich nur auf deutsche Zeugen, die jetzt im Westen leben.« Crossman bestätigt öffentlich, daß er auf Einladung des Oberbürgermeisters des öfteren in Dresden war, alle gewünschten Auskünfte bereitwillig erhielt und in authentische Unterlagen Einsicht nehmen konnte. Bei einem Besuch in Dresden vertrat er gegenüber dem Verfasser die Ansicht, daß Berichte solcher Menschen, die aus der Deutschen Demokratischen Republik geflüchtet sind, auch in den Augen der englischen Öffentlichkeit »bedeutend weniger Authentizität« besäßen.

Oftmals mußte Irving auch die antikommunistischen Wünsche seines Verlegers zufriedenstellen. In einem Brief an den damaligen Leiter des Dresdner Stadtarchivs, Walter Lange, vom 14. März 1963 schreibt David Irving sehr offenherzig: »Wie Sie sich vielleicht vorstellen können, liegt meinem Verleger sehr daran, die Leser zufriedenzustellen. Dieser Wunsch meines Verlegers machte es notwendig, ein oder zwei Referenzen über die angeblichen Brutalitäten der Sowjetarmee in der Stadt unmittelbar nach dem Mai 1945 im Buch anzuführen. Mein Verleger fürchtet sonst, daß die Leser das Ganze als kommunistische Propagandalüge betrachten würden.«[53]

In die gleiche Kategorie antikommunistischer Verleumdungen gehört auch folgender Vorfall: David Irving hat Walter Lange bei seinem Besuch in Dresden 1963 erzählt, daß seine Verleger den Versuch unternahmen, die Bilder, die der Fotograf Hahn von der Verbrennung der Opfer des Bombenangriffs auf dem Altmarkt besaß, in den in England herausgegebenen Büchern in dem Sinne zu fälschen, daß die »Russen« bei ihrem Einmarsch in Dresden Tausende von Menschen verbrannt hätten.

Über ein Gespräch, das Oberstleutnant Dr. Kühne von der Militärakademie »Friedrich Engels« in Dresden mit David Irving hatte, berichtete ersterer folgendes: »Irving erzählte, daß er nicht einmal an allen Fälschungen, die in seinem Dresden-Buch enthalten sind, persönlichen Anteil habe. Das Buch enthält auch eine Reihe antikommunistischer Zusätze, die die Redakteure seines Verlages hineingebracht haben. Er war selbst empört über solche Machenschaften und sagte uns ausdrücklich: ›Ich habe nichts dagegen, wenn Sie das publizistisch verwenden.‹«

Oberstleutnant Dr. Kühne berichtete weiter, daß er Irving gefragt habe, wie es denn mit seinem Verantwortungsbewußtsein als Historiker und Wissenschaftler zu vereinbaren sei, daß er an verschiedenen Stellen in den Stil der übelsten antikommunistischen Hetze verfällt, daß er Gleichheitszeichen beispielsweise zwischen der Nazibande und der Sowjetarmee setzt, daß er das deutsche Volk identifiziert mit dem Faschismus, daß er den Kampf der deutschen Antifaschisten unter der Führung der KPD völlig ignoriert? Schließlich erklärte Irving zu einem konkreten Beispiel: »Ja, also diese Stelle, die habe ich nicht geschrieben. Das hat der Verlag hineingebracht, um den Absatz des Buches zu garantieren. Leider hatte ich vertraglich dem Verleger das Recht eingeräumt, einige Passagen nach seinem Geschmack zu verändern, und wie man sieht, blieb es nicht bei stilistischen Korrekturen.«[54]

Das Geschäft mit den Toten ist offenbar für die Imperialisten recht profitabel; es soll helfen, den atomaren Krieg ideologisch vorzubereiten.

Warum forderte der Angriff so viele Menschenleben?

Die hohe Zahl der Opfer und die außerordentlich großen Zerstörungen, die die vier Angriffe am 13., 14. und am 15. Februar 1945 zur Folge hatten, erscheinen unbegreiflich, wenn man dazu Vergleiche mit anderen Großstädten, die eine ähnliche Struktur und Lage haben, anstellt. Besonders ausländische Besucher und Journalisten fragen immer wieder nach den Ursachen dieses Widerspruchs. Am zweckmäßigsten wird es sein, zum Vergleich eine Großstadt heranzuziehen, die vieles mit Dresden gemeinsam hatte und auch nach 1945 eine Zeitlang mit Dresden gute freundschaftliche Beziehungen pflegte, nämlich Stuttgart.

Infolge der viel kürzeren Anflugstrecke für die angloamerikanischen Bomber war Stuttgart im zweiten Weltkrieg wesentlich früher als Dresden in den Aktionsradius der »Städteangriffe« einbezogen worden. Insgesamt erlebte Stuttgart 53 Luftangriffe. Es begann schon 1940 mit zwei Angriffen, die allerdings noch mit sehr geringen Kräften durchgeführt wurden. Im folgenden Jahr gab es einen und 1942 vier Angriffe. Auch 1943 gab es erst sechs, unter denen schon relativ schwere Angriffe waren. Die Masse der Angriffe aber wurde in den letzten 15 Monaten des Krieges geflogen. Auch die Zahl der eingesetzten Bombenflugzeuge steigerte sich in dieser Zeit. Allein 25 Angriffe entfallen auf das Jahr 1944, in dem wohl auch die größten Verluste an Menschenleben in Stuttgart zu beklagen waren. Insgesamt betrugen sie bei allen 53 auf das Stadtgebiet durchgeführten Bombenangriffen:

4 477 Tote
8 908 Verletzte
85 Vermißte.

Wenn man die Zahl der Toten vergleicht, sind das bei 53 Angriffen auf Stuttgart knapp 13 Prozent von der Zahl der Menschen, die bei den vier Angriffen auf Dresden am 13., 14. und 15. Februar ihr Leben lassen mußten.

Aber noch viel unterschiedlicher und auffälliger wird das Verhältnis, wenn man sich die Zahlen der an den einzelnen Angriffen teilnehmenden Bombenflugzeuge und der dabei ums Leben gekommenen Personen ansieht. Aus der Fülle der Angriffe auf Stuttgart seien nur einige wenige herausgegriffen.

Am 2. März 1944 griffen 400 Bomber die Stadt über eine Stunde lang an. Es gab 121 Tote, 510 Verletzte und 4 Vermißte.

In der Nacht vom 15. zum 16. März 1944 griffen wieder 400 Bomber über eine Stunde die Stadt an. Die Verluste betrugen 88 Tote und 110 Verletzte.

Am 5. September 1944 kamen bei einem Tagesangriff mit 500 Bombern 37 Menschen ums Leben, 70 wurden verletzt.

Am 10. September 1944 griffen wieder am Tage rund 500 Bomber an. Diesmal waren es 28 Tote und 113 Verletzte.

Am 19. Oktober 1944 gab es in Stuttgart zwei Nachtangriffe mit insgesamt mindestens 650 Bombern. 338 Tote, 872 Verletzte und 38 Vermißte waren zu beklagen.

Am 9. Dezember 1944 kamen bei Tage 350 Bombenflugzeuge. Bei diesem etwa 50 Minuten dauernden Angriff gab es 24 Tote und 55 Verwundete.

Die oben angeführten Bombenangriffe gehören mit zu den schwersten, die Stuttgart erlebte. Der schlimmste war wohl am 12. September 1944, bei dem es 957 Tote, rund 1000 Verletzte und 14 Vermißte gab. Die Zahl der an diesem Angriff beteiligten Bombenflugzeuge ist dem Verfasser nicht bekannt.

Nach den Angaben, die in Stuttgart als amtlich angesehen werden, nahmen allein an den 31 Angriffen in den Jahren 1943 und 1944 rund 6000 Bomber teil. Dabei fehlen wohlgemerkt noch die Angaben über den allerschwersten Angriff am 12. September 1944. Bei allen anderen wurden die angegebenen Mindestzahlen eingesetzt.

Alles in allem kann man sagen, daß bei den Angriffen der anglo-amerikanischen Luftwaffe gegen Stuttgart insgesamt vier- bis fünfmal mehr Bomber als gegen Dresden mit etwa 1400 beteiligten Flugzeugen eingesetzt waren. Allein bei den vier Angriffen auf Dresden wurden jedoch siebenmal mehr Menschen getötet als bei den 53 Angriffen auf Stuttgart. Dabei gab es zwischen Stuttgart und

Dresden in der Größe, der Dichte der Bebauung, der Lage usw. keine solchen Abweichungen, die einen so großen Unterschied der Zahl der Todesopfer erklären könnten. Selbst wenn man annimmt, daß die genannten Zahlen der angreifenden Bomber, die für Stuttgart auf Schätzung beruhen, stark übertrieben sind, bleibt doch der krasse Unterschied bestehen.[55]

Als Ergänzung dazu noch einige Beispiele. Zunächst von der Stadt Frankfurt (Main).

Vom 4. Oktober 1943 bis zum 9. März 1945 fanden 14 schwere Tages- und Nachtangriffe statt. Dabei gab es 4681 Tote. Bei allen übrigen, weniger schweren Angriffen von 1940 bis 1945 waren es 875 Todesopfer. Insgesamt kamen bei allen Bombenangriffen auf Frankfurt (Main) 5559 Menschen ums Leben. Die Zahl der teilnehmenden anglo-amerikanischen Maschinen wie auch die Menge der abgeworfenen t Bomben waren viel größer als in Dresden.[56]

In der Nacht vom 30. zum 31. Mai 1942 wurde der erste sogenannte 1000-Bomber-Angriff auf eine deutsche Stadt, gegen Köln, geflogen. Teilgenommen haben 1047 britische Bomber, die 1455 t Bomben warfen. Die Zahl der Toten war mit 460 relativ niedrig.[57]

Zum Vergleich für die abgeworfene Menge Bomben in Dresden und in anderen Städten seien noch einige Beispiele angeführt[58]:

Datum	Stadt	Art des Angriffs	Bomben in t
14. 10. 44	Duisburg	Tagesangriff	4500
22. 10. 44	Essen	Nachtangriff	4500
30. 10. 44	Köln	Nachtangriff	4000
11. 3. 45	Essen	Tagesangriff	5000

Irving, der Zugang zu den britischen und den amerikanischen Militärarchiven hatte, gibt an, daß bei den vier Nacht- und Tagesangriffen am 13., 14. und 15. Februar 1945 auf Dresden insgesamt 3749 t Bomben abgeworfen wurden.[59]

Was sind die Gründe für die großen Unterschiede in der Zahl der Opfer in Stuttgart, Frankfurt (Main) und anderen Großstadten einerseits und Dresden andererseits?

Bei dem möglichen Schutz vor den fallenden Bomben

spielt die Erfahrung der Bevölkerung eine gewisse, wenn auch beileibe nicht die entscheidende Rolle. Solche Erfahrungen fehlten den Dresdnern. So richtig Ernst war es bei ihnen ja nie gewesen. Zudem geisterte die Legende durch die Stadt, daß gegen Dresden keine großen Vernichtungsangriffe durchgeführt werden würden. Die einen nannten als Begründung die in Dresden vorhandenen Kunstschätze, während andere wieder wissen wollten, daß Dresden zur Lazarettstadt erklärt worden sei. Wieder andere verbreiteten eifrig das Märchen von irgendwelchen bedeutenden Persönlichkeiten, die hier wohnen sollten und derentwegen die Stadt nicht ernsthaft angegriffen werden würde. Manche meinten sogar, daß Dresden, nachdem Berlin in Trümmern lag, von den obersten Stellen der Antihitlerkoalition als zukünftiger Sitz auserkoren sei. Solche und noch andere »Gründe« wurden einander hinter der vorgehaltenen Hand zugeflüstert. Ein nicht geringer Teil der Bevölkerung glaubte diesen Gerüchten.

Wichtiger und bedeutungsvoller aber sind zwei andere Tatsachen, die die Ursachen für die relativ hohe Zahl von Toten in Dresden sind.

Der anglo-amerikanische Generalstab hatte den Angriffsplan so angelegt, daß durch den beabsichtigten Feuersturm der Zivilbevölkerung die Flucht aus den engen Straßen und Gäßchen der brennenden Innenstadt unmöglich gemacht werden sollte. Das ist auch eingetreten. Der »Feuer-Hurrikan«, wie ihn die Amerikaner in ihrem Bericht über den Bombenkrieg nannten, verhinderte es, daß alle Bewohner der brennenden Altstadt entkommen konnten. Richard H. S. Crossman schrieb in der englischen Zeitschrift »New Statesman« am 3. Mai 1963 darüber:

»In Dresden wurde der Feuersturm, der in Hamburg und Kassel unerwartet aufgetreten war, zum ersten Male absichtlich hervorgerufen. Zu diesem Zweck richtete sich der erste Angriff mit Brandbomben um 22.10 Uhr gegen die Altstadt, in der sich keine wichtige Fabrik, keine Brücke und nicht einer der 18 Bahnhöfe Dresdens befand. Der zweite Angriff der RAF war für 1.30 Uhr angesetzt, eine Zeit, zu der die Leute zusammen mit den Feuerwehren und Rettungsmannschaften von außerhalb aus ihren Luftschutzkellern herauskommen würden. Acht Stunden später kam der dritte Schlag, ein amerikanischer Tagesangriff, bei dem die Bomber von Hunderten von ›Mustangs‹ begleitet wurden, die im Tiefflug die Tausende hilfloser Überlebender, die sich in die Parks und an die Flußufer geflüchtet hatten, niederschossen.«

Der konzentrierte Einsatz von Brand- und Sprengbomben und die brutale Durchführung des zeitlich genau abgestimmten Plans sind die wesentlichsten Ursachen für die beabsichtigte unverhältnismäßig hohe Zahl der Opfer in Dresden. Die mangelnde Luftabwehr begünstigte die Durchführung dieses teuflischen Planes.

Den größten Teil der Schuld an dem Ausmaß der Katastrophe trägt aber die Hitlerregierung, tragen insbesondere die in Dresden tätigen Nazifunktionäre. Von Gauleiter Mutschmann bis zu den Ortsgruppen- und Zellenleitern, sie alle haben die furchtbare Tragödie mitverschuldet. Nicht nur durch ihre allgemeine Schuld an der Entfesselung des zweiten Weltkrieges, sondern auch dadurch, daß sie notwendige Luftschutzmaßnahmen nicht veranlaßten:

1. Der Bau von Luftschutzräumen wurde nicht nur nachlässig behandelt, sondern sogar sabotiert. Für alle möglichen Dinge gab es Baustoffe, aber die Anträge zum Ausbau der Luftschutzkeller und zum Bau von Luftschutzbunkern wurden stereotyp abgelehnt. Während der ersten Kriegsjahre wurde der Bau von Luftschutzbunkern in Dresden für unnötig gehalten, weil man annahm, daß der Krieg bald siegreich zu Ende gehen werde. Später, als die drohende Niederlage schon sichtbar am Horizont stand, dachten die Machthaber des Dritten Reiches nicht daran, die Bevölkerung in Dresden und anderen Städten zu schützen. Sie benötigten die Baustoffe für ihre prahlerisch als »unüberwindlich« bezeichneten »Verteidigungswälle«, die aber, wie bekannt, allesamt die katastrophale Niederlage Hitlerdeutschlands nicht aufhalten konnten. Wenn Mutschmann sich aber später herausreden wollte, daß er keine Baustoffe für Luftschutzbauten in Dresden erhalten habe[60], dann verschweigt er geflissentlich, daß er, nicht weniger als alle anderen, der Auffassung vom

»schnellen Endsieg« huldigte. Er trägt eindeutig mit die Hauptverantwortung, daß nichts getan wurde.

2. Nicht einmal die primitivsten Schutzmaßnahmen in den Kellern der Wohnhäuser waren überall vorhanden. Bei der Enttrümmerung wurden viele Opfer aus sogenannten Luftschutzkellern ausgegraben, bei denen die dünne Decke, die nicht einmal einen Panzerschrank getragen hätte, weder abgestützt noch sonst tragfähiger gemacht worden war. Drei Viertel aller Kellerräume, die für den Luftschutz in der Innenstadt genutzt wurden, hatten solche Mängel, ganz davon abgesehen, daß vielfach weder Entlüftung noch Ausstiegsluken und Durchbrüche durch die Brandmauern der Häuserreihen vorhanden waren. In den meisten Luftschutzräumen fehlte so manches, was für den Schutz der Menschen nötig war.

3. Nicht einmal die vorhandenen, relativ gut geeigneten Räume (Katakomben unter dem Terrassenufer, Tiefkeller unter dem Rathaus, Felsenkeller der Brauereien und Getränkefabriken usw.) wurden für den Schutz von Menschen freigegeben. Sie dienten als Unterstellräume für das Privateigentum der führenden Nazis (Möbel, Bilder), als Aktenkeller und zur Aufbewahrung riesiger Mengen Getränke. So waren im Tiefkeller des Rathauses, der einigen tausend Menschen hätte als Schutz dienen können, über eine Million Flaschen Wein gelagert. Natürlich waren sie nicht für die Arbeiter und Soldaten bestimmt. Sie waren »eiserne Reserve« für Mutschmann, für den Nazioberbürgermeister Nieland und für das ganze andere führende faschistische Geschmeiß.

Die Frage nach den Ursachen dafür, warum die Angriffe auf Dresden so viele Menschenleben gefordert haben, ist aber mit dem Nachweis der großen Schuld der Dresdner Naziführer nur unvollständig beantwortet. Letzten Endes trägt der Imperialismus mit seiner räuberischen, aggressiven Politik die Schuld an dem grausamen Massaker in Dresden. Das gilt in erster Linie für die deutsche Monopolbourgeoisie, aber auch für die Bourgeoisie der anderen imperialistischen Staaten, die solche unmenschlichen, barbarischen Methoden der Kriegführung praktizierten und noch praktizieren. In den Köpfen ihrer Politiker und Militärs wurden solche Verbrechen wie die Angriffe gegen Dresden geboren, von ihnen wurden sie organisiert und von ihren Beauftragten ausgeführt. Ihnen, den Verderbern Dresdens und Deutschlands, den Kriegsbrandstiftern in aller Welt, den wahren Schuldigen am Untergang Dresdens und der vielen anderen Städte in der Welt, ihnen gilt in erster Linie unser Kampf.

Bombenterror und Massenmord gestern und heute – Grundsatz imperialistischer Militärstrategie

War der Bombenterror Prinzip oder eine Notlösung?

Warum wurde der Hauptteil der Bombenflugzeuge der englischen und der amerikanischen Luftstreitkräfte im zweiten Weltkrieg zu so außerordentlich massierten Vernichtungsangriffen auf die Großstädte und dabei wieder besonders auf ihre Wohnviertel eingesetzt? Was ist die Wahrheit über die sogenannten Vergeltungsangriffe der Luftwaffe des faschistischen Deutschlands? Wie ist es überhaupt zu den ausgesprochenen Terrorangriffen auf die Zivilbevölkerung im zweiten Weltkrieg gekommen? Wer hat damit begonnen? Waren es von vornherein geplante Aktionen, oder sind die kriegführenden Mächte einfach in eine solche Praxis hineingeschlittert, ohne daß eigentlich der feste Wille dazu bestand? Waren Haß, Rache und Vergeltung die Triebkräfte dieser barbarischen Kriegführung?

Je nach dem Standpunkt, den der einzelne zum Krieg und zu den Zielen der Imperialisten einnimmt, wird er sein Urteil fällen. Viele bürgerliche Historiker in der westlichen Welt haben gerade in puncto Luftkriegführung ein lebhaftes Spielchen mit dem Schwarzen Peter eröffnet. »Wissenschaftlich« verbrämt, demagogisch und raffiniert, je nachdem, wie die Verfasser argumentieren, wird immer dem anderen die Schuld, »daß er angefangen habe«, zugeschoben. Wer trägt aber tatsächlich die Hauptverantwortung? Waren es auf deutscher Seite der tobsüchtige Charakter Hitlers, der maßlose Geltungstrieb Görings und die Haßausbrüche des Scheusals Goebbels, die allein schuldig sind?

Es wäre zu einfach, um nicht zu sagen primitiv, den Bombenterror auf den Nenner von Haß, Rache und Vergeltung oder gar Irrtum und Zufall zu reduzieren. Zumindest bei denen, die im zweiten Weltkrieg politisch und militärisch an der Spitze standen und die wichtigsten strategischen und auch taktischen Maßnahmen der imperialistischen Kriegführung festlegten, kann man nicht davon sprechen, daß ihre Entscheidungen von solchen gefühlsmäßigen Gründen diktiert gewesen sind. Weder emotionelle Erregung noch die Schwächen oder das Versagen einzelner waren die Ursachen. Es gab andere Überlegungen.

Nach dem ersten Weltkrieg entstand bei vielen Militärs der imperialistischen Staaten die Meinung, daß in einem kommenden Krieg, der sicherlich wieder ein Weltkrieg sein würde, die Luftflotte als kriegsentscheidende Waffe eine überragende Rolle spielen werde. Sie waren überzeugt, daß das Bombenflugzeug, in großer Zahl zu gewaltigen offensiven Schlägen gegen das Hinterland des Gegners eingesetzt, dessen schnelle Kapitulation erzwingen würde. Wesentlicher Bestandteil dieser Strategie war der Angriff auf die Moral der Bevölkerung des Gegners. Um das zu erreichen, waren hohe, sogar sehr hohe Verluste der Zivilbevölkerung von vornherein als ein Hauptziel dieser Angriffe beabsichtigt.

Umfassend hat diese Theorie als erster der italienische faschistische Fliegergeneral Douhet ausgearbeitet. Sicher war es kein Zufall, daß ausgerechnet ein Militär des Landes, in dem der Faschismus zuerst die Macht an sich riß, eine solche zutiefst menschenfeindliche Theorie entwickelte. Diese Theorie steht zudem in enger Beziehung zu der von Malthus entwickelten und von Marx und Engels scharf bekämpften reaktionären Auffassung, daß Kriege schon deshalb ewig notwendig seien, damit die drohende Übervölkerung der Erde verhindert werden könne.

Natürlich erwogen auch die leitenden Militärs der anderen imperialistischen Armeen ähnliche Pläne wie

Douhet. Der aus dem ersten Weltkrieg bekannte französische Marschall Foch sagte: »Die Wirkungen eines großangelegten Flugzeugangriffes sind kaum zu ermessen, aber es ist klar, daß ein solcher Angriff dank dem niederschmetternden, entmutigenden Eindruck, den er auf die Bevölkerung eines Landes zu machen geeignet ist, imstande ist, die öffentliche Meinung des betroffenen Landes derart zu beeinflussen, daß die Regierung sich gezwungen sieht, die Waffen zu strecken; ein solcher Luftangriff kann so für den Ausgang des Krieges entscheidend werden.«[1]

Auch in der Führung der britischen Royal Air Force waren ähnliche Gedanken verbreitet. Liddel Hart schrieb vor dem zweiten Weltkrieg, britische Luftwaffenspezialisten in der Führung der RAF seien der Ansicht, »daß das Bombenflugzeug der Hauptfaktor in jedem künftigen Kriege sein werde«[2]. In seinem Buch »Bomber Offensive« bestätigt der englische Luftmarschall Harris diese Einstellung, wenn er schreibt: »Es muß mit Nachdruck gesagt werden, daß, von Essen abgesehen, wir niemals ein besonderes Industriewerk als Ziel gewählt haben. Die Zerstörung von Industrieanlagen erschien uns stets als eine Art Sonderprämie. Unser eigentliches Ziel war immer die Innenstadt.«[3]

Ebenso ist es kein Zufall, daß sich viele der Gedanken Douhets, soweit sie der Theorie vom totalen Krieg und der Blitzkriegstrategie dienen konnten, bei den deutschen Imperialisten und ihren Militärs großer Beliebtheit erfreuten. Die Gedanken Douhets paßten genau in ihre räuberisch-aggressive, auf die Eroberung der Weltherrschaft gerichtete Strategie. Von vornherein war geplant, bei den überfallenen Völkern Angst und Schrecken zu verbreiten, um ihren Widerstandswillen zu lähmen. Die physische Vernichtung von vielen Millionen Menschen, besonders bei den slawischen Völkern, war ebenso Bestandteil der lange vorher ausgearbeiteten Überfallspläne wie die Verwüstung ihrer Städte und Dörfer. Das war die potenzierte Übertragung des bereits im Innern gegen Andersdenkende praktizierten furchtbaren Terrors. Auch die Militaristen machten da keine Ausnahme. Terror war ja in Hitlerdeutschland Trumpf.

Ein sehr instruktives Beispiel dafür ist die vom Mai 1933 datierte Denkschrift des damaligen Leiters der Deutschen Lufthansa und späteren Kommandeurs der Akademie der faschistischen deutschen Luftwaffe, Knauß, die der damalige Staatssekretär Milch, der Minister für Luftfahrt, Göring, der Oberst von Reichenau und schließlich der Reichswehrminister, Blomberg, begutachteten.[4] Diese maßgeblichen Repräsentanten des deutschen Monopolkapitals und Militarismus waren mit den Gedanken Knauß' völlig einverstanden. Was war der wesentliche Inhalt dieser Denkschrift?

Knauß betont eingangs, daß die Luftwaffe im ersten Weltkrieg lediglich der taktischen Unterstützung des Heeres gedient habe. Von einer solchen Orientierung müsse man sich beim Aufbau einer neuen Luftwaffe völlig lösen. Er schreibt: »Das Wesen der Luftwaffe als selbständige Kriegswaffe beruht in der weitreichenden, operativ beweglichen Schlagkraft der in der Luftflotte vereinigten Bombenträger.« Folglich schlägt er vor, sich bei der Luftrüstung ausschließlich auf die Bomberwaffe zu konzentrieren. Natürlich seien zur Begleitung der Bomber und für gewisse taktische Zwecke auch Jäger und Jagdbomber nötig, aber das sei nicht die zentrale Frage. Auf Luftverteidigungsmaßnahmen könne man so gut wie völlig verzichten. Im kommenden Krieg würde sowieso ein schneller Sieg errungen, deshalb könne es nicht dazu kommen, daß feindliche Bomber in das Reichsgebiet einflögen.

Dieser »Theorie« entsprang sicherlich auch der spätere allbekannte Ausspruch des prahlerischen Reichsmarschalls Göring, daß er Meyer heißen wolle, wenn auch nur ein feindliches Flugzeug deutsches Reichsgebiet überflöge. Aber Göring hatte sich – wie so oft – gründlich geirrt. Meyers Waldhörner – wie die Bevölkerung die Luftschutzsirenen nannte – heulten viel öfter, als er sich das gedacht hatte und als ihm lieb war.

Knauß schreibt weiter über die Ziele der Bomberflotte:

»Die Terrorisierung feindlicher Hauptstädte oder Industriegebiete durch Bombenangriffe wird um so rascher zum moralischen Zusammenbruch des Gegners führen, je schwächer die nationale Haltung des anderen Volkes ist, je mehr die Großstadtmassen materialisiert und durch soziale und parteipolitische Gegensätze zerklüftet sind. Für die Luftkriegführung gegen Frankreich und Polen ergeben sich folglich folgende Aufgaben:

Lähmung des feindlichen Regierungs- und Verwaltungsapparates,

Terrorisierung der Bevölkerung der Hauptstädte,

Niederhaltung der gegnerischen Kampfkraft.«

Es folgen dann einige Spezialstudien. Als Fall 1 wird folgende Aufgabe gestellt: »Bombenangriff der gesamten deutschen Luftflotte gegen Paris.« Nach taktischen Berechnungen über Bombenlast, Begleitschutz und die Flugplätze, von denen aus die deutsche Luftflotte gegen Paris starten sollte, heißt es: »Dies ergibt eine Gesamtbombenmenge von rund 1100 t, deren Wirkung als Spreng-, Gas- oder Brandbomben gegen eine Fläche von rund 40 km^2 (Stadtgebiet von Paris) eingesetzt wird.«

Eine andere Studie für den künftigen Einsatz der Luftwaffe, bezeichnet als Fall 3, stellt folgende Aufgabe: »Angriffe gegen die polnische Hauptstadt Warschau sowie gegen Białystok, Brest-Litowsk zur Lähmung der Zentralverwaltung, Terrorisierung der Bevölkerung und Zerstörung von kriegsindustriellen Anlagen.«

Soweit diese Denkschrift des faschistischen Experten Knauß, die von führenden deutschen Militaristen gebilligt wurde.

Auch der ehemalige General der faschistischen Luftwaffe und langjährige Inspekteur der Bonner Luftstreitkräfte, der berüchtigte Kammhuber, hat bereits 1938 einen »Plan für Dislozierung der Luftwaffe (Verteilung der Truppen – *W. W.*) im Jahre 1950« aufgestellt, der sogar vorsah, daß Teile der deutschen Luftwaffe zu dieser Zeit in Budapest und Warschau stationiert sein sollten.[5] Für Kammhuber war die Unterjochung Europas eine ebenso selbstverständliche Sache wie Bombenangriffe auf die Zivilbevölkerung im tiefen Hinterland.

In einer Denkschrift des deutschen Oberkommandos der Wehrmacht vom 7. März 1938 wird mit aller Brutalität diese Linie für den bevorstehenden Krieg bestätigt. «Der Krieg wird mit allen Mitteln geführt... Er richtet sich gegen... die seelischen Kräfte seines (des feindlichen –

W. W.) Volkes. Das Leitmotiv seiner Führung muß sein: ›Not kennt kein Gebot‹.«[6]

Die Faschisten beließen es nicht bei theoretischen Studien. Die mörderischen Bombenangriffe der Legion Condor auf Durango, Guernica und Madrid waren die zynische Erprobung dieser Konzeption für den zweiten Weltkrieg, die dann in den Bombardements von Warschau, Rotterdam, Coventry, Belgrad und vielen anderen Städten als »spanische Erfahrung« ihre umfassende Anwendung fand.

Gegen das spanische Volk und seine demokratische Regierung hatte sich der faschistische General Franco erhoben. Von Marokko brachte er seine Legionäre nach Spanien, um mit Unterstützung italienischer und deutscher Truppen die demokratische Regierung zu stürzen und das Volk zu versklaven. Hitler sandte die im wesentlichen aus Luftwaffenkräften bestehende Legion Condor. Es waren, wie sie selbst eingestehen, die »Zuverlässigsten«, die »Draufgänger«, die zur Erprobung deutscher Waffen und der faschistischen Militärstrategie und -taktik nach Spanien kamen. Zu dieser Legion Condor gehörte auch Heinz Trettner, später Generalinspekteur der Bonner Bundeswehr, der als Staffelkapitän in der Kampfgruppe 88 die berüchtigten Terrorflieger gegen spanische Städte führte.

Am 31. März 1937 bombardierten die »Condor«-Bomber Durango, ein kleines spanisches Landstädtchen, in dem nach dem Angriff 248 Tote beklagt wurden, darunter 14 Nonnen und ein Priester.[7] Sichtlich mit dem Ergebnis zufrieden, berichtete am 23. Juni 1937 der »Beauftragte des Aufsichtsrats der Deutschen Lufthansa AG«, Major a. D. Martin Wronsky, an seinen Vorgesetzten, Staatsrat Dr. von Stauss, Aufsichtsratsvorsitzender der Lufthansa AG: »Ich melde mich ergebenst von der Dienstreise zum Chef der spanischen Luftfahrt, General Kindelan, zurück ... Nachstehend einige allgemeine Beobachtungen: ... 2. General Kindelan, der sonst still und zurückhaltend ist, hat sich in wärmster Form und mit Worten höchster Anerkennung über die Leistungen der deutschen Luftfahrt geäußert. 3. Das Städtchen Durango bei Bilbao ist ohne jede Artillerie-Beschießung *allein durch*

Flugzeug-Bombardement (weiße Flugzeuge) derart zerstört, daß kaum ein einziges Haus erhalten ist.«[8]

Weitaus schwerer war der Angriff am 26. April 1937 auf die weit im Hinterland liegende kleine baskische Stadt Guernica. Aus deutschen Bombern vom Typ He-111 und Ju 52, von deutschen Piloten gesteuert, fielen die Bombenteppiche, die das Städtchen vollkommen zerstörten, 1654 Menschen töteten und 889 verletzten. Die Menschen, die vor den Bomben flüchten wollten, wurden von den Besatzungen der deutschen Flugzeuge mit Bordwaffen niedergemäht. Tausende Häuser standen in wenigen Minuten in Flammen.[9]

Das war die gleiche verbrecherische Praxis, wie sie von den amerikanischen Imperialisten in Vietnam geübt wurde. Alle modernen Vernichtungsmittel – außer Atombomben –, die die neuzeitliche Luftkriegführung kennt, wurden sowohl in Südvietnam gegen die Freiheitskämpfer und die Bewohner der von ihnen befreiten Gebiete wie auch gegen die Bevölkerung in Nordvietnam angewendet. Es wurde aus Bordwaffen geschossen, und neben herkömmlichen Sprengbomben wurden Napalmbomben mit verheerender Brandwirkung unterschiedslos auf Wohngebiete, Schulen, Krankenhäuser usw. geworfen. Mit gefährlichen Giften wurden nicht nur Saat und Ernte, sondern in unzähligen Fällen auch Menschenleben vernichtet. Nichts unterscheidet die grausame Aggression der USA in Vietnam von den Methoden, mit denen die deutschen Faschisten die Völker überfielen und beherrschten.

In Vietnam ging auch das letzte Stückchen der Legende verloren, daß sich die amerikanischen Imperialisten im zweiten Weltkrieg aus prinzipiellen, humanitären Gründen nicht am Bombenterror gegen die Zivilbevölkerung beteiligt hätten. Es gab keine solchen grundsätzlichen Differenzen zwischen den führenden Militärs Großbritanniens und ihren Kollegen aus den USA. Sicherlich haben taktische Meinungsverschiedenheiten bestanden. Aber deshalb den leitenden Militärs der USA humane Prinzipien in der Luftkriegführung zuschreiben zu wollen widerspricht einfach den Tatsachen. Daß die amerikanischen Bombengeschwader hauptsächlich am Tage

Industrie- und Verkehrsziele – natürlich auch Wohngebiete, wie der eklatante Fall Dresden zeigt – bombardiert haben, ist mehr auf den Fakt zurückzuführen, daß die amerikanische Luftflotte Langstreckenjäger besaß, die den Bomberpulks bis weit nach Mitteldeutschland hinein auch tagsüber wirksamen Jagdschutz geben konnten. Wurde diese Legende schon im zweiten Weltkrieg eindeutig widerlegt, so dürfte heute, allein angesichts der grauenhaften Luftkriegführung der Invasionstruppen aus den USA in beiden Teilen Vietnams, auch der letzte Rest solcher Legenden und Spekulationen zerstört sein.

In den beiden spanischen Städtchen wurde zum erstenmal in der Welt der barbarische Luftterror gegen die Zivilbevölkerung in größerem Umfang in der Praxis angewandt und »studiert«, mit dem später Hitlerdeutschland und seine Generale in vielen Ländern Europas Frauen und Kinder im Hinterland ermordeten.

Leidenschaftlich protestierte die ganze fortschrittliche Menschheit gegen diese furchtbaren Greueltaten der Trettner und Konsorten.

Diese feigen, hinterhältigen, mörderischen Attacken zeigten der ganzen Welt die deutsche Wehrmacht in Aktion. Daß dort, im Südwesten Europas, die Ehre des deutschen Volkes nicht vollends verlorenging, ist den deutschen Antifaschisten zu danken, die Seite an Seite mit ihren Kameraden aus vielen Ländern zahlreiche ruhmvolle Kämpfe gegen spanische, italienische und deutsche Legionäre und Landsknechte bestanden. Dank den Genossen des Thälmannbataillons und der XI. Internationalen Brigade.

In Madrid kam dann im Oktober/November 1937 die Terrorstrategie zum erstenmal gegen eine Großstadt zur Anwendung. Dabei gab es etwa 1000 tote und 3000 verwundete Zivilisten. Die Welt hatte einen Vorgeschmack vom kommenden Krieg erhalten und wußte jetzt, wessen Hitlerdeutschland, seine Wehrmacht, ihre Führung fähig waren. Lange brauchte sie nicht auf neue Beweise zu warten.

Zwei Jahre später sollte Prag, die Hauptstadt der Tschechoslowakei, ein gleiches Schicksal erleiden. Der englische Nobelpreisträger für Physik Professor P. M. S.

Blackett berichtet in seinem 1949 erschienenen Buch »Militärische und politische Folgen der Atomenergie« darüber:

»Die Drohung, durch Bomben eine Stadt zu zerstören, welcher ein Angriff zu Lande unmittelbar bevorstand, war ein normaler Bestandteil der Hitlerschen Kriegführung. Wenn die Drohung nicht zur gewünschten Kapitulation führte, erfolgte die Zerstörung aus der Luft. Dieses zeitliche Abstimmen der Drohung mit dem Vormarsch des Heeres tritt im Falle Prag 1939 klar zutage. In diesem Zusammenhang ist ein uns zur Verfügung stehendes Dokument sehr aufschlußreich, nämlich ein Bericht über die Begegnung Hitlers mit dem Präsidenten der Tschechoslowakei, Hacha, am 14. März 1939. Dem letzteren wurde gleich zu Beginn erklärt, daß von Verhandlungen gar nicht die Rede sein könne, er habe die bereits gefaßten Beschlüsse gutzuheißen und ein schon ausgearbeitetes Kapitulationsdokument zu unterzeichnen. Ferner wurde ihm gesagt, daß Prag am nächsten Morgen besetzt sein werde (deutsche motorisierte Truppen hatten in der Tat schon die tschechische Grenze überschritten ...) und daß beim geringsten Anzeichen von Widerstand die Luftwaffe Prag in einen Trümmerhaufen verwandeln werde (ein Präzedenzfall von Warschau, Rotterdam und Belgrad). Hacha wurde ohnmächtig, es wurden ihm Spritzen gegeben.«[10]

Daß es sich dabei nicht um eine leere Drohung, um einen Bluff handelte, wird aus Dokumenten des deutschen Generalstabes, die im Nürnberger Prozeß vorlagen, klar und eindeutig bestätigt. Beabsichtigt war, den Überfall auf die Tschechoslowakei mit einem organisierten Zwischenfall, nämlich der Ermordung des deutschen Gesandten in Prag, auszulösen.[11] In einem späteren Dokument wird vorgeschlagen, der »Zwischenfall in der Tschechei, der Deutschland den Anlaß zum militärischen Eingreifen gibt,... muß in einer für den Kampf unserer überlegenen Luftwaffe günstigen Großwetterlage liegen ... Auch eine Warnung der diplomatischen Vertretungen in Prag ist unmöglich vor dem 1. Luftangriff durchführbar, obwohl die Folgen, falls sie dem Luftangriff zum Opfer fallen, sehr schwer sein können (z. B. der Tod von

Vertretern befreundeter oder sicher neutraler Mächte).«[12] Soweit die offiziellen Dokumente des deutschen Generalstabes, die einmal mehr die Skrupellosigkeit der faschistischen Aggressoren enthüllen.

Im September des gleichen Jahres hat Warschau das erfahren müssen, was in Spanien »erprobt« und in Prag beabsichtigt war: barbarische Bombardements auf die außerhalb der Kampfzone liegenden Wohnviertel. Bereits am ersten Tag des Bombardements, am 24. September 1939, setzten die Deutschen 1150 Flugzeuge ein.[13] Viele Tausende Zivilisten, in der Mehrzahl Frauen und Kinder, wurden von den deutschen Bomben zerfetzt und erschlagen.

Am 9. April 1940 hat der Verfasser in Kopenhagen selbst erlebt, wie frühmorgens deutsche Bomberstaffeln über die Dächer der dänischen Hauptstadt brausten und sicher bei Widerstand ihre verheerenden Bombenlasten abgeworfen und ein riesiges Blutbad angerichtet hätten.

Einen Monat später, am 10. Mai 1940, wurde die deutsche Stadt Freiburg (Breisgau) von deutschen Flugzeugen bombardiert. Eine unglaublich schändliche Tat, zu der später noch etwas mehr gesagt wird.

Wiederum vier Tage später, am 14. Mai 1940, wurde trotz der schon am Vormittag um 10.30 Uhr vereinbarten Waffenruhe nachmittags um 15.00 Uhr Rotterdam aus der Luft angegriffen. Hier mußten 874 Zivilisten das verbrecherische Bombardement ihrer Stadt mit dem Leben bezahlen. Über 2000 wurden verwundet, und mehr als 78000 Rotterdamer Bürger waren mit einem Schlage obdachlos, da 24978 Wohnungen im Bombenhagel in Schutt und Asche sanken. Auch 10 Krankenhäuser, 62 Schulen und 24 Kirchen erlitten das gleiche Schicksal.[14] Generaloberst von Bock, Führer einer deutschen Heeresgruppe, schrieb einen Tag später darüber in sein Tagebuch: »Die Innenstadt ist ein rauchender Trümmerhaufen und ein grauenerregendes Bild.«[15] Der den Befehl zu diesem hinterhältigen Angriff ausgearbeitet, mitunterzeichnet und an die Bomberverbände übermittelt hat, war kein anderer als der berüchtigte Heinz Trettner, 1964 bis 1966 Generalinspekteur der Bonner Bundeswehr.

So wollten es die deutschen Imperialisten und ihre fa-

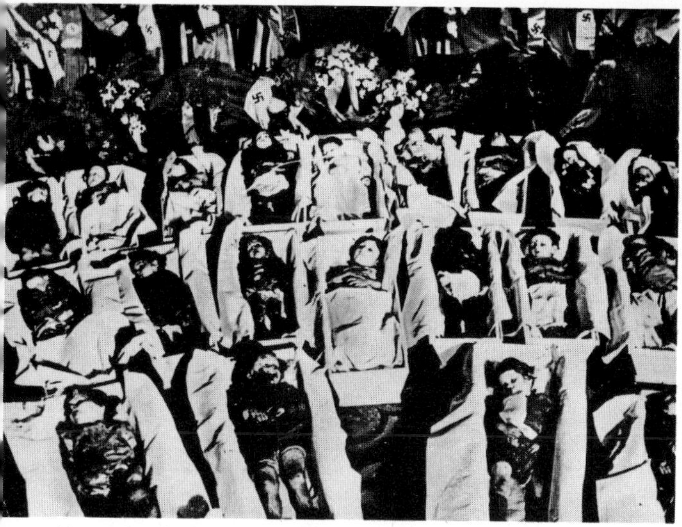

Unter den Opfern des Luftangriffs auf Freiburg (Breisgau)
am 10. Mai 1940,
der von drei He-111 aus dem Kampfgeschwader 51 geflogen wurde,
waren 22 Kinder

Letzte Instruktionen vor einem Terroreinsatz
der faschistischen Legion Condor
auf einem Flugplatz in Spanien

Ruinen der spanischen Stadt Guernica,
die von der Legion Condor vernichtet wurde

Die englische Stadt Coventry
nach einem Angriff der faschistischen deutschen Luftwaffe,
Januar 1941

Die Hitlerclique unternimmt verzweifelte Versuche,
um der unausbleiblichen Niederlage zu entgehen.
»Vater und Sohn« (oben),
bereitgestellt für die Aktion »Eisenhammer«.
Unten: Für »Selbstopfermänner« umgebaute, bemannte V 1

Die Hinrichtungsstätte im Landgericht Dresden, Münchner Platz.
Über 1000 Antifaschisten,
deutsche und internationale Widerstandskämpfer
wurden hier ermordet. Am 16. August 1944 wurde an dieser Stelle
innerhalb von 8 Minuten
die Leitung der kommunistischen Widerstandsgruppe
um Kurt Schlosser hingerichtet

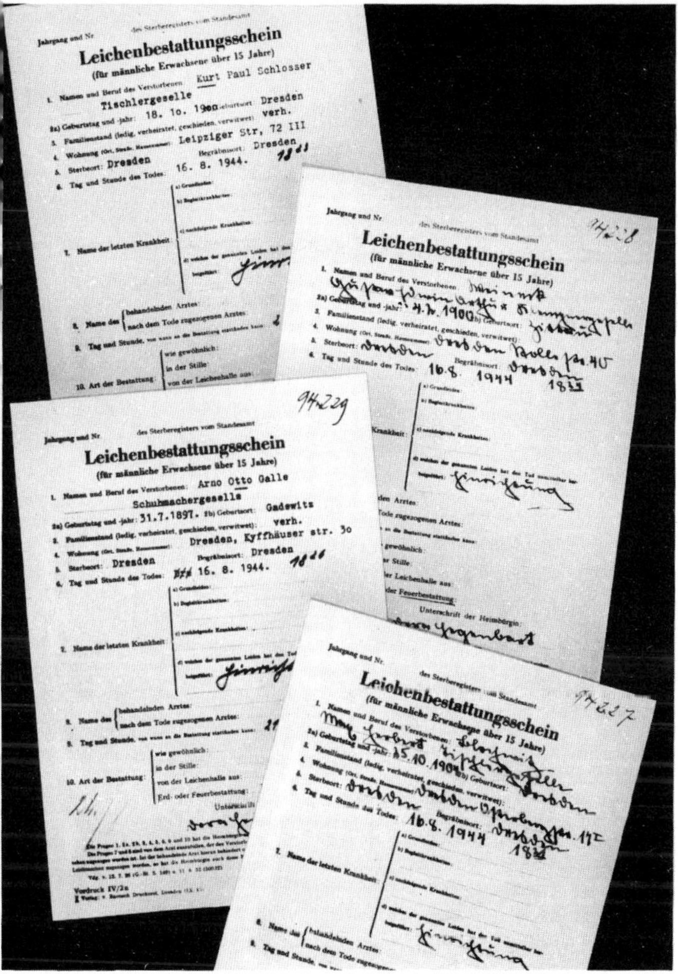

Jahrgang und Nr. des Sterberegisters vom Standesamt

Leichenbestattungsschein

(für männliche Erwachsene über 15 Jahre)

1. Namen und Beruf des Verstorbenen: Kurt Paul Schlosser Tischlergeselle
2a) Geburtstag und -jahr: 18. 10. 1900 2b) Geburtsort: Dresden
3. Familienstand (ledig, verheiratet, geschieden, verwitwet): verh.
4. Wohnung (Ort, Straße, Hausnummer): Leipziger Str. 72 III
5. Sterbeort: Dresden Begräbnisort: Dresden
6. Tag und Stunde des Todes: 16. 8. 1944.
7. Name der letzten Krankheit:
8. Name des behandelnden Arztes: / nach dem Tode zugezogenen Arztes:
9. Tag und Stunde, von wann an die Bestattung stattfinden kann:
10. Art der Bestattung: wie gewöhnlich / in der Stille / von der Leichenhalle aus

Jahrgang und Nr. des Sterberegisters vom Standesamt

94228

Leichenbestattungsschein

(für männliche Erwachsene über 15 Jahre)

1. Namen und Beruf des Verstorbenen:
2a) Geburtstag und -jahr: 4. 7. 1900 2b) Geburtsort:
3. Familienstand (ledig, verheiratet, geschieden, verwitwet):
4. Wohnung (Ort, Straße, Hausnummer):
5. Sterbeort: Begräbnisort:
6. Tag und Stunde des Todes: 16. 8. 1944

Unterschrift der Heimbürgin:

Jahrgang und Nr. des Sterberegisters vom Standesamt

94229

Leichenbestattungsschein

(für männliche Erwachsene über 15 Jahre)

1. Namen und Beruf des Verstorbenen: Arno Otto Galle Schuhmachergeselle
2a) Geburtstag und -jahr: 31.7.1897. 2b) Geburtsort: Gadewitz
3. Familienstand (ledig, verheiratet, geschieden, verwitwet): verh.
4. Wohnung (Ort, Straße, Hausnummer): Dresden, Kyffhäuser str. 30
5. Sterbeort: Dresden Begräbnisort: Dresden
6. Tag und Stunde des Todes: 16. 8. 1944.
7. Name der letzten Krankheit:
8. Name des behandelnden Arztes: / nach dem Tode zugezogenen Arztes:
9. Tag und Stunde, von wann an die Bestattung stattfinden kann:
10. Art der Bestattung: wie gewöhnlich / in der Stille / von der Leichenhalle aus / Erd- oder Feuerbestattung

Vordruck IV/2a

Jahrgang und Nr. des Sterberegisters vom Standesamt

94227

Leichenbestattungsschein

(für männliche Erwachsene über 15 Jahre)

1. Namen und Beruf des Verstorbenen:
2a) Geburtstag und -jahr: 15.10.1904 2b) Geburtsort:
3. Familienstand (ledig, verheiratet, geschieden, verwitwet):
4. Wohnung (Ort, Straße, Hausnummer):
5. Sterbeort: Begräbnisort:
6. Tag und Stunde des Todes: 16. 8. 1944
7. Name der letzten Krankheit:
8. Name des behandelnden Arztes: / nach dem Tode zugezogenen Arztes:
9. Tag und Stunde,

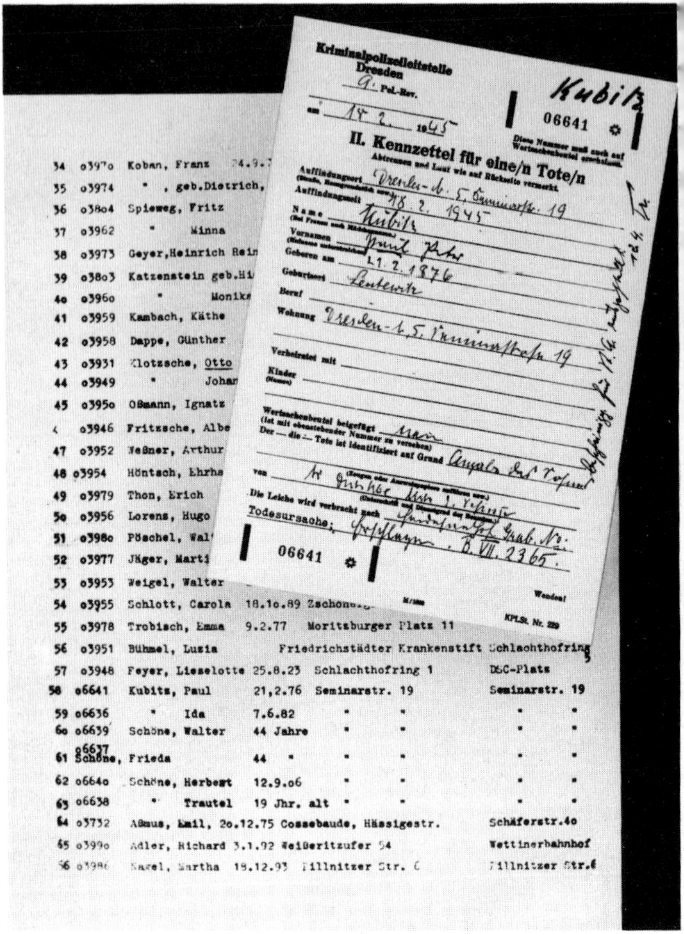

Kriminalpolizeileitstelle
Dresden
9. Pol.-Rev.
am 14. 2. 1945
06641
Diese Nummer muß auch auf Wertsachenbeutel erscheinen.
II. Kennzettel für eine/n Tote/n
Abtrennen und Lauf wie auf Rückseite vermerkt.
Auffindungsort: Dresden-A. 5, Seminarstr. 19
Auffindungszeit: 18. 2. 1945
Name: Kubitz
Vornamen: Paul Peter
Geboren am: 21. 2. 1876
Geburtsort: Lentewitz
Beruf
Wohnung: Dresden-A. 5, Seminarstraße 19
Verheiratet mit
Kinder
Wertsachenbeutel beigefügt: nein
Der — die — Tote ist identifiziert auf Grund
von
Die Leiche wird verbracht nach
Todesursache:
B. VII. 2365
06641
Wenden!
KPLSt. Nr. 229

34 o397o Koban, Franz 24.9.
35 o3974 " , geb.Dietrich,
36 o38o4 Spieweg, Fritz
37 o3962 " Minna
38 o3973 Geyer,Heinrich Rein
39 o38o3 Katzenstein geb.Hi
40 o396o " Monika
41 o3959 Kambach, Käthe
42 o3958 Dappe, Günther
43 o3931 Klotzsche, Otto
44 o3949 " Johan
45 o395o Oßmann, Ignatz
46 o3946 Fritzsche, Albe
47 o3952 Neßner, Arthur
48 o3954 Höntsch, Ehrha
49 o3979 Thon, Erich
5o o3956 Lorens, Hugo
51 o398o Pöschel, Wal
52 o3977 Jäger, Marti
53 o3953 Weigel, Walter
54 o3955 Schlott, Carola 18.1o.89 Zschon
55 o3978 Trobisch, Emma 9.2.77 Moritzburger Platz 11
56 o3951 Bühmel, Luzia Friedrichstädter Krankenstift Schlachthofring 5
57 o3948 Feyer, Lieselotte 25.8.23 Schlachthofring 1 D&C-Platz
58 o6641 Kubitz, Paul 21,2.76 Seminarstr. 19 Seminarstr. 19
59 o6636 " Ida 7.6.82 " " " "
6o o6639 Schöne, Walter 44 Jahre " " " "
61 o6637 Schöne, Frieda 44 " " " " "
62 o664o Schöne, Herbert 12.9.o6 " " " "
63 o6638 " Trautel 19 Jhr. alt " " " "
64 o3732 Aßmus, Emil, 2o.12.75 Cossebaude, Hässigestr. Schäferstr.4o
65 o399o Adler, Richard 3.1.92 Weißeritzufer 54 Wettinerbahnhof
66 o3986 Nagel, Martha 18.12.93 Pillnitzer Str. 6 Pillnitzer Str.6

Bei der Bergung der Opfer der anglo-amerikanischen Luftangriffe am 13., 14. und 15. Februar 1945 wurde mit größter Sorgfalt vorgegangen. Jedes Opfer wurde dreifach registriert:
1. auf Totenlisten, 2. auf Kennzetteln, 3. in Straßenbüchern

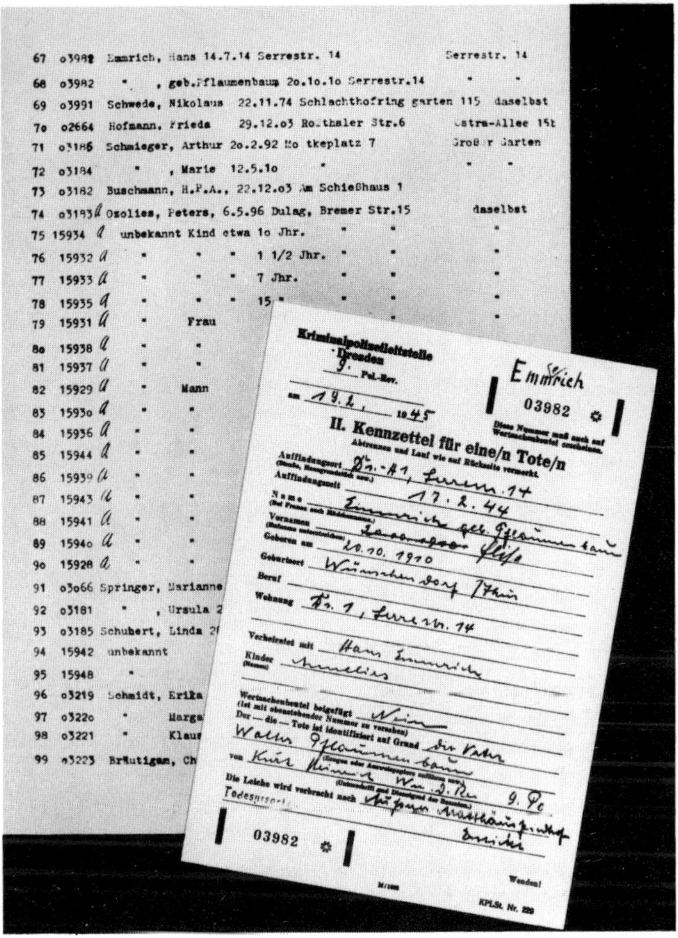

67	o3982	Emmrich, Hans 14.7.14 Serrestr. 14	Serrestr. 14
68	o3982	" , geb.Pflaumenbaum 2o.1o.1o Serrestr.14	" "
69	o3991	Schwede, Nikolaus 22.11.74 Schlachthofring garten 115	daselbst
7o	o2664	Hofmann, Frieda 29.12.o3 Rothaler Str.6	Ostra-Allee 15t
71	o3186	Schmieger, Arthur 2o.2.92 Moltkeplatz 7	Großer Garten
72	o3184	" , Marie 12.5.1o "	" "
73	o3182	Buschmann, H.P.A., 22.12.o3 Am Schießhaus 1	
74	o3193 a	Ozolies, Peters, 6.5.96 Dulag, Bremer Str.15	daselbst
75	15934 a	unbekannt Kind etwa 1o Jhr. " "	"
76	15932 a	" " " 1 1/2 Jhr. " "	"
77	15933 a	" " " 7 Jhr. " "	"
78	15935 a	" " " 15 " " "	"
79	15931 a	" Frau	"
8o	15938 a	" "	
81	15937 a	" "	
82	15929 a	" Mann	
83	1593o a	" "	
84	15936 a	" "	
85	15944 a	" "	
86	15939 a	" "	
87	15943 a	" "	
88	15941 a	" "	
89	1594o a	" "	
9o	15928 a	" "	
91	o3o66	Springer, Marianne	
92	o3181	" , Ursula 2	
93	o3185	Schubert, Linda 2	
94	15942	unbekannt	
95	15948	"	
96	o3219	Schmidt, Erika	
97	o322o	" Marga	
98	o3221	" Klaus	
99	o3223	Bräutigam, Ch	

Kriminalpolizeileitstelle
Dresden
9. Pol.-Rev.

am 19.2. 1945

Emmrich
03982

Diese Nummer muß auch auf Wertsachenbeutel erscheinen.

II. Kennzettel für eine/n Tote/n
Abtrennen und Lauf wie auf Rückseite vermerkt.

Auffindungsort (Straße, Hausgrundstück usw.)
Auffindungszeit
Name (Bei Frauen auch Mädchenname)
Vornamen (Rufname unterstreichen)
Geboren am 20.10.1910
Geburtsort
Beruf
Wohnung
Verheiratet mit
Kinder (Namen)
Wertsachenbeutel beigefügt (ist mit obenstehender Nummer zu versehen)
Der — die — Tote ist identifiziert auf Grund
von [illegible] (Unterschrift und Dienstgrad des Beamten)
Die Leiche wird verbracht nach
Todesursache [illegible]

03982

Wenden!
M/[illegible]
KPLSt. Nr. 229

Verzeichnis

der

auf dem Alten-Annenfriedhof in Gemeinschaftsgrabern beigesetzten Opfer der anglo-amerikanischen Luftangriffe auf Dresden vom 13./14. Februar und 17. April 1945. Der größte Teil wurde erst in den Jahren 1946 bis 1949 bei der Entrummerung geborgen und hier beigesetzt.

Lfd. Nr.	Name	Vorname	Wohnung	Grabbezeichnung Abt.	Reihe	Grab
1	4 unbekannte mannliche Personen			J	3	1-3
2	2 unbekannte mannliche Personen			J	3	3
3	1 unbekannte weibliche Person			J	3	3
4	Hochschild,	Max, Görlitz,	Hohestr. 1	J	3	4
5	Westpfahl,	Hermann		J	3	4
6	Frenzel,	Johannes,	Seidnitzer Str.7	J	3	4
7	Griesbach, Arno		Seidnitzer Str.9	J	3	4
8	Hammig,Friedrich,	Moritz	Christianstr-	J	3	5
9	Janson, Käthe, Olga, Erna		Walpurgisstr. 14	J	3	5
10	18 unbekannte Personen, geborgen		Rosenstr. 48	J	3	6
11	15 unbekannte Personen			J	3	7
12	Frederich,	Kurt,	Rosenstraße 48	J	3	7
13	Beeser,	Bernd	Pirnaische Str.36	J	3	9
14	Ahnert,	Irmgard	Bürgerwiese 12	J	3	9
15	3 unbekannte Personen			J	3	9
16	22 unbekannte Personen, geborgen		Walpurgisstr. 12	J	3	10
17	Jahnel,	Franz		J	4	1
18	Bauer,	Carl - Wien		J	4	1
19	1 unbekannte weibliche Person			J	4	1
20	Szyszka,	Hugo	Muskau/O.L. Sorauer Str. 2	J	4	2
21	Kühn,	Elsbeth	Ringstraße 25	J	5	11
22	Puhaceck,	Martha	Gewandhausstr. 1	J	5	11
23	4 unbekannte Personen, geborgen		Gewandhausstraße 1	J	5	11
24	1 unbekannte Person, geborgen		Schnorrstr. 49	J	5	12
25	11 unbekannte Personen, geborgen		Werderstr.24	J	5	12
26	1 unbekannte Person, geborgen		Waisenhausstr. 34	J	5	12

Um das politische Geschäft mit den Toten
von Dresden zu unterbinden,
unterzogen sich Antifaschisten der Aufgabe,
die Zahl der Opfer der Angriffe zu ermitteln.
Eine Seite der Unterlagen,
die für die Arbeit dieser Kommission zusammengestellt wurden

EINGEGANGEN
★ 20. MRZ. 1963
Erledigt: 2.4.1963

19 Alyn Court,
Crescent Road,
LONDON, N.8.

MOUntview 0719

14. Maerz 1963

Lieber Herr Lange,

Ihr Brief vom 11. Maerz kam heute an als ich gerade dabei war, Ihnen zu schreiben. Mein Dresdenbuch sollte tatsaechlich letzten Montag herauskommen, wie Sie sich jedoch vorstellen koennen [redacted] zubringen. Wie wir von offiziellen Government Historikern wissen, hat das Royal Institute of International Affairs [redacted] ein [redacted] kuerzlich um eine Synopsis der Dresden Affaire gebeten, da der Premierminister angeblich der Reaktion der Oeffentlichkeit mit Beunruhigung entgegensieht.

Wie Sie sich vielleicht vorstellen koennen, liegt meinem Verleger sehr daran, die Leser zufriedenzustellen. Dieser Wunsch meines Verlegers machte es notwendig, ein oder zwei Referenzen ueber die angeblichen Brutalitaeten der Soviet Armee in der Stadt unmittelbar nach dem Mai 1945 im Buch anzufuehren. Mein Verleger fuerchtete sonst, dass die Leser das [redacted] als kommunistische Propagandaluege betrachten wuerden. (!)

[redacted]

Sie bitten um Fotografien verschiedener Flugzeuge. Ich werde versuchen, diese von verschiedenen Agenturen fuer Sie zu erhalten und werde sie Ihnen zusenden.

Mit freundlichen Gruessen

David J. Irving

David J. Irving

Diese Auszüge aus einem Brief
des englischen Historikers David Irving
an den damaligen Leiter des Stadtarchivs Dresden
nennen einige Gründe,
weshalb der Wert seiner gründlichen Untersuchungen
über Planung und Durchführung der Aktion »Donnerschlag«
durch antikommunistische Entstellungen und Verleumdungen
gemindert wird

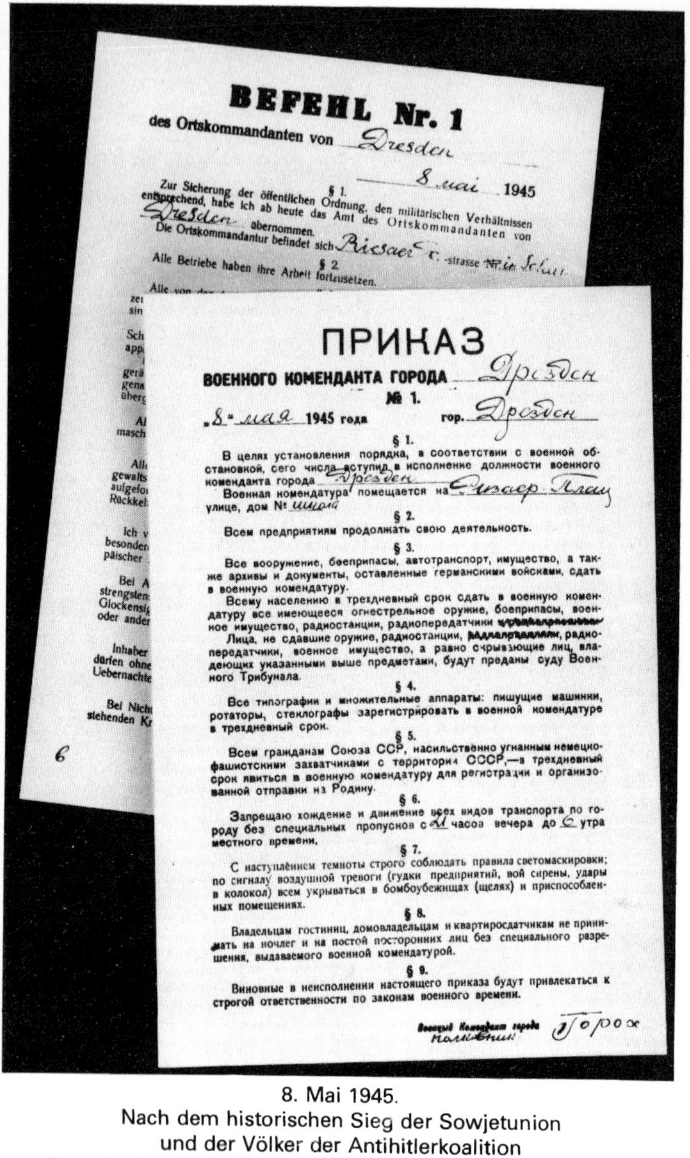

BEFEHL Nr. 1

des Ortskommandanten von Dresden

8. mai 1945

§ 1.

Zur Sicherung der öffentlichen Ordnung, den militärischen Verhältnissen entsprechend, habe ich ab heute das Amt des Ortskommandanten von Dresden übernommen.

Die Ortskommandantur befindet sich Riesaer -strasse

§ 2

Alle Betriebe haben ihre Arbeit fortzusetzen.

ПРИКАЗ

ВОЕННОГО КОМЕНДАНТА ГОРОДА Дрезден

№ 1.

„8" мая 1945 года гор. Дрезден

§ 1.

В целях установления порядка, в соответствии с военной обстановкой, сего числа вступил в исполнение должности военного коменданта города Дрезден

Военная комендатура помещается на Ризаер Плац улице, дом № школа

§ 2.

Всем предприятиям продолжать свою деятельность.

§ 3.

Все вооружение, боеприпасы, автотранспорт, имущество, а также архивы и документы, оставленные германскими войсками, сдать в военную комендатуру.

Всему населению в трехдневный срок сдать в военную комендатуру все имеющееся огнестрельное оружие, боеприпасы, военное имущество, радиостанции, радиопередатчики

Лица, не сдавшие оружие, радиостанции, радиопередатчики, военное имущество, а равно скрывающие лиц, владеющих указанными выше предметами, будут преданы суду Военного Трибунала.

§ 4.

Все типографии и множительные аппараты: пишущие машинки, ротаторы, стеклографы зарегистрировать в военной комендатуре в трехдневный срок.

§ 5.

Всем гражданам Союза ССР, насильственно угнанным немецко-фашистскими захватчиками с территории СССР,—в трехдневный срок явиться в военную комендатуру для регистрации и организованной отправки на Родину.

§ 6.

Запрещаю хождение и движение всех видов транспорта по городу без специальных пропусков с 21 часов вечера до 6 утра местного времени.

§ 7.

С наступлением темноты строго соблюдать правила светомаскировки; по сигналу воздушной тревоги (гудки предприятий, вой сирены, удары в колокол) всем укрываться в бомбоубежищах (щелях) и приспособленных помещениях.

§ 8.

Владельцам гостиниц, домовладельцам и квартиросдатчикам не принимать на ночлег и на постой посторонних лиц без специального разрешения, выдаваемого военной комендатурой.

§ 9.

Виновные в неисполнении настоящего приказа будут привлекаться к строгой ответственности по законам военного времени.

Военный Комендант города
полковник Горох

8. Mai 1945.
Nach dem historischen Sieg der Sowjetunion
und der Völker der Antihitlerkoalition
über das faschistische Deutschland beginnt auch in Dresden
der Aufbau eines neuen Lebens

. . . auferstanden aus Ruinen

13. Februar 1985.
Großkundgebung auf dem Theaterplatz in Dresden. Festlicher Höhepunkt des Abends war die Eröffnung des wiederhergestellten traditionsreichen Bauwerks Semperoper

schistischen, militaristischen Handlanger haben. Das war ihr Blitzkrieg nach Wunsch und Plan.

Am 4. September 1940 sprach Hitler bei der Eröffnung des Winterhilfswerkes die berüchtigten auf England bezogenen Worte: »Wir werden ihre Städte ausradieren.«[16]

Ab Herbst 1940, nach dem schweren Terrorangriff auf die englische Stadt Coventry, verwandten die Faschisten für ihren Bombenterror überheblich und zynisch den Begriff »coventrieren«.

Sogar mit Konstantinopel wollte Hitler so verfahren, falls die Türkei »in den Konflikt eingreife«. Mussolini gegenüber äußerte er am 20. Januar 1941 bei einer Besprechung in Obersalzberg: »Außerdem wüßten die Türken, daß Konstantinopel außerordentlich luftverwundbar sei. Brandbomben würden genügen, um die gesamte Stadt zu zerstören. Explosivbomben seien dazu nicht notwendig.«[17]

Auch gegen Jugoslawien und seine Hauptstadt Belgrad wurde die Vernichtungsstrategie durch Bombenangriffe angewandt. In der »Führerweisung Nr. 25« vom 27. März 1941 heißt es: »Der Militärputsch in Jugoslawien hat die politische Lage auf dem Balkan geändert, Jugoslawien muß auch dann, wenn es zunächst Loyalitätserklärungen abgibt, als Feind betrachtet und daher so rasch als möglich zerschlagen werden... Sobald ausreichende Kräfte bereitstehen..., ist die jugoslawische Fliegerbodenorganisation und Belgrad durch fortgesetzte Tag- und Nachtangriffe durch die Luftwaffe zu zerstören.«[18] Belgrad wurde am Tage des Überfalls auf Jugoslawien, am 6. April 1941, und am nächsten Tag, dem 7. April, schwer von deutschen Terrorbombenangriffen getroffen. Fast ausschließlich Wohngebäude sanken in Schutt und Asche. Die Zahl der Toten belief sich auf 18000.[19]

Daß sich die Faschisten beim Einsatz ihrer Luftwaffe zu Beginn des zweiten Weltkrieges von den Gedanken der oben zitierten Denkschrift Knauß' leiten ließen, geht auch aus Geheimakten des Goebbels-Ministeriums hervor. Dort wird ganz eindeutig gesagt, daß es darauf ankomme, mit Hilfe der Luftwaffe die Bevölkerung der überfallenen Länder zu terrorisieren, moralisch zu zersetzen und den Widerstandswillen zu brechen. Das Goebbels-Ministerium organisierte eigens zu diesem Zweck besondere Rundfunksendungen für die englische Bevölkerung, speziell für London. Goebbels wies zum Beispiel am 24. Juli 1940, bei Beginn der Luftoffensive gegen England, an: »1. ...Die Geheimsender dürfen sich keineswegs als deutsche Einrichtung demaskieren, und sie müssen deshalb jede Sendung mit Angriffen gegen die Nationalsozialisten beginnen. Verstärkt müssen sie die Stoffe aufgreifen, die auch von den offiziellen Sendern behandelt werden; darüber hinaus sollen sie innerpolitische Vorgänge aus Klubs und Nachtbars erfinden, gegen die sie im Namen des englischen Volkes protestieren müssen. Sie haben in besonderem Maße, durch Verbreitung von englischen Augenzeugenberichten aus Warschau, Dünkirchen usw., Grauen zu verbreiten, damit bereits die ersten Schläge gegen England auf einen psychologisch gut vorbereiteten Boden fallen.«[20]

Am 14. August 1940 wiederholte Goebbels die Weisung, daß die Geheimsender vor allem die verheerenden Wirkungen und grauenvollen Begleitumstände der Bombardierung der englischen Öffentlichkeit darstellen sollten.[21]

Durch eine entsprechende demoralisierende Propaganda, die das ohnehin grauenvolle Geschehen überdimensional aufbauschte, sollte die Wirkung der Bomben ergänzt werden.

Auch den Städten der Sowjetunion war ein gleiches Schicksal zugedacht. Die deutschen Faschisten und Militaristen bildeten sich sogar ein, daß dort alles viel leichter und schneller gehen würde. Göring war wahrscheinlich der Auffassung, daß die deutsche Luftwaffe, die die Schlacht über England ruhmlos abbrechen mußte, in Rußland neuen Glanz erwerben könne. Ende April 1941 äußerte er in Paris bei einer Einsatzbesprechung der Führer der Luftwaffenverbände, die in Frankreich lagen, gegenüber den beiden hohen Fliegeroffizieren Galland und Mölders: »In zwei, spätestens drei Monaten würde der russische Koloß am Boden liegen. Und dann würden wir unsere ganze Kraft, um die unendlichen strategischen Hilfsquellen des roten Riesenreiches vermehrt, dem Gegner im Westen entgegenwerfen.«[22]

Unvorstellbar, was Hitler und seine militärischen Paladine den sowjetischen Städten, allen voran Moskau und Leningrad, und ihren Bewohnern im Falle ihrer Eroberung für ein Schicksal bereiten wollten. Lägen die dokumentarischen Beweise nicht vor, würden sicherlich viele daran zweifeln, ob in menschlichen Gehirnen solche Pläne entstehen können. Lassen wir aus der Vielzahl einige Dokumente sprechen:

Generaloberst Halder, der damalige Generalstabschef der Wehrmacht, trug am 8. Juli 1941 in sein Tagebuch ein: »Vortrag beim Führer (in seiner Befehlsstelle)... Ergebnis: Feststehender Entschluß des Führers ist es, Moskau und Leningrad dem Erdboden gleichzumachen... Die Städte sollen durch die Luftwaffe vernichtet werden.«[23]

Am 4. August 1941 hatte Hitler in dem kleinen belorussischen Städtchen Borissow eine Unterredung mit Generalfeldmarschall von Bock, dem Führer der Heeresgruppe Mitte. Fabian von Schlabrendorff berichtet als Augenzeuge, was Hitler zur Eroberung der sowjetischen Hauptstadt Moskau darlegte: »Diese Stadt dürfe von keinem deutschen Soldaten betreten werden. Sie sei in weitem Bogen einzuschließen. Kein Soldat, kein Zivilist, ob Mann, Frau oder Kind, dürfe sie verlassen... Er habe Vorkehrungen getroffen, Moskau und seine Umgebung mittels riesiger Anlagen zu überfluten und im Wasser zu ertränken. Wo bisher Moskau stehe, werde ein gewaltiger See gebildet, der die Metropole des russischen Volkes den Blicken der zivilisierten Welt für immer entziehen werde.«[24]

Die schwere Niederlage der faschistischen Wehrmacht im Winter 1941/42 vor Moskau hat alle diese Pläne scheitern lassen. Daran besteht aber kein Zweifel, daß auch »des Teufels Generale« vom Schlage eines Speidel, Heusinger, Kammhuber, Foertsch und Trettner an diesem ungeheuerlichsten aller Verbrechen teilgenommen und versucht hätten, Millionen Moskauer zu ertränken.

In nicht weniger als vier grundsätzlichen Weisungen zur Kriegführung an der Ostfront aus der Zeit von Juli bis Dezember 1941 wird immer wieder die Zerstörung großer sowjetischer Städte gefordert, in erster Linie natürlich

Moskaus und Leningrads. Aber auch andere Städte standen auf dem Vernichtungsprogramm, wie zum Beispiel Kiew, Rybinsk, Gorki, Woronesh, Rostow, Stalingrad und Krasnodar.[25]

Aber, wie bekannt, ging diese Rechnung nicht auf. Schon im Winter 1941/42 erhielten nicht nur die deutschen Bodentruppen vor Moskau eine schwere Niederlage, auch Görings Fliegertruppe wurde in diesem Winter von der Sowjetarmee – zu diesem Zeitpunkt zunächst noch örtlich und zeitlich begrenzt – deutlich gemacht, daß die Tage ihrer Luftüberlegenheit im Osten gezählt waren. Von Juli bis September 1941, das war die Zeit der hartnäckigsten Versuche, Leningrad durch Luftangriffe zu zerstören, kamen von 4306 anfliegenden deutschen Maschinen nur 508 bis Leningrad durch.[26] Vom 22. Juli bis 1. Oktober 1941 versuchten insgesamt 4212 deutsche Flugzeuge Moskau anzugreifen. Hier gelang es nur 120, das sind weniger als 3 Prozent, die Stadt zu erreichen.[27] Die Verluste der deutschen Luftwaffe waren in beiden Fällen enorm.

Die Hitlerfaschisten und die deutschen Militaristen gehören, das ist unbestreitbar, zu den Urhebern und aktiven Verfechtern der »Theorie« vom Bombenterror gegen die Zivilbevölkerung. Sie sind diejenigen, die sie zuerst in grauenvoller Weise in der Praxis verwirklichten. Es ist unmöglich, die deutschen Imperialisten und ihre Militärs samt Hitler und Konsorten von dem barbarischen Verbrechen des Bombenterrors gegen die Zivilbevölkerung freizusprechen, wie es westdeutsche reaktionäre Historiker versuchen und wobei sie leider auch von dem englischen Historiker Irving unterstützt wurden.

Es gibt ein deutsches Sprichwort: »So, wie man in den Wald hineinruft, so schallt es wieder heraus.« Ein tausendfaches mörderisches Echo kam zurück. Die deutschen Städte und wir in Dresden haben es deutlich gehört.

Es gab allerdings in Deutschland auch eine andere Tradition. Die Kommunistische Partei Deutschlands hat von Anfang an die faschistische Luftrüstung aufmerksam verfolgt. Schon 1935 hat die KPD in Paris eine Untersuchung unter dem Titel »Hitlers Luftwaffe startbereit«

herausgebracht. Darin wurde der Nachweis geführt, mit welcher Zielsetzung die faschistische Luftrüstung erfolgte. Die deutschen Kommunisten haben auch nicht gezögert, die Verbrechen der Legion Condor in Spanien zu brandmarken. Gemeinsam mit vielen anderen demokratischen Kräften protestierten sie energisch gegen die Bombardierung der friedlichen Bevölkerung in spanischen Städten.

Als die Fackeln der SA an jenem 30. Januar 1933 in Berlin verkündeten, daß das deutsche Monopolkapital die Hitlerbande zum Vollstrecker seines Willens, seiner Politik erkoren hatte, als einen Monat später die Flammen des von den Nazis angezündeten Reichstagsgebäudes zum Himmel emporschlugen, da zeichneten sich in der Ferne auch die Flammen ab, die die beiden spanischen Städtchen Durango und Guernica verzehren sollten; da stand drohend der Krieg auf der Tagesordnung, der die Angriffe auf Warschau, Freiburg, Rotterdam, Coventry und Belgrad brachte.

Spätestens am 30. Januar 1933, als beachtliche Teile des deutschen Volkes in ihrer Verblendung dem Menschenverächter und Abenteurer Hitler zujubelten, fiel die Entscheidung über den Riesenbrand und den Tod von 35000 Menschen in Dresden. Hauptsächlich das deutsche Monopolkapital und seine nationalsozialistischen Landsknechte haben die Zerstörung Dresdens auf dem Gewissen.

Wie schon nachgewiesen, lehnte die Sowjetunion die verbrecherischen Theorien der imperialistischen Militärs über die Luftkriegführung gegen die Bevölkerung aus weltanschaulichen und sachlichen Gründen prinzipiell ab. Selbst Feuchter, ein Schönfärber der deutschen Luftkriegführung, kann nicht umhin, der Sowjetunion zu bescheinigen, daß sie sich nie an dieser barbarischen Kriegführung gegen die Zivilbevölkerung beteiligt hat: »Bei keiner anderen der am zweiten Weltkrieg beteiligten Luftmächte spielte die Kooperation eine derartige, fast ausschließliche Rolle wie bei der Sowjetunion. Während des gesamten Krieges sind seitens der Sowjet-Russen keinerlei Luftangriffe strategischen Charakters auf Industrie- oder Verkehrsziele oder gar auf Städte des Gegners unternommen worden. Die wenigen Angriffe auf derartige Ziele erfolgten stets im Zusammenhang mit den Operationen des Heeres und waren daher rein taktischer Natur.«[28] Diese Grundhaltung bewies die Sowjetunion in aller folgenden Zeit durch ihren unermüdlichen Kampf für das Verbot der Herstellung und des Einsatzes von Massenvernichtungswaffen.

Anders war die Situation – die Beweise dafür sind bereits angeführt – bei den anderen beiden großen Mächten der Antihitlerkoalition, nämlich in England und in den Vereinigten Staaten von Amerika. Ihre Regierungen und Militärs praktizierten eine solche Bombenstrategie. Das Kennzeichnende ihrer ganzen strategischen Planung war die menschenverachtende imperialistische Politik, die Auffassung, daß die Kriegsentscheidung im modernen Krieg im wesentlichen durch massierten Luftterror erzwungen werden könne. Eine solche Auffassung wurde nicht nur von einzelnen Politikern, wie Churchill, und einigen Militärs vertreten; das war auch die Auffassung wesentlicher Teile der Führung der westlichen Armeen.

So hieß es unter anderem in der Direktive Generalmajors N. H. Bottomley, des stellvertretenden Generalstabschefs der britischen Luftwaffe, unter dem Datum 9. Juli 1941: »Ich bin beauftragt, Ihnen mitzuteilen, daß eine eingehende Untersuchung der gegenwärtigen politischen, wirtschaftlichen und militärischen Lage des Feindes gezeigt hat, daß der Kampfgeist der Zivilbevölkerung und das Verkehrsnetz die anfälligsten Punkte in seiner Rüstung sind.«[29] Weiter wurde in der Direktive gefordert, Angriffe auf Köln, Duisburg, Düsseldorf und Duisburg-Ruhrort zu fliegen, da die Wirkung in diesen »dichtbesiedelten Industriegebieten« am stärksten sei. Ganz in diesem Sinne formulierte dann ein Memorandum der britischen Stabschefs vom 31. Juli 1941: »Wir müssen die Grundlagen zerstören, auf die sich die deutsche Kriegsmaschinerie stützt: die Wirtschaft, die sie speist; den Kampfgeist, der sie aufrechterhält; den Nachschub, der sie nährt, und die Hoffnung auf den Endsieg, der sie beseelt.«[30]

Es bedurfte aber noch einiger Monate, bis die britischen Anweisungen und Befehle auf jede Umschreibung verzichteten und Angriffe auf Wohngebiete ausdrücklich verlangten. So schrieb zum Beispiel am 15. Februar 1942 der Generalstabschef der britischen Luftwaffe, Sir Charles Portal, in seinem Kommentar zur neuen Bombendirektive vom Tag zuvor: »Betrifft die neue Bombendirektive: Ich nehme an, es ist klar, daß die Wohngebiete die Zielpunkte sein sollen, *nicht* etwa die Schiffswerften und Flugzeugfabriken, sofern sie genannt werden. Dies muß vollkommen klargestellt werden, falls es sich nicht bereits von selbst versteht.«[31]

Eine solche Zielsetzung des Luftkrieges war wenig geeignet, den Krieg schneller zu beenden. Das wird heute selbst von westlichen Fachleuten vorbehaltlos eingestanden. So schreibt der englische Nobelpreisträger Professor Blackett: »Die Nachtbomber-Offensive muß als ein Versuch der Royal Air Force betrachtet werden, durch den Einsatz der Luftwaffe Entscheidungen herbeizuführen, ohne vorher die feindlichen Luftstreitkräfte geschlagen und die Luftüberlegenheit über dem Feindgebiet errungen zu haben. Dieser Versuch mißlang... Trotz der beachtlichen Entwicklung auf dem Gebiete der Luftkriegführung ist zweifellos die Niederlage Deutschlands im zweiten Weltkrieg, wie schon im ersten, hauptsächlich durch die besonders an der Ostfront in Landkämpfen erlittenen schweren Verluste an Menschen und Material herbeigeführt worden.«[32]

Die Menge der über Deutschland abgeworfenen Bomben vergrößerte sich von Jahr zu Jahr erheblich. Besonders seit Herbst 1944 stieg die Kurve steil an. Nach »The United States Strategic Bombing Survey...« fielen auf Deutschland[33]:

1940	10 000 t Bombengewicht
1941	30 000 t Bombengewicht
1942	40 000 t Bombengewicht
1943	120 000 t Bombengewicht
1944	600 000 t Bombengewicht
1945 (4 Monate)	500 000 t Bombengewicht

Der moralische Effekt war aber ganz anders als vorausgesagt. Der Zusammenbruch blieb jedenfalls aus. Der moralische Kollaps bei der Bevölkerung kam nicht. Die Stalingrader Schlacht erschütterte das Hitlerregime viel stärker als die Zerstörung eines Dutzend deutscher Großstädte durch massierte anglo-amerikanische Bombenangriffe.

Dic Verluste der englischen und der amerikanischen Luftflotte waren trotz der Überlegenheit in den letzten Jahren doch recht erheblich. Sie betrugen[34]:

79 265 Amerikaner
79 281 Engländer
18 000 amerikanische Flugzeuge
22 000 britische Flugzeuge

Die Produktion von Flugzeugen war in England und Amerika außerordentlich hoch. Allein Amerika hatte seit Kriegseintritt im Dezember 1941 bis Kriegsende im August 1945 297 199 Flugzeuge produziert. Im Jahre 1944 waren es 96 318 Militärflugzeuge, darunter 16 331 viermotorige Bomber und 10 058 zweimotorige Bomber.[35] Dazu kommt noch die Produktion Englands und der Sowjetunion.

Deutschland brachte es auf insgesamt 113 515 Maschinen, von denen 110 000 total zerstört wurden.[36] Von diesen 110 000 – und das charakterisiert die Situation – gingen über 62 000, das sind rund 56 Prozent, an der deutsch-sowjetischen Front verloren. Karl Bartz spricht in seinem Buch von »furchtbaren Verlusten an Menschen und Material der deutschen Luftwaffe«. Er gibt an, daß die Verluste an Toten und Vermißten rund 295 000 Mann betragen haben.[37] Auch alle anderen, die sich irgendwie mit der faschistischen Luftwaffe im zweiten Weltkrieg beschäftigen, müssen zugeben, daß die Verluste erschreckend hoch waren.

Die strategische Linie von der kriegsentscheidenden Bedeutung der Terrorangriffe war Ende 1944/Anfang 1945 in der Praxis völlig widerlegt. Das erkennen auch viele westliche Militärs an.

Obwohl man den massierten Bombenangriffen keine kriegsentscheidende Bedeutung zubilligen kann, wäre es falsch, zu behaupten, daß dadurch die deutsche Kriegsproduktion nicht ernsthaft behindert worden sei oder daß diese Angriffe keinerlei militärische Bedeutung gehabt hätten. Natürlich wären bei einem anderen Einsatz der gewaltigen anglo-amerikanischen Luftarmada, insbesondere bei einer viel früher erfolgten Landung und Offensive im Westen, bedeutend größere militärische Erfolge erzielt worden. Selbstverständlich hätten bei größerer Konzentration der Bombenangriffe auf die faschistische Kriegswirtschaft von Anfang an noch ernstere Rückschläge erreicht werden können.

In der sowjetischen zweibändigen »Geschichte des zweiten Weltkrieges 1939–1945« werden die Tätigkeit und die Ergebnisse der anglo-amerikanischen Bomberflotte wie folgt eingeschätzt: »Große Auswirkungen hatten die Schläge starker Bomberfliegerkräfte gegen wirtschaftliche und politische Zentren des Gegners.«[38] Dabei werden die sprunghaft gestiegenen Ergebnisse der westlichen Bombenangriffe in den Jahren 1944 und 1945 besonders auf folgende Tatsache mit zurückgeführt: »Die zunehmenden massierten Luftangriffe der Anglo-Amerikaner auf die wirtschaftlichen und politischen Zentren ihres Gegners wurden wesentlich dadurch erleichtert, daß das Gros der deutschen Luftwaffe an der sowjetisch-deutschen Front konzentriert war.«[39]

Trotzdem steht fest: Je mehr der Krieg dem Ende entgegenging, je näher sich die Rote Armee an das Herz Deutschlands heranschob, um so geringer war die militärische Bedeutung der Angriffe auf offene Städte. Das traf besonders für Dresden zu, dessen Zerstörung den angreifenden und rasch vorrückenden sowjetischen Truppen – wie schon gesagt – keine Hilfe, sondern ein ernstes Hemmnis war.

Der Kindermord von Freiburg

Am 10. Mai 1940, dem Tag des Beginns der deutschen Offensive gegen Holland, Belgien, Luxemburg und Frankreich, stießen am Nachmittag gegen 16.00 Uhr drei zweimotorige Bomber durch die etwa 2000 m hoch liegende Wolkendecke über der westdeutschen Stadt Freiburg (Breisgau), nahmen direkten Kurs auf die Innenstadt, warfen 69 Bomben ab und verschwanden.

57 Tote und 101 Verletzte waren das Ergebnis des ersten größeren Luftangriffs während des Westfeldzuges

auf eine Stadt, die nicht in unmittelbarer Nähe einer Kampfzone lag. Unter den 57 Toten befanden sich 22 Kinder, von denen 21 auf einem Spielplatz an der Kolmarer Straße von einem Volltreffer zerrissen wurden.

Die Reaktion der deutschen Faschisten war auffallend hysterisch. Funk und Presse entfesselten eine wüste Hetze. Der »Völkische Beobachter« schrieb am nächsten Morgen: »Zur Vergeltung dieses völkerrechtswidrigen Vergehens wird die deutsche Luftwaffe in derselben Weise antworten.«

Unter dem Titel »Freiburgs Mütter klagen an« wurde alsbald eine Broschüre mit zahlreichen Bildern der Opfer in Millionenauflage verbreitet, in der es hieß: »Das ist kein Krieg. Das ist Mord.« Dieses Pamphlet – herausgegeben vom Reichspropagandaministerium – erschien in mehreren Sprachen. Zunächst sollte dieser Angriff ein »Verbrechen französischer Flugzeuge« sein. Später aber wurden aus Zweckmäßigkeitsgründen britische Flugzeuge daraus gemacht.

Der Kindermord von Freiburg mußte während des zweiten Weltkrieges in vielen Variationen immer wieder zur Rechtfertigung der Verbrechen der deutschen Wehrmacht dienen. Was die deutsche Luftwaffe in Rotterdam, Coventry, Belgrad und vielen anderen Orten des Schrekkens anrichtete, wurde immer wieder mit dem Hinweis auf Freiburg »begründet«. Göring wies zum Beispiel bei den furchtbaren Vernichtungsangriffen auf die Stadt Coventry ausdrücklich darauf hin, daß sie die Vergeltung für den Kindermord in Freiburg seien. Als Vergeltung für Freiburg prägte Hitler das Wort vom »Ausradieren feindlicher Städte«. Der Erzlügner Goebbels sprach anläßlich einer Beerdigung in Wuppertal am 18. Juni 1943 heuchlerisch vom »Kindermord in Freiburg am 10. Mai 1940«, der »im kranken Gehirn der plutokratischen Weltzerstörer« geboren worden sei.[40]

Der Freiburger Kindermord war für die Faschisten ein willkommener Anlaß, eine hysterische Haßstimmung im deutschen Volk und in der Wehrmacht zu erzeugen.

Bei der großen Bedeutung, die dieser Angriff für die »Begründung« des sich später ständig steigernden Bombenterrors hatte, ist es sehr wichtig, genau zu wissen, wer dieses unmenschliche Verbrechen befohlen und wer es durchgeführt hat. Wer hatte also bei relativ guter Witterung – fünf Zehntel des Himmels hatten eine nur lockere Wolkendecke – und bei 10 km bis 20 km Sicht seine Bomben in die dichtbebaute Innenstadt Freiburgs geworfen?

Was sich schon während des Krieges die Freiburger Bevölkerung streng vertraulich zuflüsterte, wurde nach dem Krieg Gewißheit: Es waren deutsche Fliegeroffiziere, die aus drei Flugzeugen vom Typ He-111 die todbringenden Bomben geworfen hatten. Aber noch mehr: Der ehemalige Generalstabschef Hitlers, Generaloberst a. D. Halder, hat in zwei Briefen, vom 7. Oktober 1947 und vom 27. Oktober 1947, dem Freiburger Stadtarchiv mitgeteilt, daß der Angriff »auf einen Befehl Hitlers« erfolgt sei. Halder teilte gleichzeitig mit, daß auch der damalige deutsche Abwehrchef, Admiral Canaris, von diesem Befehl gewußt habe.

Das bis zum Kriegsende streng gehütete Geheimnis wurde nach 1945 zum erstenmal von der Schriftstellerin Isa Vermehren gelüftet. Sie schreibt in ihrem Buch »Reise durch den letzten Akt« über Halder unter anderem folgendes: »Einem späteren Gespräch mit ihm verdanke ich eine schwerwiegende Information, die Bestätigung eines alten Verdachts: Jene erste berühmte und furchtbare sogenannte Terrorbombe im Frühjahr 1940... in Freiburg... ist auf deutschen Befehl von deutschen Flugzeugen geworfen worden.«[41]

Am 1. Dezember 1947 übergab die badische Staatskanzlei der Öffentlichkeit eine Erklärung über den Angriff deutscher Flugzeuge am 10. Mai 1940 auf Freiburg. Die Erklärung ist in der in Freiburg erscheinenden »Badischen Zeitung« vom 2. Dezember 1947 veröffentlicht. Dort wird der Inhalt der Briefe Halders und das Ergebnis der durchgeführten Untersuchung wie folgt dargestellt:

»Im Interesse der Wahrheit und der Besserung der Beziehungen zwischen den ehemals gegnerischen Völkern ist die Landesregierung und die Stadtverwaltung verpflichtet, eine amtliche Feststellung über den ersten Angriff auf Freiburg im Frühjahr 1940 der Allgemeinheit bekanntzugeben, so furchtbar und beschämend das Ergebnis auch ist.

1. Das Gespräch mit Fräulein Isa Vermehren hat stattgefunden. Der Inhalt ist sinngemäß richtig wiedergegeben.

2. Die Grundlage des Gesprächs war folgende. In der Vorbereitungszeit des Westfeldzuges (Herbst 1939 bis Frühjahr 1940) war die Gegensätzlichkeit zwischen der Widerstandsgruppe innerhalb der obersten Kommandobehörde und Hitler aufs äußerste gesteigert. Die Widerstandsgruppe wollte einen deutschen Angriff im Westen verhindern. Hitler ihn mit allen Mitteln beschleunigen und rücksichtslos ausführen. Bei seinen Gedanken über die rücksichtslose Ausführung spielte der Einsatz der überlegenen deutschen Luftwaffe gegen französische Städte eine wesentliche Rolle. Er hoffte durch Schockwirkung den Widerstandswillen des französischen Volkes rascher zu brechen, fühlte sich aber behindert durch die Tatsache, daß er selbst noch während des polnischen Feldzuges, in dem die deutsche Luftwaffe im Osten festgelegt war, öffentlich gegen die Bombardierung offener Städte Stellung genommen und sogar eine internationale Abmachung über diese Frage angeregt hatte. Um sich von dieser Behinderung zu befreien, mußte der erste Schritt in dem erbarmungslosen Kampf gegen Frauen und Kinder dem Feinde zugeschoben werden. Das konnte nur durch einen fingierten feindlichen Angriff auf eine offene deutsche Stadt geschehen. Dazu erschien Freiburg besonders geeignet, weil durch die Erinnerung an einen französischen Luftangriff im ersten Weltkrieg (auf die badische Landeshauptstadt Karlsruhe) einem neuerlichen Angriff auf eine badische Stadt größte propagandistische Resonanz sicher war. Die Nähe dieser Stadt an der Grenze bot, wenn die Täuschung nicht gelang, die Möglichkeit, sich auf einen Irrtum hinauszureden. Daraus entstand der Entschluß zu einem fingierten feindlichen Angriff auf die Stadt Freiburg.

Diese Darstellung wurde einem zuverlässigen und kraft seines Amtes berufenen Zeugen durch den unterdessen verstorbenen Admiral Canaris gemacht. An der Richtigkeit der Darstellung zu zweifeln besteht bei der Mentalität Hitlers nicht der geringste Grund. Die Öffentlichkeit wird sich noch daran erinnern, daß Hitler bald nach dem Freiburger Bombenwurf in einer öffentlichen Erklärung zum Ausdruck gebracht hat, er fühle sich nunmehr an keine Rücksicht gegenüber feindlichen Städten gebunden.

Der oben erwähnte Zeuge (der damalige Generaloberst Halder – *W. W.*), der auch in charakterlicher Beziehung als unbedingt zuverlässig anzusehen ist, hat in seiner dienstlichen Stellung unmittelbar nach dem Ereignis aus Kreisen der Luftwaffe selbst die vertrauliche Mitteilung erhalten, die Bomben auf Freiburg seien deutsche Bomben gewesen. Der Zeuge wurde ferner von einem ihm persönlich bekannten General der Luftwaffe, der dem Regime des Dritten Reiches mit der inneren Ablehnung des Offiziers alter Schule gegenüberstand, auf den Fall Freiburg angesprochen. Dieser Offizier berichtete, daß er in seiner damaligen technischen Dienststelle einen Bericht mit der Feststellung, daß es sich in Freiburg um deutsche Bomben gehandelt habe, in der Hand gehabt und diesen Bericht mit der Bitte um Aufklärung nach oben weitergeleitet habe. Eine Aufklärung sei trotz seiner wiederholten Nachfrage nie erfolgt.

Soweit die tatsächlichen Feststellungen. Wenn auch Admiral Canaris und der erwähnte General der Luftwaffe heute nicht mehr unter den Lebenden weilen, so tragen doch die Angaben des gehörten Zeugen den Stempel der Wahrheit in sich. Daß Hitler zu jedem Verbrechen fähig war, wenn es nur seinen Zielen diente, ist heute allgemein bekannt. Zum Beispiel hat man heute aus den Nürnberger Dokumenten den Nachweis dafür, daß Hitler seiner Umgebung gegenüber die Absicht ausgesprochen hat, nötigenfalls selbst den Auftrag zur Ermordung des deutschen Gesandten in Prag zu geben, um einen Anlaß zum Kriege gegen die Tschechoslowakei zu haben. Es muß daher auch als durchaus glaubwürdig erscheinen, daß er auf eine deutsche Stadt Bomben werfen ließ, um den Einsatz seiner damals überlegenen Bomberwaffe gegen offene feindliche Städte vor der Weltöffentlichkeit zu rechtfertigen. Darüber, daß er in der geistigen Verwirrung dieser Zeit auch in der Wehrmacht (Luftwaffe) Persönlichkeiten finden würde, die in blinder Ergebenheit einen Luftangriff auf eine deutsche Stadt auszuführen bereit wären, brauchte er sich leider keine Sorge zu machen.

Auch für dieses traurige Kapitel geben die Nürnberger Dokumente erschütternde Beweise.«

Soweit die Erklärung der badischen Staatskanzlei vom 1. Dezember 1947 über den Fall Freiburg. Sofort nach ihrer Veröffentlichung reagierten die Militaristen. Am 2. Dezember 1947 erfuhr die Öffentlichkeit durch die Presse von den Bekundungen Halders. Vier Tage später, am 6. Dezember, veröffentlichte der ehemalige Hitlergeneral Kammhuber, der später einer der verantwortlichsten Militärs der Bonner Bundeswehr wurde, in der »Marburger Presse« eine geharnischte Erklärung, in der er behauptete, Freiburg sei keinesfalls von deutschen Flugzeugen angegriffen worden. Kammhuber hatte allen Grund, dieses Verbrechen auch nach dem Krieg noch zu vertuschen, war er doch zu der Zeit, als die Bomben auf Freiburg fielen, Kommandeur des 51. Kampfgeschwaders, dem die drei Flugzeuge aus Landsberg, die Freiburg bombardierten, angehörten. Halder wurde offensichtlich schwer unter Druck gesetzt. In einem Schreiben vom 27. Dezember 1947 erklärte er, seine Ausführungen stellten eine persönliche Auskunft gegenüber einer zur Anfrage berechtigt erscheinenden Dienststelle dar und seien unter der ausdrücklich gegebenen Zusicherung erfolgt, daß davon kein publizistischer oder sonst unpassender Gebrauch gemacht werde. Vom Inhalt der Erklärung konnte er jedoch nichts widerrufen.

Es blieb einwandfrei erwiesen, daß deutsche Flugzeuge den Angriff geflogen hatten. Der Versuch Kammhubers, zu verschleiern, daß der Angriff deutschen Fliegern befohlen wurde, war allzu durchsichtig. Hatte Hitler den Angriff befohlen, so hatte er persönlich sicherlich keinem der drei Piloten oder einem anderen unteren Kommandeur die diffizile Angelegenheit aufgetragen; dann scheint gewiß, daß der Kommandeur, der den Einsatz der Maschinen leitete, nämlich Kammhuber, über dieses Verbrechen nicht nur informiert wurde, sondern sogar mit im Komplott war. So wurde es auch von der Weltöffentlichkeit eingeschätzt, denn Kammhuber war bekannt als bedingungsloser Anhänger der Terror-Bomben-Strategie.

Später ergab sich für die Bonner Regierung die zwingende Notwendigkeit, die Sache aus der Welt zu schaffen. Josef Kammhuber wurde reaktiviert und Inspekteur der Luftwaffe der Bundesrepublik. Als Viersternegeneral war er damals einer der vier höchsten Generale der Bundeswehr. Das Institut für Zeitgeschichte in München bekam den Auftrag zur Mohrenwäsche.[42] Und tatsächlich wurde der Versuch unternommen, den Mohr Josef Kammhuber zu waschen. Man bemühte sich redlich, nur war es trotz aller Anstrengungen nicht möglich, ihn zu rehabilitieren. Die Untersuchung des Münchner Instituts brachte folgendes Ergebnis:

1. Erwiesen ist, daß es deutsche Bomben waren, die von drei deutschen He-111 abgeworfen wurden. Der Kindermord von Freiburg kam auf das Konto der 3. Kette der 8. Staffel der III. Gruppe des 51. Kampfgeschwaders »Edelweiß« aus Landsberg. Führer der Kette war ein Leutnant S., der später, am 12. August 1940, bei einem Angriff auf die Hafenanlagen von Portsmouth in England gefallen sein soll.

Major a. D. Claus H., der sich selbst als »der beste Freund« des Staffelführers Leutnant S. bezeichnet, erklärte im Februar 1955 in der westdeutschen illustrierten Zeitschrift »Quick« über das Schicksal dieses Leutnants: »Seit dieser Zeit (dem Angriff auf Freiburg – *W. W.*) suchte und – fand er den Fliegertod.« (Wenn es wirklich so gewesen ist, dann hat Leutnant S. die Hitlerfaschisten der Aufgabe enthoben, ihn zu beseitigen, denn das hätten sie bestimmt getan; wobei es durchaus noch möglich ist, daß die faschistischen Verbrecher beim »Heldentod« des Leutnants S. in Portsmouth ein bißchen nachgeholfen haben – *W. W.*).

2. Die Kette des Leutnants S. habe sich verirrt, und anstatt das Ziel, den Flughafen Dijon, oder das Ausweichziel, den Feldflughafen Dolé, in Frankreich anzugreifen, hätten sie bedauerlicherweise ihre Bomben auf Freiburg abgeworfen.

3. Ein Befehl sei nicht erteilt worden. Wohl aber hätten, nachdem die Sache nun einmal geschehen war, die faschistischen Machthaber den bedauerlichen Irrtum eines Fliegeroffiziers propagandistisch für ihre Zwecke stark ausgenutzt.

4. Die Schuldigen, insbesondere Leutnant S., seien

deshalb auch nicht zur Verantwortung gezogen worden. Jedwede Untersuchung hätten die höchsten Stellen (damit ist neben Göring besonders Hitler gemeint – *W. W.*) rücksichtslos unterbunden.

Das sind die wichtigsten Schlußfolgerungen aus der Untersuchung des Münchner Instituts für Zeitgeschichte, die zugleich den ehemaligen Oberst und Kommandeur des 51. Kampfgeschwaders und späteren Inspekteur der Bonner Luftwaffe, General Kammhuber, rehabilitieren sollten. Aber die Tatsachen führen zwingend zu anderen Schlußfolgerungen. Sehen wir uns einige Fakten an. Was spricht für eine befohlene Aktion?

1. Die Hitlerclique bediente sich bei allen wichtigen Aktionen der Provokation.

Mit dem Reichstagsbrand suchte sie ihre Macht zu konsolidieren und gleichzeitig eine Legitimation für die physische Vernichtung ihrer politischen Gegner zu erhalten.

Der Krieg gegen Polen 1939 wurde mit einem Scheinangriff gegen den deutschen Rundfunksender Gleiwitz begonnen. Die SS hatte zu schweren Strafen verurteilte kriminelle Gefangene in polnische Uniformen gesteckt und mit ihnen einen polnischen Angriff auf den Sender Gleiwitz vorgetäuscht. Es wurden sogar Tote hinterlassen – KZ-Häftlinge, die man in polnische Uniformen gesteckt und ermordet hatte –, damit sie am Ort der Provokation gefunden würden. In der gleichen Nacht gab es noch zehn ähnliche Provokationen (Scheinangriffe auf Zollhäuser und anderes). Hitler sagte dann in einer Rede am nächsten Tag, dem 1. September 1939, die berüchtigten Worte, daß nunmehr »zurückgeschossen« werde.[43]

Die Kriegserklärung Englands am 3. September 1939 beantwortete die Hitlerregierung mit der Torpedierung des englischen Passagierdampfers »Athenia«, der noch am gleichen Tage, also am 3. September, von dem deutschen U-Boot U-30 versenkt wurde. 120 Passagiere ertranken. Sofort beschuldigten die deutschen Faschisten und Militaristen Churchill, daß er den Dampfer »Athenia« absichtlich durch eine Höllenmaschine versenkt habe, um Greuelpropaganda gegen die Deutschen treiben zu können.

Gäbe es überhaupt keine anderen Beweise als die Kenntnis, daß deutsche Flugzeuge ihre Bomben auf Freiburg warfen, dann wären die vielen bekannten ähnlichen Provokationen Hitlerdeutschlands schon Indiz genug, um auf einen befohlenen Angriff zu schließen.

2. Generaloberst Halder war 1940 Generalstabschef der deutschen Armee, und Admiral Canaris war Hitlers allgewaltiger Spionage- und Abwehrchef. Wenn Leute, die ja einen großen Teil Schuld an den Verbrechen der Hitlerclique tragen, solche Tatsachen aus eigener Kenntnis bestätigen, dann ist es frivol oder Methode, diese Zeugenaussagen als Irrtümer vom Tisch zu fegen.

3. Die drei He-111 starteten in Landsberg, wie einwandfrei erwiesen, am 10. Mai 1940 zwischen 14.33 Uhr und 14.39 Uhr. Um 15.59 Uhr fielen die Bomben auf Freiburg, und um 17.20 Uhr waren die Flugzeuge wieder in Landsberg gelandet. Sie haben sowohl für den Hin- wie auch für den Rückflug die gleiche Zeit gebraucht. Alle anderen Flugzeuge der 8. Staffel des 51. Kampfgeschwaders, die tatsächlich in Dijon waren, landeten über eine Stunde später in Landsberg. Die Entfernung Landsberg–Dijon beträgt in gerader Linie 450 km, wobei Freiburg genau in der Mitte liegt. Aber schon 15.40 Uhr wurden die fraglichen Flugzeuge das erstemal von der Flugwache Freiburg mit westlichem Kurs erkannt und einwandfrei als drei He-111 identifiziert. Und seltsam, äußerst seltsam, neun Minuten später kamen dieselben Flugzeuge aus westlicher Richtung, stießen durch die Wolkendecke und warfen 69 Bomben ab. Und noch seltsamer: Anstatt sofort nach Osten, das heißt zum Heimatflugplatz, zurückzukehren, flogen die Maschinen wieder westwärts in Richtung Frankreich. Klar, daß es sich dabei um ein Täuschungsmanöver handelte; denn den Kompaß konnte der Leutnant als Kettenführer bestimmt entziffern.

Auch die Zeit ist ein sehr schwerwiegendes Belastungsmoment. Von Landsberg nach Dijon sind es hin und zurück im Minimum je 450 km. Selbst bei besten Flugbedingungen ist es völlig ausgeschlossen, daß die Kette des Leutnants S. in Dijon gewesen ist. Der Führer dieser Kette wußte zumindest genau, daß es noch recht weit bis zum befohlenen Ziel war. Die Maschinen konnten gar nicht in

Frankreich gewesen sein. So viel Kenntnisse, wie sie ein Schüler der achten Klasse besitzt, daß er aus Zeit und Geschwindigkeit die durchflogene Strecke errechnen kann, muß man einem Leutnant der faschistischen Luftwaffe schon zubilligen, selbst wenn man annehmen würde, daß er nicht zu den Begabtesten gehörte.

4. Da die Bewölkung, wie es in der Fachsprache heißt, nur fünf Zehntel bis sieben Zehntel betrug, war genügend Sicht zur Orientierung vorhanden. Die Wolkendecke begann erst bei knapp 2000 m, darunter war klare, einwandfreie Sicht. Beim Anflug konnte man, wie viele Zeugen aussagten, schon 10 km vor Freiburg die Maschinen sehen. Natürlich sahen auch die Besatzungen der 1500 m hoch fliegenden Maschinen unter sich alles. Sie suchten auch nicht, sie kurvten nicht herum, sondern visierten sofort geradlinig Freiburg an. Die Bomben wurden bei klarer Sicht über dichtbebauten Teilen der Stadt abgeworfen. Ein Irrtum war unmöglich.

5. Noch überzeugender wird der *befohlene* Angriff auf Freiburg bewiesen, wenn man sich die 69 gefallenen Bomben und ihre Ziele etwas genauer ansieht. Das Kriegstagebuch des örtlichen Luftschutzleiters von Freiburg und die amtlichen Unterlagen des Archivs der Stadt Freiburg sagen darüber aus:

Von 69 Bomben waren nicht weniger als 25 Blindgänger. Das ist schon ungewöhnlich. Aber wo sind diese »Blindgänger« hingefallen? Um den Schein des Irrtums zu wahren, wurden 10 von den 69 Bomben auf den Flugplatz Freiburg geworfen. Damit dort kein ernsthafter Schaden entstand, waren gerade diese 10 Bomben »zufällig« Blindgänger. Auch von den auf die in der Nähe liegende Gemarkung Lehen geworfenen 11 Bomben, die vielleicht auch dem Flugplatz gegolten haben, ist keine einzige explodiert. Die Wohngebiete am Stadtrand trafen 31 Bomben, bei denen es merkwürdigerweise bloß noch 4 Blindgänger gab. Bei den 17 Bomben aber, die auf die Innenstadt fielen, war überhaupt kein Blindgänger. Natürlich nicht! Mit zerstörten Flugzeugen hätte man bei der beabsichtigten Hetze keinen Hund hinter dem Ofen hervorgelockt. Es mußten tote deutsche Menschen sein, am liebsten Kinder; denn mit ermordeten deutschen Kindern konnte Goebbels viel mehr anfangen als mit zerstörten Flugzeugen, Flugzeughallen und Startbahnen.

Und das alles soll ein Irrtum gewesen sein? Nein, niemals! Diesen »Irrtum« glaubt keiner mehr, zumal die drei Flugzeuge durch keine Abwehr gestört wurden, also auch nicht in die Lage kamen, die Bomben etwa in Panikstimmung auszuklinken.

Auch wenn die Bomben einer französischen Stadt gegolten hätten, wäre der Angriff auf das dortige Stadtzentrum ein ebenso großes Verbrechen gewesen.

Es ist bei Beachtung aller Umstände jedoch nicht zu bezweifeln, daß der Angriff auf Freiburg beabsichtigt, befohlen und organisiert war. Da die Faschisten absolut sicher waren, daß sie den Krieg in kürzester Zeit gewinnen würden, hielten sie es nicht einmal für notwendig, besonders gründlich die Spuren zu verwischen. Später war das Verwischen der Spuren für die Bonner Extremisten zwingend notwendig geworden.

Der Vater Wernher von Brauns, des »Renommier-Raketen-Spezialisten« der USA, der ehemalige Reichslandwirtschaftsminister und Rittergutsbesitzer Magnus von Braun, erdreistete sich noch 1955 zu schreiben:

»Aber etwas darf jetzt schon festgehalten werden: Die furchtbaren Verwüstungen deutschen Landes und deutscher Kultur durch Luftangriffe, die noch nach Jahrhunderten lauter sprechen werden als alle Metzeleien, sind nicht von Deutschland provoziert. Die erste Bombe, die im zweiten Weltkrieg auf eine offene Stadt fiel – das muß die Geschichtsschreibung festhalten –, war eine englische, sie fiel am 11. Mai 1940 auf Freiburg. Hitler schlug erst sehr viel später, am 15. November 1940, durch die Bombardierung von Coventry in England zurück.«[44]

Hatte die fehlende Luftabwehr etwas mit Sabotage zu tun?

Rodenberger überschreibt in seinem Buch »Der Tod von Dresden« ein Kapitel mit den Worten »Sabotage – Sabotage«. Der Inhalt ist frappierend. Die gleiche Auffassung, daß Dresden wegen Sabotage zerstört werden konnte, spielte in der Dresdner Bevölkerung lange Zeit – vereinzelt auch heute noch – eine Rolle. Deshalb sei darauf eingegangen. Zuerst schreibt Rodenberger wahrheitsgemäß, daß »von Dresden die Flakbatterien abgezogen worden waren«. Von der Luftwaffe dagegen berichtet er: »Aber trotz Mangel an Benzin, Maschinen und Munition gab es noch viele tausend einsatzfähige Flugzeuge ... Auf den Flugplätzen standen Maschinen in rauhen Mengen, nicht nur Jäger, sondern auch Düsenjäger; sie waren jedem Feindflugzeug überlegen ...

Hunderte modernster Jagdflugzeuge standen bereit. Hoch oben zogen die Bomberströme. Innerhalb weniger Minuten hätten die Düsenjäger mitten unter ihnen sein können. Verwirrung wäre unter den Bombern entstanden. Man hätte sie abdrängen können. Der Paradeflug über Dresden hätte anders ausgesehen.«[45]

Und warum haben sie nicht eingegriffen? Rodenberger behauptet, es hätte ein von »oben befohlenes Startverbot« gegeben, es sei »von oben« Sabotage betrieben worden. Er erklärt: »Deutschland hatte aber noch genügend Offiziere und Mannschaften der Luftwaffe, die sich bedenkenlos und mutig einer Übermacht entgegengeworfen hätten.«[46]

Er ist damit nicht originell. Diese Story begann der deutsche Generalstab bereits in den offiziellen Verlautbarungen des Oberkommandos der Wehrmacht zu schreiben.

Interessant ist, im damaligen Wehrmachtsbericht nachzulesen, wieviel anglo-amerikanische Flugzeuge in den letzten Monaten und Tagen des zweiten Weltkriegs von der faschistischen Wehrmacht angeblich abgeschossen wurden. Der Lügenbaron Münchhausen war ein Waisenknabe gegen die deutsche Generalität, die dem Volk tagtäglich diesen Schwindel vorsetzte. So wurden allein in sechs Wehrmachtsberichten, vom 19., 21., 22., 23., 25. und 26. März 1945, sage und schreibe 259 angloamerikanische Flugzeuge, meist viermotorige Bomber, als abgeschossen gemeldet.[47]

Am 8. April 1945 schrieben die deutschen militärischen Märchenerzähler im Wehrmachtsbericht: »Besonders über Norddeutschland kam es zu erbittert geführten Luftkämpfen, in denen die kühn angreifenden deutschen Jäger trotz stärkster Abwehr den amerikanischen Bomberverbänden schwerste Verluste zufügten.«[48]

Längst wissen wir durch die Veröffentlichungen von Leuten wie Galland, Baumbach, Bartz und Rumpf, die damals an der Quelle saßen, daß das alles erfunden und erlogen war, daß die Luftabwehr zu jener Zeit über dem Reichsgebiet nur noch eine völlig untergeordnete Rolle spielte. Rumpf zum Beispiel schreibt in seinem Buch »Das war der Bombenkrieg«: »Auf deutscher Seite sank die Kampfkraft der Luftwaffe im umgekehrten Verhältnis immer weiter ab, und zwar weniger infolge ungenügenden technischen Nachschubs als durch die übergroßen, nicht mehr zu ersetzenden Verluste an fliegendem Personal und die rasch sinkende Treibstoffversorgung...

Auch die Luftwaffenführung geriet in immer größere Schwierigkeiten... Die Flak litt seit langem an veralteten und überbeanspruchten Geschützen, deren Reichweite für die jetzigen Flughöhen von 8000 bis 9000 m nicht mehr genügten.«[49]

Die Verluste der westlichen Alliierten an Flugzeugen, besonders an Bombern, bei ihren Angriffen auf Deutschland waren jedoch nie so gering wie im letzten halben Jahr des Krieges.

Zunächst muß man einige Worte zur deutschen Luftwaffe und zu ihrem im zweiten Weltkrieg geschaffenen Mythos sagen.

Die Entwicklung der Flugzeugtechnik ging gerade im letzten Krieg sprunghaft vor sich. Nicht nur in der Quantität gab es Rekorde, auch in der Qualität. Die Gegner suchten sich ständig zu überbieten und verwandten einen großen Teil ihrer Rüstungskapazität auf die Ausrüstung und Unterhaltung der Luftwaffe. Nach dem bereits erwähnten amerikanischen Bericht verwendete England 40–50 Prozent, Deutschland 40 Prozent und die USA 35 Prozent der gesamten Kriegsproduktion auf den Sektor der Luftwaffe.[50]

Die deutsche Luftwaffe hatte nur in den ersten Kriegsjahren einen gewissen Vorteil in der technischen Entwicklung und in der Zahl der einsatzfähigen Flugzeuge. Spätestens in den Herbst- und Wintermonaten 1941/42 änderte sich das. Nicht in der für die faschistische Luftwaffe immerhin verlustreichen »Schlacht über England« wurde der Luftflotte Hitlerdeutschlands das Rückgrat gebrochen. Nein! Der Stern der deutschen Luftwaffe ging im Osten unter. Dort wurde ihr Bestand an Flugzeugen und vor allem an Personal aufgerieben.

Die ersten Monate des Krieges gegen die Sowjetunion waren, was die Luftstreitkräfte betrifft, für die Faschisten insofern günstig, als die Sowjetunion bei Kriegsausbruch gerade erst die Produktion neuer Flugzeugtypen in Serienfertigung aufnahm und die Faschisten beim heimtückischen Einfall in das Sowjetland auf den Flugplätzen eine große Zahl sowjetischer Flugzeuge erbeuten oder zerstören konnten. Die Lage änderte sich aber zusehends. Schon in der Schlacht vor Moskau und in der nachfolgenden sowjetischen Winteroffensive 1941/42 erlitt die faschistische Luftwaffe schwere Verluste.

Selbst Karl Bartz muß in seinem Buch »Als der Himmel brannte« eingestehen: »Als der Frühling (1942 – *W. W.*) kam, fand er in Rußland eine müde, verbrauchte Luftwaffe vor... Es gab Geschwader, die auf 10 Prozent ihres ursprünglichen Flugzeugbestandes zusammengeschrumpft waren.«[51]

Aber auch er will die Tatsache, daß schon zur Jahreswende 1941/42 die Luftüberlegenheit der Faschisten an der Ostfront zeitweilig und örtlich durchbrochen wurde und daß sie, wie anschließend dargelegt, im Sommer 1943 allgemein verlorenging, irgendwie mit dem »General Winter« entschuldigen, wenn er von der »Kälte und dem falschen Einsatz« schreibt, die die deutsche Luftwaffe in gefährlichem Ausmaß geschwächt hätten.

Dieses Märchen, daß an ihren Niederlagen im Osten allein der »böse Wettergott« schuld gewesen sei, verbreiten sogar bis auf den heutigen Tag einige der geschlagenen Größen des Hitlerreiches und seiner Wehrmacht. Der Rüstungsminister der Faschisten, Speer, schrieb am 29. März 1945 an Hitler: »Als ob die Vorsehung uns warnen wollte, so wurden von nun ab alle militärischen Ereignisse von einem Unglück sondergleichen verfolgt. Noch nie haben in einem Krieg die äußeren Umstände, etwa das Wetter, eine so ausschlaggebende und unglückliche Rolle gespielt wie ausgerechnet in diesem technischsten aller Kriege. Der Frost vor Moskau, das Nebelwetter bei Stalingrad und der blaue Himmel über der Winteroffensive 1944 im Westen.«[52]

Das stimmt nicht: Die überheblichen deutschen Militaristen hatten ihre Meister gefunden.

Im Dezember 1942 produzierte die Sowjetunion trotz des Verlustes wichtigster Industriegebiete fast das Dreieinhalbfache an Flugzeugen wie im Dezember 1941. Bereits in der Schlacht an der Wolga, das können die westlichen Geschichtsschreiber nicht mehr leugnen, »war die sowjetische Luftflotte sogar zahlenmäßig der deutschen weit überlegen«[53] und machte ihr schwer zu schaffen. »Die Bemühungen des deutschen Oberkommandos, die 6. Armee aus der Luft zu versorgen, endeten mit einem Fiasko. Die deutsche Luftwaffe hatte ungeheure Verluste... Während der Zerschlagung der eingeschlossenen Gruppierung leistete die deutsche Luftwaffe keinen nennenswerten Widerstand mehr; die Initiative lag jetzt fest in der Hand der sowjetischen Fliegerkräfte. Diese flogen in dieser Periode insgesamt 36000 Einsätze – doppelt soviel wie der Gegner –, warfen 8000 Tonnen Bomben und vernichteten einschließlich der 500 Transportmaschinen insgesamt 1420 Flugzeuge, davon über 600 in Luftkämpfen und rund 800 am Boden. Weitere hohe Verluste hatte die deutsche Luftwaffe durch die Flakartillerie. In den Kämpfen an der Wolga wurden die besten Luftwaffengeschwader des faschistischen Deutschlands zerschlagen. Dort verlor es seine erfahrensten Piloten und Beobachter, darunter viele Fluglehrer, was sich später bei der Ausbildung von fliegendem Personal verhängnisvoll auswirkte. Nach der Schlacht an der Wolga gelang es der deutschen Luftwaffe nicht mehr, diese Lücke zu schließen, und bis zum Ende des Krieges fehlten Piloten.«[54] Kein Wunder, wenn ein deutscher Teilnehmer der Schlacht an der Wolga schreibt: »Nicht nur das Heer, sondern auch die Luftwaffe hat bei Stalingrad eine Armee verloren.«[55]

Das änderte sich auch dann nicht mehr, als die Faschisten den übergroßen Teil ihrer Luftwaffe im Osten einsetzten. In den folgenden Kämpfen des gleichen Jahres verlor die deutsche Luftwaffe endgültig die strategische Luftherrschaft an der Ostfront. Nunmehr hatten die sowjetischen Flieger das Heft fest in der Hand.[56]

Nach der Veröffentlichung im »Neuen Deutschland« vom 20./21. Juni 1981 hatten am 22. Juni 1941 an der Ostfront die Sowjetunion 1540 Kampfflugzeuge zur Verfügung, die deutsche Wehrmacht mit ihren Satelliten dagegen 4980 Flugzeuge. Also weit mehr als das Dreifache. Am 1. Juli 1943 – rund zwei Jahre später – hatte die Sowjetunion schon 8293 Kampfflugzeuge zur Verfügung, die Faschisten dagegen noch 2980. Das Verhältnis der zur Verfügung stehenden Flugzeuge hatte sich in diesen zwei Jahren fast genau umgekehrt. Ähnliche Angaben machte 1961 die westdeutsche »Wehrwissenschaftliche Rundschau«.

Als die faschistische Führung 1943 gezwungen war, zur strategischen Verteidigung überzugehen, verteilten sich die Frontflugzeuge der Luftwaffe auf 6 Luftflotten, das Kommando des Luftwaffenbefehlshabers Mitte und das Luftwaffenkommando Südost. Davon standen 4 Luftflotten mit dem Bestand von 3215 Frontflugzeugen an der deutsch-sowjetischen Front, während auf allen übrigen Kriegsschauplätzen – vom Balkan über Frankreich bis zum Nordkap – nur 2113 Flugzeuge eingesetzt waren.[57] Im weiteren Verlauf des Krieges hat sich dieses Verhältnis noch weiter zugunsten der Ostfront verschoben. Von Anfang Januar bis Ende Februar 1945 wurden aus dem Bestand der Luftverteidigung über dem Reichsgebiet gegen die sowjetische Offensive an der Weichsel und Oder noch zusätzlich vier Jagdgeschwader eingesetzt.[58]

Die Verluste der deutschen Luftwaffe waren letzten Endes so groß geworden, daß die Zahl der einsatzfähigen Flugzeuge erschreckend abnahm. Galland, jahrelang Abgott und Chef der Jagdflieger, schreibt: »Der Bestand aller im Reich und im westlichen Vorfeld verfügbaren zweimotorigen Nachtjäger überschritt im Jahre 1943 nie 350 Flugzeuge. Von diesen gelangten infolge geringer technischer Einsatzbereitschaft und je nach der taktischen und der Wetterlage im Durchschnitt höchstens 50 Prozent zum Einsatz. Bedenkt man weiter, daß der Anteil davon, der tatsächlich an den Feind kam, naturgemäß noch geringer war, so wird verständlich, daß damit nächtlichen Großangriffen auf die Dauer nicht entscheidend begegnet werden konnte.«[59]

Im April 1944 will er nach eigenen Angaben in einer Denkschrift an Hitler auf die großen Verluste an Maschinen und Personal einerseits und auf die sehr akute Gefahr des Zusammenbruchs der deutschen Luftwaffe andererseits hingewiesen haben.

Obwohl die Faschisten ahnten und wußten, daß die Landung alliierter Truppen in Nordfrankreich bevorstand, dachten sie nicht daran, von der Ostfront Flugzeuge abzuziehen. Als die Invasion begann, standen in Frankreich den 12837 anglo-amerikanischen Flugzeugen – darunter 5409 Jägern – nur noch 70 deutsche Bomber und 90 Jagdflugzeuge gegenüber.[60] Der von den Engländern und Amerikanern über Deutschland geführte Luftkrieg konnte also selbst in der Zeit höchster Aktivität die Faschisten nicht zwingen, von der Ostfront Flugzeuge und Flak abzuziehen. Der Bestand – nicht die Einsatzbereitschaft, die ja etwa 40 Prozent niedriger war – der gesamten Luftwaffe betrug Mitte 1944 an allen Fronten 3222 Flugzeuge, darunter 1195 Jäger, 434 Nachtjäger und 153 Zerstörer.[61] In Frankreich standen davon nur zwei Jagdgeschwader. Die »rauhen Mengen«, von denen Rodenberger schreibt, waren also an der Ostfront und wurden dort vernichtet.

Wie es mit den »Offizieren und Mannschaften der Luftwaffe« aussah, »die sich bedenkenlos und mutig einer Übermacht entgegengeworfen hätten«, beschreibt Galland: »Unsere Verluste stiegen unaufhaltsam. So in die Verteidigung gedrängt, verlernten unsere Verbände nach und nach den Kampf Jäger gegen Jäger. Sie wurden schließlich vom ›Jägerschreck‹ ergriffen. Die Zeit der Abschwünge und des Wegstürzens setzte ein. Hierdurch ging natürlich jeder Zusammenhalt der Verbände verloren, und einzeln wurden unsere Jäger von dem zahlenmäßig stets weit überlegenen Gegner erledigt. Diese Entwicklung war zweifellos katastrophal.«[62]

Von 700 Jägern, die noch 1943 und Anfang 1944 gegen einfliegende amerikanische Tagesgeschwader gestartet waren, kamen mitunter nur 30 in Feindberührung.[63]

Da erließ Göring am 8. Oktober 1944 einen Befehl, der

seinesgleichen sucht: »Ab sofort wird jeder Nachtflieger, der nach dem Luftkampf ohne sicheren Abschuß und ohne beschädigte Maschine landet, vor ein Kriegsgericht gestellt.«[64]

Im Februar 1945 bestand Hitler hartnäckig darauf, daß ein Vorschlag des widerwärtigen Scheusals Goebbels verwirklicht werde, sofort alle gefangenen feindlichen Flieger standrechtlich zu erschießen.

Alan Bullock schildert in seinem Buch »Hitler« das Verhalten Hitlers bei der Erörterung der Goebbelsschen Vorschläge über die Erschießung aller gefangenen Flieger wie folgt: »Bezeichnenderweise fesselte Hitler hierbei am meisten die Überlegung, welche Wirkung diese Maßnahmen auf die deutschen Soldaten haben würde. Gesetzliche Einwände tat er mit der Erklärung ab: ›Zum Teufel damit... Wenn ich deutlich zeige, daß ich keine Rücksicht auf Gefangene nehme, und mich weder um ihre Rechte noch um Vergeltungsmaßnahmen kümmere, dann werden die meisten (Deutschen) es sich zweimal überlegen, ehe sie desertieren.‹«[65] Und was schreibt Rodenberger: »Deutschland hatte aber noch genügend Offiziere und Mannschaften der Luftwaffe, die sich bedenkenlos und mutig einer Übermacht entgegengeworfen hätten.«

Wie es wirklich um die Luftabwehr in dieser Zeit bestellt war, beleuchtet grell das »Kriegstagebuch des Oberkommandos der Wehrmacht«. Es heißt dort zum Beispiel für Januar und Februar 1945:

»Lagebuch 3. 1. 45:

6. Allgemeines

a) Betriebsstofflage

Diese hat sich weiter verschlechtert. Außer Pölitz sind die großen Werke im Augenblick stillgelegt. Bei den Angriffen am 29. und 31. 12. gegen Harburg usw. sind zur Zeit wiederum 20% der kleineren Werke ausgefallen...

Lagebuch 20. 1. 45:

Die Luftflotte 5 (an der Ostfront eingesetzt – *W. W.*) erhält außer den schon zugeführten 2 Jagdgeschwadern jetzt noch ein drittes aus dem Westen.

Lagebuch 26. 1. 45:

Allgemeines

a) Im Januar stehen an Otto-Betriebsstoff 50 000 t zur Verfügung gegenüber 185 000 t im August, d. h. nur noch 28 %. An Flugzeug-Betriebsstoff stehen zur Verfügung 12 000 t gegenüber 198 000 t im Mai des Vorjahres, d. h. nur noch 6 %.

Lagebuch 5. 2. 45:

Westen – Reich

500 4mot. Bomber gegen Villach und St. Veit. Im Westen dagegen schlechtes Wetter; auch bei den 1- und 2mot. Bombern nur geringer Einsatz. Auf der eigenen Seite 19 Jäger.

Lagebuch 13. 2. 45:

Westen – Reich

Am Tage keine feindl. Einflüge. In der Nacht 50 Flugzeuge gegen Stuttgart, 15 gegen Mainz, 20 gegen Hannover. Für die eigenen Kräfte ist die Aufgabenstellung geklärt worden. Vordringlich ist der Einsatz von Schnellkampf-Verbänden im frontnahen Raum am Tage und Schlachtfliegern in der Nacht gegen die gleichen Ziele. Der Jagdeinsatz ist nachgeordnet wegen der Ausfälle in den Hydrierwerken.«[66]

»Von den geplanten 235 000 Tonnen Flugbenzin im Februar 1945 werden nur noch 1000 Tonnen erzeugt.«[67]

»Lagebuch 14. 2. 45:

Westen – Reich

Von Süden wieder Einflug von 450 Flugzeugen, ferner von 200 gegen Graz und Marburg, ferner gegen Agram; überall schwere Verkehrsschäden. Im Westen am Tage 200 Flugzeuge, in der Nacht ein zweimaliger Angriff gegen Dresden mit je 200 Bombern und 80 Moskitos. In der Presse wird der Angriff gegen das bisher verschonte Dresden damit begründet, daß den Russen geholfen werden soll. Ferner 300 Flugzeuge gegen 2 Hydrier-Werke in Mitteldeutschland.

Kurze Unruhe schaffte die falsche Meldung vom Absprung von 1000 Fallschirm-Jägern westlich Dresden. Kleinere Angriffe gegen Magdeburg und Hannover. Dagegen nur 27 eigene Nachtjäger.

Lagebuch 21. 2. 45:

Westen – Reich

Gegen Wien wieder 120 Flieger aus dem Süden (mittelschwere Schäden). Außerdem jetzt erhebliche Zerstörungen in den Eisenbahn- und Nachrichtenverbindungen. Ferner Angriffe gegen Triest und Pola, wo schwere Schäden zu verzeichnen sind. Ferner 150 Flugzeuge gegen Kroatien, die den Angriff abbrachen. Vom Westen die 3 amerik. Divisionen, von denen 150 über Holland zurückkehrten, die übrigen 1100 einen schweren Angriff gegen Nürnberg durchführten. Dagegen keine Jäger; 5 durch Flak abgeschossen.«[68]

Wo übrigens die letzten verfügbaren Fliegerkräfte eingesetzt waren, das beantwortet der Wehrmachtsbericht im »Freiheitskampf« vom 28. Januar 1945: »Starke Verbände deutscher Schlacht- und Jagdflieger griffen in die Winterschlacht im Osten ein.«

Wenn es aber noch eines Beweises gegen die aus der Luft gegriffenen Behauptungen Rodenbergers bedarf, dann steht dagegen das Eingeständnis des Oberkommandos der deutschen Luftwaffe selbst, in dessen Kriegstagebuch unter dem Datum vom 14. Februar 1945 sich folgende Feststellung findet: »Im Laufe des Tages setzten ca. 1200 amerikanische/4mot. die Luftoffensive gegen das Reich auch vom Westen fort und griffen mit Schwerpunkt Chemnitz, mit Teilen Dresden und Magdeburg an. Schwere Terrorwirkung in den angegriffenen Städten. Gegen diesen Einflug konnten nur 145 eigene Jäger eingesetzt werden.«[69]

Man stelle sich vor, für das ganze Reich, für die sogenannte Heimat, für die Abwehr der starken Bomberverbände der Engländer und der Amerikaner standen am Tage nur insgesamt 145 Jagdflugzeuge zur Verfügung. So erbärmlich war die Situation! Dabei muß man bedenken, daß sowohl die Engländer als auch die Amerikaner mit ihren »Mosquitos« und »Mustangs« den Bomberverbänden starken Jagdschutz gaben.

Wie war die Lage in Dresden? Warum haben die auf dem Flugplatz in Dresden-Klotzsche stationierten Nachtjäger nicht eingegriffen? Abgesehen davon, daß »der Jagdeinsatz wegen der Ausfälle in den Hydrierwerken nachgeordnet war«, wie es im »Kriegstagebuch des Oberkommandos der Wehrmacht« unter der Eintragung vom 13. Februar 1945 heißt, ist die sogenannte A-Staffel, wenn auch sehr spät, aber dennoch gestartet. Diese acht Nachtjäger, die den Kampf gegen eine Überzahl schwerer Bomber hätten aufnehmen müssen, kamen an den Bomberstrom gar nicht heran. Sicherlich haben sie die Aussichtslosigkeit ihres Auftrages bald erkannt und sind wieder gelandet. Von der leichten Flak des Flugplatzes Klotzsche wurde ein Flugzeug getroffen und ist beim Wasserwerk Dresden-Tolkewitz abgestürzt. Es war jedoch eine der acht gestarteten deutschen Jagdmaschinen, die wieder landen wollte.[70] Die Engländer in der Nacht und die Amerikaner am Tage hielten es nicht für notwendig, den Flugplatz Klotzsche anzugreifen, das heißt, die »rauhen Mengen« an einsatzfähigen Jagd- und Düsenflugzeugen bestehen nur in der Phantasie Rodenbergers.

Charakteristisch für die aussichtslose Lage der Faschisten und ihrer Luftwaffe waren auch phantastische und abenteuerliche Pläne, mit denen sie das Kriegsglück im letzten Augenblick noch wenden wollten. Zwei solcher beabsichtigten Aktionen seien hier etwas ausführlicher dargestellt.

Im Oktober 1944 entstand der Plan »Eisenhammer«, von dessen Verwirklichung sich die herrschenden Kreise in Deutschland tatsächlich eine Niederringung der Sowjetarmee versprachen. Geplant war, zwei miteinander gekoppelte Flugzeuge von einem Piloten ins Ziel steuern zu lassen. Das größere von beiden, unbemannt, sollte bis an den Rand voll mit Sprengstoff beladen werden. Vor dem Ziel sollte sich das bemannte kleine Flugzeug, das auf dem größeren festgemacht war, nachdem Kurs auf das Ziel genommen und gezündet worden war, lösen. Das große sollte ins Ziel stürzen und explodieren.

Auf diese Weise wollte man in einer Nacht mit einem Schlag alle Kraftwerke des europäischen Teils der Sowjetunion angreifen und zerstören. Damit sollte der Krieg gewonnen werden. Karl Bartz schreibt in seinem Buch »Als der Himmel brannte« dazu folgendes: »Eisenhammer sollte von Ostpreußen aus mit mehr als 200 Maschinen starten. Es war zu spät! Die Provinzgebiete fielen in die Hände der Russen, und die Reichweiten wurden für die Ju 88 und FW 190 zu groß. Die letzten ›Vater und Sohn‹, so hießen die Maschinen, wurden bei Angriffen auf

Weichsel- oder andere Brücken verwandt. Als die Russen kamen, wurden die Maschinen in Brand gesteckt.«[71]

Was soll man dazu sagen? Das war eine abenteuerliche Verzweiflungsaktion, die natürlich nichts am Ausgang des Krieges hätte ändern können.

Noch toller ist die Sache mit den SO-Männern. Hitler und seine Clique, allen voran Goebbels, riefen im Sommer und Herbst 1944 dringend nach den SO-Männern, von denen sie wieder einmal als eine der geheimen Wunderwaffen eine für sich siegreiche Beendigung des Kriegsgeschehens erhofften. Goebbels hatte schon im Rundfunk diese SO-Männer als kriegsentscheidend angekündigt. Wer und was waren die »wunderbaren« SO-Männer, auf die die abenteuerliche Clique ihre Hoffnungen setzte?

Im Sommer 1944 wurde auf Befehl Feldmarschalls Milch im Luftfahrtministerium nach einem Vorschlag des berüchtigten Skorzeny und der faschistischen Reklametante Hanna Reitsch eine Abteilung SO-Männer geschaffen. Die Bezeichnung SO-Männer bedeutete »Selbstofermänner«. Ihr Auftrag bestand darin, in einer umgebauten V 1 mitzufliegen und sie ins Ziel zu steuern. Zum Einsatz kam es nicht. Der allergrößte Teil der Männer war zum »Selbstopfer« gezwungen worden, und der kleinste Anlaß genügte, daß sie in alle Winde zerstoben.[72]

Auch an folgendem Beispiel läßt sich die Situation sehr deutlich charakterisieren:

Unter dem 13. Februar 1945 heißt es in dem bereits zitierten »Kriegstagebuch des Oberkommandos der Luftwaffe«, daß eine strenge Untersuchung durchgeführt werden solle, wer den Befehl zur Schwächung der Luftabwehr am Objekt Pölitz – einem großen, modernen Hydrierwerk in der Nähe von Stettin – gegeben habe. Am 14. Februar wird kleinlaut festgestellt: »5. Nach Vortrag hat Führer die Verminderung des derzeitigen Flakschutzes von Pölitz auf etwa 150 schwere Rohre gebilligt.«[73]

Die frei gewordene Flak ging selbstverständlich zum Osteinsatz gegen die Offensive der sowjetischen Truppen. Nach der Methode der Rodenberger müßte man jetzt sagen, Hitler hat sich, seine Politik und seine Kriegführung selbst sabotiert. Welch ein Unsinn, von einer »Sabotage von oben« auch nur zu träumen, geschweige denn zu reden und zu schreiben.

Welchen Zweck verfolgt die ganze Legende von Rodenberger? Keinen anderen, als der Bevölkerung der BRD einzureden, daß die Militärs unschuldig an der katastrophalen Niederlage des Hitlerfaschismus sind. Sie hätten sich »bedenkenlos und mutig einer Übermacht entgegengeworfen«. Ein plumper Versuch, eingefleischte Militaristen, die in der Bundeswehr das Sagen haben, reinzuwaschen.

Die Führung der westlichen Alliierten wußte selbstverständlich im Januar/Februar 1945 ganz genau, wie es um die deutsche Luftwaffe, um Menschen und Material, bestellt war. Sir Arthur Harris gesteht freimütig in seinen Erinnerungen: »Nie hätte ich zuvor gewagt, so entfernt liegende Ziele wie Dresden und Chemnitz anzugreifen, wenn zu jenem Zeitpunkt der Feind nicht bereits sein Luftwarnungssystem und die ganze Luftabwehr verloren gehabt hätte.«[74]

Spätestens seit Beginn der sowjetischen Januaroffensive im Jahre 1945, seit dem Zeitpunkt, als alle verfügbaren Menschen und Waffen an die Ostfront geworfen wurden, konnten die Engländer und Amerikaner ihre Luftangriffe durchführen, ohne mit ernsthaftem deutschem Widerstand rechnen zu müssen.

»Der Schoß ist fruchtbar noch...«

Die faschistische Bestie schlägt um sich

Am 21. Februar 1945, eine Woche nach den schweren anglo-amerikanischen Bombenangriffen, beorderten die Justizbehörden in höchster Eile ein Baukommando von Zuchthausgefangenen, zu dem auch ich gehörte, von Leipzig nach Dresden. Nur bis Radebeul konnte der Zug fahren. Den langen Weg bis zum Gefängnis am damaligen Münchner Platz, am entgegengesetzten Ende Dresdens, marschierten wir zu Fuß.

In den zerstörten Straßen lagen, in Reihen geschichtet, die aus den Kellern und Trümmern geborgenen Toten. So nach und nach stockte uns fast der Atem. Hier und da am Straßenrand lagen erschossene Männer und Frauen, ein Pappschild daneben: »Wegen Plünderns erschossen.« Uns beiden, das heißt meinem Genossen und Mitgefangenen Maurer Kurt Patzschke aus Leipzig und mir, war klar, daß in Dresden der faschistische Terror auf Hochtouren lief. Wir begriffen, daß das sogenannte Plündern nicht der alleinige Grund, ja nicht einmal die Hauptursache für den gesteigerten, zügellosen Terror war. Die noch bis zum Ende der faschistischen Herrschaft, bis zur Befreiung durch die Rote Armee verbleibenden rund zehn Wochen sollten uns das nachdrücklichst bestätigen. Was waren die Ursachen?

Das feingesponnene braune Netz der Überwachung der Bevölkerung, der organisierten Spitzelei und Denunziation, das manchmal bis in die einzelnen Familien reichte, war zerfetzt, nur Rudimente waren noch vorhanden. Der faschistische Machtapparat war schwer angeschlagen, teilweise zerstört und an unzähligen Stellen, trotz aller Anstrengungen, noch nicht wieder voll funktionsfähig.

Der Bevölkerung, auch wenn sie noch von Zweifeln hin- und hergerissen wurde und im Wust der tollen Lügen der Faschisten noch nicht die Wahrheit fand, war doch allmählich ins Bewußtsein gedrungen, daß es mit dem Krieg, mit der »tausendjährigen« faschistischen Herrschaft, mit dem »Durchhalten« rasch zu Ende ging. Die faschistische bestialische Moral befand sich in einem fortschreitenden Zersetzungsprozeß. Der immer deutlicher hörbare Kanonendonner aus dem Osten war das »Menetekel«, das nicht nur die Bevölkerung, sondern auch die hartgesottensten Faschisten nicht überhören konnten.

Ihre durch sozialdemagogische Versprechungen, durch Lügen und Hetze, durch Drohungen und zügellosen Terror und Massenmord erzwungene Autorität war im raschen Schwinden. Sie aufrechtzuerhalten, dazu sollte, so glaubten die Faschisten, der gesteigerte Mordterror in Dresden dienen.

Eines der allerübelsten faschistischen Hetzorgane, das nach dem Angriff auf Dresden die unglaublichsten Lügen und Verleumdungen verbreitete und eine sich täglich steigernde, widerliche, hysterische Mordhetze betrieb, war die in Dresden – noch als einzige – erscheinende Tageszeitung »Der Freiheitskampf«.[1] Ihr Chefredakteur oder, wie er sich damals nannte, Hauptschriftleiter war ein gewisser Kurt Hoffmeister, der wegen seines aktiven faschistischen Auftretens und als einer der engsten Vertrauten des sächsischen Nazigauleiters, Martin Mutschmann, gleichzeitig auch Gaupresseamtsleiter war. Natürlich sahen die wenigen damals in Sachsen noch erscheinenden Zeitungen die wütenden, von Haß und Mordlust diktierten Ausführungen im »Freiheitskampf« als die Richtung an, nach der man schreiben, das heißt mithetzen mußte. Hoffmeister stachelte die Mordbuben zu weiteren Verbrechen an. Es würde den Rahmen meiner Arbeit sprengen, wollte ich die ganze niederträchtige Hetze und den grausamen Terror in Dresden nach den

Angriffstagen damit verständlich machen, daß ich alles, was geschah und auch bekannt geworden ist, hier niederschriebe. Aus den vielen hier nur einige Beispiele.

Am 17. Februar 1945 verkündete Hoffmeister in seiner Zeitung: »Der Gauleiter hat angeordnet, daß Gerüchtemacher sofort erschossen werden, was in einigen Fällen bereits geschah.« Zahlreich waren die Morde an sogenannten Plünderern. Mit der Beschuldigung von angeblicher Plünderei wurden willkürlich unschuldige Menschen ermordet. »Plündern« wurde – wie schon gesagt – ein beliebter Vorwand zur Vernichtung aller derer, die sich in irgendeiner Weise gegen den Krieg oder gegen die faschistische Clique wandten. Die Dresdner kennen die Bilder aus der damaligen Zeit. Angst, Grauen und Schrecken schlichen durch die Stadt.

Aus purer Mordlust, aber auch aus Angst vor dem schon sichtbaren Ende streckten vertierte Faschisten alles nieder, was ihnen im Zerstörungsgebiet über den Weg kam. Insbesondere hatten Zwangsarbeiter, wenn sie den im Stadtgebiet patrouillierenden Terrortrupps begegneten, kaum eine Chance, lebend zu entkommen. Ebenso erging es Soldaten, die – vielleicht auf der Suche nach vermißten Angehörigen – durch die verwüstete Stadt irrten. Im Landgericht am Münchner Platz rissen die Hinrichtungen nicht ab.

Von Februar 1945 an drohte die faschistische Tageszeitung »Der Freiheitskampf« fast täglich: Gerüchtemacher werden erschossen! Für Plünderer nur der Tod, sie werden erhängt; es wird kein Pardon gegeben – unnachsichtiges Vorgehen; strengste Strafen, härteste Strafen, ausmerzen!

Schon am 15. Februar wurde eine Verordnung über die Einrichtung von Standgerichten beschlossen. In vielen Aufrufen, Artikeln usw. wurde immer wieder gesagt, daß nicht nur der Schuldige, sondern auch der Mitwisser mit dem Tode bestraft wird.

Ab und zu wurden auch konkrete Vorfälle benutzt, um den Terrordrohungen Nachdruck zu verleihen. Mitte Februar erschien ein Bericht, daß Georg Beurich aus Dresden sowie zwei Polen, ein Russe und ein Ukrainer wegen Plünderns erschossen wurden.

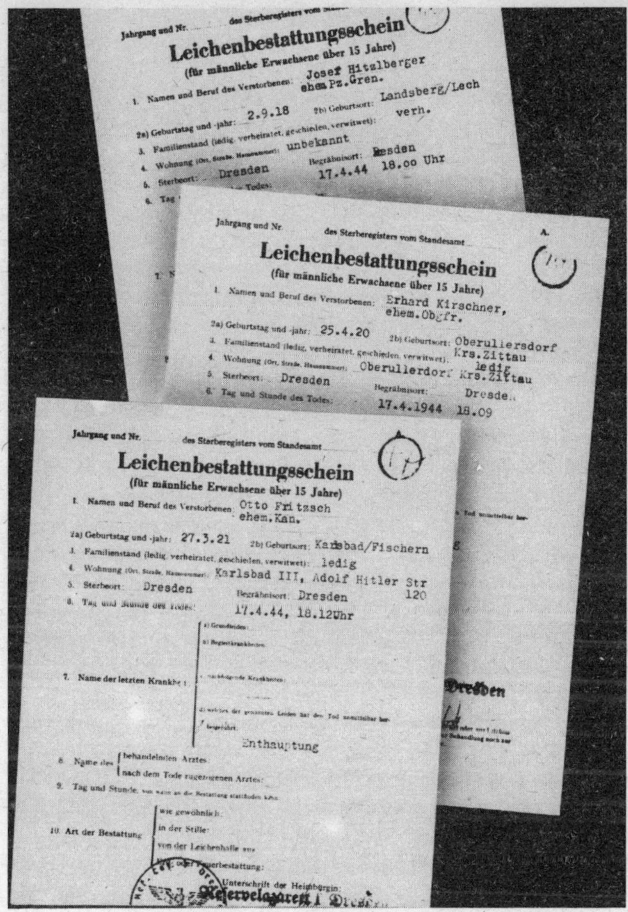

Jahrgang und Nr. des Sterberegisters vom Standesamt

Leichenbestattungsschein

(für männliche Erwachsene über 15 Jahre)

1. Namen und Beruf des Verstorbenen: Josef Hitzlberger ehem.Pz.Gren.

2a) Geburtstag und -jahr: 2.9.18 2b) Geburtsort: Landsberg/Lech

3. Familienstand (ledig, verheiratet, geschieden, verwitwet): verh.

4. Wohnung (Ort, Straße, Hausnummer): unbekannt

5. Sterbeort: Dresden Begräbnisort: Dresden

6. Tag und Stunde des Todes: 17.4.44 18.oo Uhr

Jahrgang und Nr. des Sterberegisters vom Standesamt A.

Leichenbestattungsschein

(für männliche Erwachsene über 15 Jahre)

1. Namen und Beruf des Verstorbenen: Erhard Kirschner, ehem.Obgfr.

2a) Geburtstag und -jahr: 25.4.20 2b) Geburtsort: Oberuliersdorf Krs.Zittau

3. Familienstand (ledig, verheiratet, geschieden, verwitwet): ledig

4. Wohnung (Ort, Straße, Hausnummer): Oberuliersdorf Krs.Zittau

5. Sterbeort: Dresden Begräbnisort: Dresden

6. Tag und Stunde des Todes: 17.4.1944 18.09

Jahrgang und Nr. des Sterberegisters vom Standesamt

Leichenbestattungsschein

(für männliche Erwachsene über 15 Jahre)

1. Namen und Beruf des Verstorbenen: Otto Fritzsch ehem.Kan.

2a) Geburtstag und -jahr: 27.3.21 2b) Geburtsort: Karlsbad/Fischern

3. Familienstand (ledig, verheiratet, geschieden, verwitwet): ledig

4. Wohnung (Ort, Straße, Hausnummer): Karlsbad III, Adolf Hitler Str 120

5. Sterbeort: Dresden Begräbnisort: Dresden

6. Tag und Stunde des Todes: 17.4.44, 18.12Uhr

7. Name der letzten Krankheit: Enthauptung

8. Name des behandelnden Arztes: / nach dem Tode zugezogenen Arztes:

9. Tag und Stunde, von wann an die Bestattung stattfinden kann:

10. Art der Bestattung: wie gewöhnlich: / in der Stille: / von der Leichenhalle aus: / Feuerbestattung:

Unterschrift der Heimbürgin: Reservelazarett I Dresden

Je näher das Ende der faschistischen Diktatur kam,
um so verheerender wütete der Terror im Land.
Auf der Hinrichtungsstätte
im Landgericht Dresden, Münchner Platz,
wurden am 17. April 1944
drei deutsche Soldaten wegen »Desertion« umgebracht

Am 15. März berichtete der »Höhere SS- und Polizeiführer Elbe«, daß 79 Plünderer festgenommen und viele von ihnen sofort hingerichtet worden seien.[2]

Am 19. Februar 1945 schrieb Hoffmeister: »Keine Gefährdung unserer Kampfkraft. Feiglinge und Eigennützige kommen vor Standgerichte.« Er forderte auf, »verdächtige Personen« sofort zu melden. »Jeder Wehr- oder Arbeitspflichtige, der sich nicht meldet, sollte als Deserteur betrachtet und behandelt werden.« Und weiter: »Hier muß jeder mithelfen. Es gilt, feindliche Agenten und Fahnenflüchtige zu fassen.« Das Gaupropagandaamt in Dresden gab Hunderttausende Flugblätter heraus, die zum hemmungslosen Denunzieren aufforderten. Brutal wurde verkündet, daß Gerüchtemachern, Defätisten, Plünderern »kalt und ohne Gnade der Strick um den Hals gelegt« werde. »Alles, was uns verdächtig erscheint, ist sofort zu melden! Streift die Scheu, unter Umständen einen Freund zu beleidigen, ab und geht seinen Worten nach... Die kleinste Rücksichtnahme kann großen Schaden anrichten... Volksgenossen, an Euch liegt es, den Spionen und Verrätern den Garaus zu machen.«[3] Auf diese Weise wurde so manches kleinliche persönliche Rachegefühl mit Menschenblut bezahlt. Hunderte wurden noch in letzter Minute gemordet, weil ein gemeiner Lump oder eine Klatschbase Anzeige erstattet hatten. Die niedrigsten Instinkte hatte das faschistische Lumpenpack entfesselt.

Selbst Götz Bergander, der ja Dresdner war und zu dieser Zeit bei der Flak Dresden gegen Luftangriffe mit verteidigen sollte, schreibt: »Standgerichte wüteten unter Volkssturmmännern und Soldaten.«[4]

Noch am 2. Mai, als Hitler und Goebbels sich bereits der Verantwortung durch Selbstmord entzogen hatten und in Berlin auf dem Gebäude des Reichstags die Fahne der siegreichen Sowjetarmee wehte, schrieb »Der Freiheitskampf«: »Die schlimmsten Feinde sind die Schwätzer und Gerüchtemacher unter uns. Faßt sie, wehrt Euch gegen diese Lumpen. Habt den Mut und die Zivilcourage, diese Volksverräter – ganz gleich, welchen Rang oder welche Stellung sie bekleiden – zu melden, damit sie unschädlich gemacht werden können!«

Nach dem 8. Mai 1945 entdeckten Dresdner Einwohner, daß auf diese Art und Weise allein auf dem Waldfriedhof etwa 250 Menschen ermordet worden waren. In einem Bericht, der von der Leitung des 13. Dresdner Stadtbezirkes am 25. Juni 1945 wiedergegeben wurde, heißt es:

»Es seien dort (auf dem Waldfriedhof – *W. W.*) mutmaßlicherweise etwa 250 Menschen erschossen worden. Die Beerdigung der Leichen sei derart oberflächlich erfolgt, daß bereits einzelne Gliedmaßen herausragen... Folgendes [wurde] festgestellt: Daß es sich bei den Erschossenen um Personen handelt, die während der Luftangriffe geplündert haben und daraufhin von der SS bzw. Gestapo erschossen wurden.«[5]

Kurt Hoffmeister war dann viele Jahre in der Bundesrepublik verantwortlicher Schriftleiter für den politischen Teil des »Wiesbadener Kuriers«. Dort lebte und arbeitete Mutschmanns Kumpan, der Schreibtischmörder, der viele Hunderte Morde auf dem Gewissen hat, der im »Freiheitskampf« tiefe Genugtuung ausdrückte, wenn seiner Mordhetze immer neue Menschenleben zum Opfer fielen. Dort hatte er wieder die Möglichkeit, als Werkzeug der Monopolherren ideologische Kriegsvorbereitung zu betreiben.

Der Zwillingsbruder

Der ideologische Zwillingsbruder des grausamen, brutalen Terrors, das läßt sich aus der über 130jährigen Geschichte der modernen Arbeiterbewegung an unzähligen Beispielen überzeugend beweisen, ist der niederträchtige, widerwärtige Antikommunismus.

Der große Dichter Thomas Mann, ein Humanist aus den Reihen des demokratischen deutschen Bürgertums, hat während des zweiten Weltkrieges die später viel zitierten Worte geschrieben: »Der Antikommunismus ist die größte Torheit des Jahrhunderts.« Die Erfahrung lehrte uns inzwischen, daß der Antikommunismus noch mehr ist; er ist nicht nur eine Torheit, sondern das größte Verbrechen des Jahrhunderts. Im Namen des Kampfes gegen den Kommunismus werden Kriege, Massenmorde und andere Ungeheuerlichkeiten vielerlei Art vorbereitet und durchgeführt. Täglich werden Menschen gefoltert, geschändet und abgeschlachtet. Ob in lateinamerikanischen Staaten durch Söldner von korrupten Diktatoren, ob durch israelische Bomben und Granaten oder am Galgen in Südafrika oder auch sonstwo im kapitalistischen Teil der Erde, der Antikommunismus ist das Kredo aller politischen Verbrecher in der Welt geworden.

Dresden ist dafür eines der beweiskräftigsten Beispiele. Im Namen des Antikommunismus ließ der deutsche Imperialismus durch seine Kriegsmaschinerie die friedliche Sowjetunion überfallen. Dort wiederholte sich das gigantisch, was in Warschau, in Rotterdam, in Coventry, in Belgrad und in noch vielen anderen Städten und Dörfern Europas geschah. Auch die deutsche Stadt Freiburg gehört in diese Aufzählung der Verbrechen der deutschen Wehrmacht. In der Sowjetunion zerstörte man Zehntausende Städte und Dörfer. Die Bevölkerung der 8-Millionen-Stadt Moskau sollte im Namen des Antikommunismus, so verkündete es einst Hitler, ertränkt werden. Es war schon so: Der deutsche Imperialismus war der räuberischste unter den imperialistischen Räubern.

Als aber Dresden zerstört war, da war alles das, was man Hunderte Male vorher getan hatte, vergessen. Man tat wenigstens so.

In der faschistischen Zeitung »Der Freiheitskampf« vom 16. Februar 1945 stand die erste Mitteilung über die verheerenden Bombenangriffe der Anglo-Amerikaner an den Tagen des 13., 14. und 15. Februars auf Dresden. Es hieß dort unter anderem: »Sachsens Hauptstadt ist Frontstadt geworden. Allerdings Stadt an der Front in einem Kriege, der wahrlich nicht mehr das geringste mit jener... Auseinandersetzung um Ehre und heilige Rechte zu tun hat, die die Welt Krieg zu nennen pflegt. Der nun auch gegen Dresden angewandte Terror aber bedeutet Mord und Vernichtung in der allerbrutalsten Form.« In diesem Ton geht es über drei Spalten weiter.

Vor Tische las man es anders. Aus dem sogenannten Großdeutschen Rundfunk grölte am 24. Juli 1941 einer von den Soldschreibern aus der Goebbelsschen Propagandakompanie mit dem Namen Waldemar Kukkuck die haßerfüllten Worte: »Nach Moskau! Die Propeller sind angeworfen, die Motoren singen wieder ihr gewaltiges Angriffslied. Nach Moskau! Von vielen Feldflugplätzen startet unsere starke Luftmacht zum Großangriff... Da, im Moskwabogen, stehen die Hochhäuser, riesige Kästen ohne Stil und ohne Geschmack. Sie erheben sich prahlerisch über die Arbeiterviertel am Stadtrand. Das sind die Parteibauten, erstanden vom Geld der Armen, das ist der Herrensitz der Bolschewiken. Dort wurde die Verschwörung gegen uns beschlossen, da sitzt das Weltverbrechertum. Da wurden Mord und politische Verbrechen ersonnen, da paktierte das Judentum mit der Plutokratie! Heraus mit den Bomben und nichts wie dahinein — Sprengbomben, damit diese Zwingburgen des Weltelends und der Kulturschande bersten und zerbrechen, Brandbomben hinterher, damit sie ausglühen und in Asche versinken...

Ein funkelndes Etwas glitzert aus der Dämmerung, wird mehr und mehr, breitet sich aus zum Feuer... Schon schlagen Flammen aus den Fenstern. Die Zwingburg des Bolschewismus brennt... Im Wasser spiegelt sich das Flammenrot, röter als der Sowjetstern, der einstmals über dem Kreml leuchtete... Das Haus der sowjetischen Brandstifter geht jetzt selber in Flammen auf. Moskau brennt!«[6]

Und was sagte damals das deutsche Volk dazu? Es waren wahrhaftig nicht wenige, deren Herzen höher schlugen, wenn sie im Rundfunk hörten, daß das »Bolschewistengesindel« erschossen, erschlagen, auf jede Art und Weise getötet wurde.

Solange der graue Heerwurm der Faschisten andere Länder und Völker niederwalzte, solange sie andere erschossen, gehängt, vergast, Brände gelegt, gebombt und tausend andere Scheußlichkeiten verübt haben, solange war das »germanisches Heldentum«. Und nun? Nun war es »Mord und Vernichtung in der allerbrutalsten Form«.

Der Antikommunismus ist ein gefährliches und stark wirkendes Gift. Nie sind größere und gemeinere Lügen erfunden und der Menschheit serviert worden, als bei der antikommunistischen Propaganda. So auch nach der verhängnisvollen Zerstörung Dresdens in der Zeitung der Faschisten »Der Freiheitskampf«.

Am 13. Februar 1945 berichtete diese Zeitung in wüsten Worten über angebliche Greueltaten der Roten Armee: Die »sowjetische Mordsoldateska« habe in Gleiwitz 500 Grubenarbeiter mit vielen Frauen und Kindern ermordet. Bei Lissa hätten sowjetische Panzer einen Treck von zivilen Flüchtlingen völlig zusammengeschossen.

Wörtlich schrieb »Der Freiheitskampf« am 13. Februar 1945: »In der Geschichte der Menschheit gibt es wohl bis auf den großen Mongolensturm keine Beispiele eines so menschenunwürdigen und vertierten Systems, wie es der Bolschewismus darstellt.«

Der wohl größte Lügner in Deutschlands Geschichte, der Faschist Joseph Goebbels, erdreistete sich, am Mittwoch, dem 28. Februar 1945, in einer Rundfunkrede zu sagen: »Jeder Deutsche weiß, daß die Schreckensberichte aus dem Osten, die vielfach so scheußlich sind, daß die Feder sich sträubt, sie wiederzugeben, keine Phantasieprodukte der deutschen Kriegsagitation, sondern schaurige Wahrheit darstellen, die das Blut in den Adern erstarren läßt.«[7]

Gehetzt und gelogen hat alles — mit ganz wenigen Ausnahmen —, was Rang und Namen hatte. Einige Beispiele aus den Wehrmachtsberichten und Artikeln des »Freiheitskampfes« aus den letzten knapp drei Monaten des zweiten Weltkrieges seien angeführt.

Diesen Berichten und sonstigen Angaben zufolge muß die Rote Armee eine fast unzählbare Masse von Panzern besessen haben. Dazu eine Produktionskapazität, die — wollte man den Führern der Wehrmacht glauben — sich in Phantasieregionen bewegt haben muß.

Am 13. Februar 1945 berichtete »Der Freiheitskampf«, »daß die Wehrmacht im Osten in 4 Wochen 7966 sowjetische Panzer vernichtet hat«. Mitte Februar wurde gemeldet, daß »drei Männer aus dem Schlachtgeschwader von Oberst Rudel in den letzten zwei Tagen je 50 Sowjetpanzer abgeschossen haben«. Sicherlich hatte »Der Freiheitskampf« diese Informationen von Rudel erhalten, der im Lügenwettbewerb der faschistischen Wehrmacht wohl keinen hinteren Platz eingenommen hat.

Am 14. März stand im Wehrmachtsbericht, daß in »Westpreußen 2046 Panzer der Sowjets« vernichtet worden seien. Und am 9. April behauptete die Wehrmachtführung, »im März sind 7171 Sowjetpanzer vernichtet worden«. Vom 1. bis 9. April waren es nach den Angaben der Wehrmachts-Lügenbarone schon wieder 2807 Sowjetpanzer, die vernichtet wurden. Das ist aber noch nicht alles. Es gibt noch eine Anzahl ähnlicher Angaben über »vernichtete Sowjetpanzer«.

Es soll genug sein. Auf solche und ähnliche Lügen möchte ich mit einem Erlebnis antworten, über das ich vor längerer Zeit schon einmal geschrieben habe.

Es mag wohl Ende Januar oder in den ersten Februartagen 1946 gewesen sein, als mich am späten Abend die Nachricht erreichte, daß ich am nächsten Tag einen »führenden sowjetischen Genossen« auf einer Fahrt durch Dresden begleiten und informieren sollte: Zur großen Überraschung erfuhr ich am zeitigen Morgen vom begleitenden Dolmetscher, Major Reitzin, daß Marschall Shukow in Dresden weilte. Am Morgen sprach er in Radebeul in einer Versammlung sowjetischer Armeeangehöriger zur bevorstehenden Wahl zum Obersten Sowjet.

Anschließend, etwa gegen 10.00 Uhr, begann die mehrstündige Rundfahrt durch das schwerzerstörte Dresden. Offensichtlich war Marschall Shukow zur Kenntnis gekommen, daß kurz zuvor in einer öffentlichen Ratssitzung der Dresdner Aufbauplan für 1946 beschlossen wurde. Seine knappen Fragen deuteten das an. Ich begriff, daß er auch knappe und präzise Antworten erwartete. Zu meinen Informationen gab es nur wenige Bemerkungen.

Am Schluß der Rundfahrt, bei einem Blick auf die Stadt vom hoher gelegenen Stadtteil »Weißer Hirsch« gab er seiner Überzeugung Ausdruck, daß auch Dresden wieder eine normale, von Leben erfüllte Großstadt werden würde. Nur eine einzige, aber deutlich kritische Anregung gab er mir mit auf den Weg. Zu meiner Information über Kindergärten, Kinderheime usw. sagte Marschall Shukow wörtlich: »Für die Kinder könnte mehr getan werden.«

Ich gestehe offen, diese Worte kamen für mich ein wenig unerwartet. Ein Marschall, der Millionen Soldaten im Kampf gegen einen mörderischen Feind hatte führen müssen, von denen nicht wenige ihr Leben für die Heimat, ja für die Völker eines ganzen Erdteils geopfert hatten; er, der Soldat, der so viel Grausamkeit und Barbarei gesehen hatte; er, der wußte, daß Hunderttausende gefangener Soldaten der Sowjetunion von den deutschen Faschisten viehisch ermordet worden waren, gerade er sorgte sich um die Kinder des am Kriege nicht schuldlosen deutschen Volkes. So konnten nur Menschen handeln, deren Ziel es ist, die humanste und gerechteste, die sozialistische und kommunistische Gesellschaft zu errichten. So handelten die Söhne und Töchter der Oktoberrevolution.

Die Soldaten mit dem roten Stern kamen nicht als Eroberer und Rächer. Sie zeigten sich trotz all des Furchtbaren, das sie erlebt und gesehen hatten, als wahre Befreier.

»Die Kommunistische Partei und die Sowjetregierung gingen von ihrer internationalistischen Pflicht und ihren humanistischen Überzeugungen aus und trafen alle Maßnahmen, um den sowjetischen Soldaten rechtzeitig zu erläutern, wer tatsächlich die Verantwortung für diesen Krieg und die verübten Verbrechen trägt. Es wurde nicht einmal der Gedanke zugelassen, das deutsche werktätige Volk für die Greueltaten, die die Faschisten auf unserem Territorium verübt hatten, zu bestrafen. Die Einstellung der Sowjetmenschen den deutschen Werktätigen gegenüber war klar und eindeutig. Man mußte ihnen helfen, ihre Fehler zu erkennen, so schnell wie möglich die Überreste des Nazismus auszumerzen und sich in die Familie der freiheitliebenden Völker einzureihen, deren oberste Devise in Zukunft Friede und Demokratie werden sollte.«[8]

Diese Worte schrieb der legendäre Marschall Shukow. Die Begegnung mit ihm zählt zu den Erinnerungen, die ich nie vergessen werde, die einen tiefen Eindruck hinterließen.

Und wo sind jene geblieben, die in dem spanischen Städtchen Guernica 1654 Männer, Frauen und Kinder töteten und 889 verletzten? Wo sind die Deutschen geblieben, die auf die deutsche Stadt Freiburg (Breisgau) Bomben werfen ließen? 57 Menschen – darunter 22 Kinder – wurden dabei ermordet und 101 Bürger dieser Stadt verletzt.

Konkret: Wo sind die Trettner und Kammhuber und die vielen, vielen anderen, die die Menschheit unter dem Faschismus in Schrecken versetzt hatten, geblieben?

Der CDU-Bundeskanzler Konrad Adenauer erklärte am 4. Dezember 1949 nachdrücklich in beschwörendem Ton gegenüber einem amerikanischen Pressevertreter wörtlich: »Ich möchte ein für allemal klarstellen, daß ich grundsätzlich gegen eine Wiederbewaffnung der Bundesrepublik und folglich auch gegen die Schaffung einer neuen Wehrmacht bin.«[9]

Das war ausgemachter Schwindel. Schon Anfang Dezember 1948, also ein Jahr vor dieser Erklärung, hatte Adenauer, wie der ehemalige Generalleutnant Hans Speidel in seinen Erinnerungen schreibt, ihn zu sich befohlen und den geheimen Auftrag erteilt, in einem Aide-mémoire seine Gedanken über eine Wiederbewaffnung darzulegen, was auch geschah.[10]

Am 24. April 1950 holte sich Adenauer den ehemaligen General Gerhard Graf von Schwerin als »Berater in Sicherheitsfragen«. Dessen Büro tarnte Adenauer mit dem Namen »Zentrale für Heimatdienst«. In Wirklichkeit war es die Keimzelle der Bundeswehr.

Adenauers damalige Erklärung war also – wenn man es so sagen will – ein Meineid. Noch eine zweite, eine Standardlüge kommt dazu. Von Anfang an schilderte Adenauer der westdeutschen Bevölkerung und auch den westlichen Alliierten die angebliche »Bedrohung aus dem Osten«. Dann kam, verbrämt mit allerlei Winkelzügen und harmlosem Gerede, die Bundeswehr. Professor Karl Jaspers schreibt dazu kurz und bündig: »Die Bundeswehr konnte nur mit Offizieren aufgebaut werden, die in Hitlers Armee gehorsam gedient hatten und in der überwältigenden Mehrzahl Gegner des Attentats vom 20. Juli waren.«[11] Und zu den in der Bundeswehr gepflegten Traditionen stellt er fest: »Eine Tradition aus der Hitlerzeit verdirbt den Geist der Bundeswehr in der Wurzel.«[12]

Zehntausende ehemaliger Offiziere der faschistischen Wehrmacht waren an der Aufstellung der Bundeswehr beteiligt. Von Anfang an nahmen 44 Wehrmachtsgenerale und -admirale Spitzenfunktionen in ihr ein. Professor Karl Jaspers hat recht behalten.

Schon im Januar 1950 hatten amerikanische Journalisten von der Existenz einer Schattenorganisation ehemaliger Generale berichtet, der sogenannten Bruderschaft, die in verschiedenen Städten der BRD ihre Filialen hatte und Verbindung zur Bundesregierung unterhielt. Als prominente Vertreter dieser Vereinigung wurden unter anderen der Erzfaschist General Heinz Guderian und die Generale Franz Halder, Hasso von Manteuffel und Hans Speidel genannt.[13] Auch aus diesem Kreis kamen die Organisatoren der Bundeswehr. Aber sie stellten auch Forderungen.

Guderian erklärte in einem Interview mit einer amerikanischen Zeitung im April 1950, daß er zu sofortiger Mitwirkung bereit wäre, wenn unter anderem folgende Bedingung erfüllt würde: »Alle deutschen Generale, Offiziere, Staatsmänner und Diplomaten, die in Spandau und anderen Gefängnissen inhaftiert waren, sollten freigelassen werden.«[14] Eine Reihe hoher Generale und Offiziere verbüßten damals noch Haftstrafen wegen Kriegsverbrechen. Noch im April 1950 befanden sich über 3600 Verurteilte allein in Gewahrsam der Westmächte. Alles wurde – wie man so schön sagt – bereinigt, in Ordnung gebracht. Die Gefängnistore öffneten sich. Der Staat zahlte hohe Pensionen, und für viele standen hohe Posten in der Bundeswehr bereit.

Erinnern wir uns zunächst an Josef Kammhuber – lange Zeit Inspekteur der Luftwaffe der Bundesrepublik. Er gehörte zu den Vertrauensleuten der Hitlerclique, die theoretisch und praktisch den Bombenterror »legalisierten«. Nach der Machtübernahme der Faschisten wurde er als leitender Fachmann für Organisationsfragen in Görings Luftfahrtministerium einbezogen. Als Mitglied des Generalstabs der Naziluftwaffe verfaßte er im Auftrag Hitlers 1938 die bereits erwähnte »Organisationsstudie 1950«, in der der Aufbau der Luftwaffe »nach dem Sieg«, das hieß nach der Unterwerfung ganz Europas unter den Faschismus, skizziert wurde. Kammhuber führte hier schon in der Vorkriegszeit Städte wie Warschau, Wien und Budapest als künftige deutsche Luftbasen an.[15] Kammhubers schändliche Rolle bei dem Luftangriff deutscher Flugzeuge auf die deutsche Stadt Freiburg am 10.

Mai 1940 wurde schon dargestellt. Sicher ist die Wahl Hitlers und Görings nicht zufällig auf ihn gefallen, als ein Organisator für dieses geplante Verbrechen gesucht wurde.

Kammhuber hatte sich durch seine Vorarbeiten für den Krieg im Luftfahrtministerium und im Generalstab der Luftwaffe für geheime Aufgaben »qualifiziert« und genoß das uneingeschränkte Vertrauen Hitlers und Görings. Seine Beförderung zum General und die Berufung zum Generalbevollmächtigten der Luftwaffe für Strahlflugzeuge gegen Ende des Krieges unterstreichen das noch.

Diesem Komplizen der Hitler, Göring und Goebbels, diesem Vertrauensmann des westdeutschen Monopolkapitals wurde damals im Bonner Staat das Kommando über die Luftstreitkräfte der Bundeswehr übertragen.

Erinnern wir uns an Heinz Trettner – ehemals Generalinspekteur der Bonner Bundeswehr. Bei der Beseitigung der spanischen Volksfrontregierung sammelte Heinz Trettner von 1936 bis 1938 Erfahrungen für den bevorstehenden Überfall auf die Völker Europas. Als Adjutant im Stab des Befehlshabers der Legion Condor, des Generalmajors Sperrle, plante er die verbrecherischen Aktionen der faschistischen Luftstreitkräfte im national-revolutionären Krieg des spanischen Volkes. Ab März 1937 war er als Staffelkapitän der Kampffliegerverbände in der Kampfgruppe 88 eingesetzt. Die Verbrechen von Durango am 31. März und Guernica am 26. April 1937 sind untrennbar mit dem Namen Heinz Trettner verbunden; er übte sich in Spanien nicht nur theoretisch, sondern auch praktisch im Mord an der Zivilbevölkerung.[16]

In hohem Maße mitverantwortlich ist Trettner auch für die Zerstörung Rotterdams im Mai 1940. Er erarbeitete einen Plan für den Einsatz verschiedener Verbände zur Unterstützung seiner Luftlandeeinheiten, in dem es hieß: »Widerstand in Rotterdam ist mit allen Mitteln zu brechen, nötigenfalls ist mit Vernichtung der Stadt zu drohen und diese durchzuführen.«[17] In den Abendstunden des 13. Mai wurden zwischen Trettner und dem Verbindungsoffizier des Kampfgeschwaders 54, das die Zerstörung Rotterdams übernehmen sollte, die Einzelheiten ausgehandelt. Inzwischen hatte man in Rotterdam bereits erwogen, Kapitulationsverhandlungen aufzunehmen, um die Stadt vor der Vernichtung zu bewahren. Am 14. Mai begannen um 10.30 Uhr die Kapitulationsverhandlungen, für deren Dauer Waffenruhe vereinbart worden war. Aber 12.15 Uhr wurde von Trettners Luftlandekorps auf Rückfrage bestätigt, daß der Plan zur Zerstörung der Stadt wie besprochen durchzuführen sei. Um 15.00 Uhr sank Rotterdam in Trümmer.[18] Fünf Jahre später erhielt Dresden die Antwort auf die Verbrechen der Kammhuber, Trettner und ihresgleichen. Kaltschnäuzig erklärte Trettner, wie die Presse am 31. Januar 1964 mitteilte: »Unser Volk lebt auf dem Schlachtfeld.«[19]

Kein Wunder also und ganz unsere Meinung, wenn der britische Labour-Abgeordnete Frank Allan auf der Abschlußkundgebung zum Ostermarsch 1964 in Frankfurt (Main) erklärte: »Ich liebe das deutsche Volk, aber ich liebe die deutschen Generale nicht. Ich frage, würde das englische Volk den deutschen Generalen trauen, wenn sie Atomwaffen hätten? Es würde ihnen nicht einmal trauen, wenn sie auch nur im Besitz von Wasserspritzpistolen wären.«[20] Telford Taylor, der bekannte und geachtete amerikanische Jurist, hatte tausendmal recht, wenn er in seinem Schlußwort im Nürnberger Kriegsverbrecherprozeß eindringlich vor solchen Leuten wie Kammhuber, Trettner und vor ihrer militaristischen Kumpanei warnte: »Der deutsche Militarismus wird, wenn er wiederkommt, nicht unbedingt unter der Ägide des Nazismus auftreten. Die deutschen Militaristen werden sich mit jedem Mann oder mit jeder Partei verbünden, die ihnen eine Wiedergeburt der deutschen bewaffneten Macht verspricht. Sie werden sorgfältig und kalt kalkulieren. Sie werden sich nicht von fanatischen Ideen oder abstoßenden Methoden abhalten lassen; sie werden Verbrechen in Kauf nehmen, um das Ziel zu erreichen: die deutsche Macht und den deutschen Terror.«[21]

Der deutsche Militarismus ist wiedergekommen und pflegt die Traditionen des alten Wilhelminischen Heeres und der faschistischen Wehrmacht. Skandale wegen der Unverfrorenheit leitender Militärs in dieser Richtung gibt es genug. Nur an einem Beispiel soll das verdeutlicht werden.

Im Jahre 1981 tragen 27 Kasernen der Bundeswehr die Namen feudaler Militaristen noch aus der Kaiserzeit. Eine davon sogar den Namen von Kaiser Wilhelm. Weitere 47 Kasernen tragen Namen von »Helden« aus dem ersten Weltkrieg und der Nazizeit. Dabei erscheint der Name des monarchistischen Gamaschenknopfes Hindenburg gleich siebenmal.[22] Ein Skandal sondergleichen, wenn man bedenkt, daß zum Beispiel die Düsseldorfer Universität den Namen des deutschen Dichters Heinrich Heine – er ist bekanntlich dort geboren – nicht tragen darf.

Die Blutrichter Hitlers, die durch grausamen Terror alle Zweifelnden zwangen, dem Faschismus bis zum bitteren Ende zu folgen, waren wohlbestallte Richter und Staatsanwälte im Bonner Staat, einige sind es heute noch. Die Nazirichter fällten damals – getreu dem faschistischen Prinzip, alle Andersdenkenden möglichst physisch zu vernichten – mehr als 60000 Todesurteile.

Inzwischen ist ein großer Teil der entscheidenden Funktionen in der Bonner Bundeswehr, der Polizei, der Justiz und anderen führenden staatlichen Stellen aus natürlichen Gründen nicht mehr von alten Nazis besetzt. Sie haben aber für »gesinnungstüchtigen« Nachwuchs gesorgt.

Neonazistisch-terroristische Organisationen und Gruppen schießen wie Pilze aus der Erde. Ihre Ideale sind die der von ihnen laut gepriesenen faschistischen Menschenverächter und Mörder. Eine große Anzahl verlogener nazistisch-militaristischer Bücher, ja selbst solche von Hitler erscheinen auf dem westdeutschen Büchermarkt.

Es ist wahr, daß sich der größte Teil der Bevölkerung in der Bundesrepublik, der humanistisch gesinnte Teil, mit Abscheu davon abwendet. Der Staat aber, die Behörden dulden oder billigen nicht nur das Treiben dieser Organisationen und Gruppen. Im Gegenteil! Der von den Faschisten organisierte millionenfache Menschenmord wird in neuem Gewand mit vorbereitet.

Trotz allem, was geschehen ist, trotz der unbestrittenen Friedensliebe der übergroßen Mehrheit der Menschen in der ganzen Welt planen die Imperialisten mit schrecklichen Massenvernichtungswaffen einen neuen Krieg. Zum dritten Mal wollen sie – diesmal unter der Führung der nordamerikanischen Großbourgeoisie besonders aus der Rüstungsindustrie – die Welt in eine unvorstellbare Katastrophe stürzen.

Die imperialistischen Menschenverächter jubeln schon heute dem zu, was ihre neuen Raketen, die Polaris, die Pershing II, die Trident, die Cruise Missiles und was sie vielleicht noch für Namen tragen werden, in der Lage sind zu vernichten. Natürlich ist auch Bluff dabei, um die Menschheit zu erschrecken. Aber das ändert nichts an der riesengroßen Gefahr. Der vormalige USA-Präsident Carter, so berichtete der Vorsitzende der baden-württembergischen Sozialdemokratie, Eppler, in einem Interview mit der »Frankfurter Rundschau« »hat ja schon vor fünf Jahren erklärt, ein einziges Poseidon-U-Boot mit seinen Raketen könne sämtliche sowjetische Großstädte vernichten«[23].

Das Ziel der Imperialisten – daraus machen sie gar kein Geheimnis – ist die Vernichtung der Sowjetunion, überhaupt des sozialistischen Lagers. Besonders die reaktionären Kreise der Vereinigten Staaten von Amerika wollen die uneingeschränkte Rolle eines Weltgendarmen spielen, vor allem im Bunde mit den Monopolherren der BRD.

Der Berater des vormaligen Präsidenten Carter und damalige Chef des Nationalen Sicherheitsrates der USA, Brzezinski, sagte in einem Interview mit der »International Herald Tribune«: »Frage: Glauben Sie, daß Sie als Mensch, als Christ und Vater dem Präsidenten empfehlen könnten, auf den Knopf zu drücken und so Millionen zu töten? Antwort: Ich denke schon, daß ich es tun würde, und ich glaube, ich würde es ohne allzu großes Zögern tun.«[24]

Nun hat der amerikanische Präsident der zu Tode erschrockenen Menschheit die Mitteilung gemacht, daß die Neutronenbombe, die alles Leben im weiten Umkreis auslöscht, aber alles Materielle schont, produziert wird und sicherlich später in Europa stationiert werden soll.

Der Generalsekretär des ZK der SED und Vorsitzende des Staatsrates der DDR, Erich Honecker, charakterisierte am 27. August 1981, anläßlich eines Interviews für mexikanische Zeitungen, die gefahrenvolle Situation: »Die Umwandlung Europas in ein Schlachtfeld würde die

Zerstörung für die ganze Menschheit bedeuten. Europa wird einen dritten Weltkrieg nicht überleben.« Was getan werden muß, das formulierte er mit den Worten:

»Es handelt sich vor allem darum, die Politik der Entspannung durch eine Politik der Abrüstung zu ergänzen. Nur damit wäre es möglich, die Gefahr eines dritten Weltkrieges zu eliminieren. Das ist wesentlich, um dem Rüstungskurs der NATO ein Ende zu setzen.« Darum gebe es gegenwärtig nichts Wichtigeres, als alles für den Frieden zu tun.[25]

Außerordentlich bedeutsam und erfreulich ist die Entwicklung des Kampfes um den Frieden in der Welt. Seit der Generalsekretär des Zentralkomitees der Kommunistischen Partei der Sowjetunion, Leonid Breshnew, seine Vorschläge für Entspannung und Sicherung des Friedens auf dem XXVI. Parteitag der KPdSU verkündet hatte, verbreiterte sich in allen Teilen unserer Erde der Kampf um Frieden und Entspannung und um Abrüstung. Besonders die neuen Raketen und Bomben, mit denen die USA und die NATO drohen, haben den Zorn der Völker gegen die Kriegstreiber entfacht. Dieser Kampf wird am Ende siegreich sein.

Mit Trauer, aber auch mit Haß gegen die Urheber und Verantwortlichen gedenken wir alljährlich der schrecklichen Stunden, die Dresden am 13., 14. und 15. Februar 1945 durchlebte. Aber mit der Trauer und dem Haß paart sich auch der feste und unerschütterliche Wille: Niemals wieder soll unsere Stadt, niemals mehr sollen Städte und Dörfer der Erde in vernichtende Katastrophen stürzen. So grauenhaft die Stunden während der anglo-amerikanischen Bombenangriffe gewesen sind, sie verblassen vor dem, was der Menschheit droht, wenn die Absichten der Imperialisten verwirklicht werden.

Dresden ist am Ende des zweiten Weltkrieges durch den raschen Vormarsch der Roten Armee von dem beabsichtigten Abwurf der ersten Atombombe verschont geblieben. Wäre sie, wenn sich die Pläne der amerikanischen und der englischen Imperialisten hätten verwirklichen lassen, über Dresden explodiert – viele Zehntausende, die damals der Hölle noch entrinnen konnten, lebten heute nicht mehr.

Wie gleichen sich doch die Ziele der schon geschehenen und noch beabsichtigten Verbrechen an der Menschheit. Einst, 1945, wollte der britische Ministerpräsident, Winston Churchill, als Vorreiter der Imperialisten in der Welt, von dem Stalin im März 1945 – wie Shukow berichtet – wörtlich sagte: »... Churchill ist zu allem fähig«[26], mit dem furchtbaren Angriff auf Dresden, mit den ermordeten 35 000 Frauen, Kindern und Greisen »die Russen« erschrecken, um ihnen seine Forderungen für ein reaktionäres Nachkriegseuropa aufzuzwingen.

Jetzt? Jetzt droht der Präsident der USA, Reagan, in potenzierter Form die Massenvernichtung an, um die Sowjetunion zu erpressen.

Damals hat sich die Sowjetunion nicht »erschrecken« lassen. Wer heute an eine Erpressung der Sowjetunion mit Raketen und Bomben glaubt, bewegt sich an der Grenze eines »gefährlichen Wahnsinns«. Am Ende wird doch der Frieden siegen.

Was ist Dresden heute?

Am Montag, dem 7. Mai, und auch noch in den Morgenstunden des 8. Mai 1945 floh in wilder Hast die ganze Naziprominenz, die »Goldfasane«: braune Amtswalter und SA-Führer, die schwarzen SS-Schergen und die hohen Beamten; überhaupt alle die willfährigen Diener des Hitlerreiches. Es flüchteten auch Direktoren der Betriebe und Banken, eifrige Handlanger des Nazistaates, der sie ja fette Profite hatte scheffeln lassen. Alle diese Nazi- und Kriegsverbrecher nahmen ihren Weg nach dem Süden und Südwesten, durch das einzige Loch, das die Truppen der Roten Armee noch nicht geschlossen hatten. Allesamt wollten sie die westlichen Gefilde erreichen. Buchstäblich in letzter Sekunde verübten am 8. Mai flüchtende SS-Leute aus dem Auto an einem fortschrittlich gesinnten Bürger Dresdens, an Prof. Dr. Rainer Fetscher, der unter weißer Fahne die Kapitulation der Stadt überbringen wollte, einen niederträchtigen Mord. Sie ließen vieles im Stich, um nur nicht »den Russen in die Hände zu fallen«. Sie waren felsenfest vom nunmehr kommenden »Auge um Auge« und »Zahn um Zahn« überzeugt.

Angst und Furcht herrschte bei all denen, die sich schuldig fühlten oder die tatsächlich schwere Schuld auf sich geladen hatten. Mit schlotternden Knien und flatternden Händen verließen sie die Stadt. In Angst und Furcht lebten aber auch viele, die dem wüsten Antikommunismus und der niederträchtigen antisowjetischen Hetze damals Glauben schenkten.

Jene, die eigentlich für die Bevölkerung verantwortlich waren, hinterließen die Stadt in einem katastrophalen Zustand. Die Faschisten hatten nichts unternommen, um auch nur das Dringendste der großen Schäden des Bombenangriffs zu beseitigen. Das Netz der Versorgungsleitungen, der Strom-, Gas-, Wasser- und Abwässerleitungen war im größten Teil der Stadt zerstört. Nur ein Teil der Justiz- und Polizeigebäude und ganz wenige, für die Kriegsproduktion wichtige Betriebe waren notdürftig repariert.

Die allermeisten Betriebe, große und kleine, waren am 8. Mai 1945 von Rohstoffen entblößt. Der Maschinenpark war völlig veraltet und durch eine hemmungslose Kriegsproduktion heruntergewirtschaftet. So mancher flüchtige Inhaber und Direktor hatte in den letzten Tagen und Stunden dem sogar noch ein bißchen nachgeholfen.

Fast alle Behörden, Organisationen und zum Teil auch Betriebe vernichteten ihre wichtigsten Akten und nahmen große Summen Bargeld mit nach dem Westen.

Das Lied von den »Scherben«, in die alles fallen sollte, das die braunen, schwarzen und auch feldgrauen Vollstrecker der Politik des deutschen Imperialismus vier Jahre, acht Monate und acht Tage auf den Straßen Europas grölten, hatte sich auf furchtbare Weise erfüllt. Deutschland lag in Scherben. Von jenen, denen die Faschisten lauthals das »Ausradieren ihrer Städte« angedroht und anfangs auch praktiziert hatten, war auf die gleiche Art und Weise, nur mit größerer Wucht, geantwortet worden. Dresden war ein gigantischer Trümmerhaufen. Im Zentrum und Johannstadt, wo einst 110 000 Dresdner wohnten, vegetierten in den Sommermonaten 1945 in Kellern und Ruinenstümpfen nur noch 1000 Menschen.

Der Faschismus war geschlagen. Die Rote Armee, die die Hauptlast des Krieges gegen die faschistische Bestie getragen und ihr auch die entscheidenden Niederlagen beigebracht hatte, zog am 7. und 8. Mai 1945 in unsere Stadt als Befreier ein.

Aber was jetzt tun in dieser Stadt, von der der weltberühmte Kreuzchor unter der Leitung seines Kantors Professor Mauersberger sang, daß sie »so wüst und leer« war? »Es gehörte damals viel Mut dazu«, heißt es im Aufruf zum 30. Jahrestag der Befreiung, »in einer Trümmerwüste, in einer Zeit bitterster materieller Not und allgemeiner Hoffnungslosigkeit an ein schöneres Morgen zu glauben und mit ganzem Einsatz dafür zu arbeiten.«[1]

Beinahe schien es so, als glaubten zunächst viele, was der berüchtigte Propagandaminister der Nazis, Joseph Goebbels, am 4. März 1945 in der Wochenzeitung »Das Reich« unter der Überschrift »Der Tod von Dresden« veröffentlicht hatte. Er schrieb dort, »daß man von dem, was den Begriff Dresden ausmacht, nur noch in der Vergangenheit sprechen kann, daß im Zwingerhof keine Abendmusik mehr erklingen wird«. Ja, es war sein Wille und der anderer Naziführer: »Wir wollen unseren Nachfolgern eine Erbschaft hinterlassen, an der sie zugrunde gehen sollen.« So war dieses Scheusal, über das im Volksmund mit Recht Schimpf- und Spottnamen kursierten.

An Propheten war damals, als »alles in Scherben lag«, wahrhaftig kein Mangel. Nicht wenige verglichen die Aktivisten der ersten Stunde mit jenem sagenhaften Sisyphos von Korinth, der ein Felsstück einen steilen Berg hinaufgewuchtet haben soll, das aber immer wieder herabrollte.

Kein Wunder, daß viele an »das Ende dieser Stadt« glaubten. Aber alle diese Prohezeiungen erwiesen sich als Schall und Rauch. Die Gegenwart beweist das eindeutig. Nur einige westliche, im Dienste reaktionärster imperialistischer Kreise stehende Zeilenschinder etablieren sich heute noch als Erben dieser Propheten.

Kaum waren die Schüsse und Explosionen des zweiten Weltkrieges verhallt und der beißende Qualm hatte sich gerade erst verzogen, begannen Antifaschisten an Plänen zu arbeiten, um die so sehr schwer geschlagene Stadt zu neuem pulsierendem Leben zu erwecken. Diese Antifaschisten, allermeist Arbeiter, die soeben schwere Zeiten durchlebten, waren davon überzeugt und auch kühn genug, von einem wiederaufgebauten Dresden zu sprechen, das »schöner und zweckmäßiger« sein wird.

Bereits am 5. Januar 1946 legte der Rat der Stadt in einer öffentlichen Ratssitzung der Bevölkerung den »Großen Dresdner Aufbauplan« vor. Die führenden gesellschaftlichen Kräfte der Stadt und die damalige Sächsische Landesregierung begrüßten den Plan und sicherten uns ihre Unterstützung zu.

Diese Ratssitzung und der dort beschlossene Plan fanden ein in diesem Umfang unerwartetes und unwahrscheinlich starkes Echo bei den Bürgern unserer Stadt. Hunderte Vorschläge landeten in wenigen Tagen auf unseren Tischen. Die Sammlung für den Wiederaufbau brachte Rekordergebnisse. Eine große Welle von Initiativen erfaßte breite Teile unserer Bürger. Manchmal nahmen 80 000 bis 100 000, einmal sogar 110 000 Personen an den freiwilligen Aufbausonntagen teil.

Der Plan und sein Echo war ein schwerer Schlag für alle jene, die in düsteren Prophezeiungen das Ende von »Elbflorenz« unaufhörlich predigten. Der damalige materielle Inhalt des Planes einer Halbmillionenstadt – alles in allem rund 80 Millionen Mark – war, mit heutigem Maßstab gemessen, vielleicht ein Miniplan. Heute rechnen wir selbstverständlich mit ganz anderen Größen. Nur muß man nie vergessen, in welcher Zeit und unter welchen unerhört schwierigen, am Anfang sogar katastrophalen Bedingungen dieser Plan entstand.

Für uns war der materielle Inhalt des Planes, die 80 Millionen, nicht das Entscheidende, das Ausschließliche. Es ging uns in erster Linie darum, der deprimierten Bevölkerung eine Perspektive für das unmittelbare Weiterleben zu geben, ihr zu helfen, die nach der Katastrophe entstandene Lähmung zu überwinden und den Glauben an den Wiederaufbau ihrer Stadt, an eine bessere Zukunft zu festigen. Dabei mußte, das war unsere Absicht, gleichzeitig den Propheten aller Couleur, gutgläubigen und auch jenen, die die bösartigen Geschäfte des Feindes besorgten, das Wasser abgegraben werden. Das war der Hauptzweck dieses Planes. Die seither vergangenen Jahre haben die Richtigkeit unserer Absicht bestätigt.

Halten wir heute Rückschau, dann ist es so geworden, wie wir damals sagten: Dieser Plan war keine Angelegenheit von einzelnen, etwa des Rates der Stadt Dresden. Der

Plan wurde zu einer Sache der ganzen Dresdner Bevölkerung. Er war ein Volksplan im wahrsten Sinne des Wortes. Ebenso bewahrheiteten sich die Schlußworte, die ich zur Begründung des Planes in der öffentlichen Sitzung des Rates der Stadt Dresden am 5. Januar 1946 sagte: »Und wenn uns morgen oder übermorgen einige fragen werden: Woher nehmt ihr nur den Mut, einen solchen 80-Millionen-Plan zu verwirklichen? Dann möchte ich eine Antwort geben, die mehr als eine Antwort, sondern zugleich Bekenntnis und Programm ist: Wir nehmen den Mut dorther, wo ihn 1917 und in den folgenden Jahren die russischen Arbeiter und Bauern hergenommen haben.«

Die Lügen und Legenden über die Stadt Dresden sind in der BRD und in anderen kapitalistischen Ländern seit Ende des zweiten Weltkrieges noch nie ganz verstummt. Eine Menge Bücher mit groben Entstellungen und Verleumdungen sind erschienen. Das amerikanische Vorbild, ein antikommunistischer Hetzfilm über Dresden, gedreht im Juli 1949, wurde wiederholt nachgeahmt.

In illustrierten Zeitschriften erschienen oft sensationell aufgemachte Fortsetzungsserien mit gefälschten Bildern und Dokumenten. Sie sollten einmal die Wahrheit über die Zerstörung Dresdens verschleiern, zum anderen aber bestand ihre ganz besondere Aufgabe darin, den Aufbau der Stadt Dresden zu verunglimpfen, die Tätigkeit ihrer örtlichen Organe zu verleumden und überhaupt alle gesellschaftlich aktiv tätigen Kräfte grob zu beschimpfen.

Ein Stuttgarter Theaterfachmann sagte dem Verfasser während eines Besuchs in Stuttgart einmal Mitte der fünfziger Jahre, danach gefragt, wer derartige verlogene Filme und Bücher finanziert: »Solche Aufträge werden meist gut dotiert von Stellen erteilt, die im Hintergrund bleiben wollen. Ich kann mir nicht vorstellen, daß eine Filmgesellschaft einen solchen Streifen (gemeint war ein bestimmter Hetzfilm über Dresden – *W. W.*), der niemals seine Kosten einspielt, ohne Zuschüsse dreht. Aber was wollen Sie, das ist bei uns eben Reklame. Der eine preist seine Ware an, der andere seine Politik.«

Das ist also die gepriesene westliche »Freiheit«! Alle Massenmedien werden zu willfährigen Dienern des Antikommunismus degradiert und damit für die Vorbereitung und Rechtfertigung neuer imperialistischer Kriege und Verbrechen gegen die Menschheit mißbraucht.

Je mehr die Imperialisten nach der Herrschaft über andere Länder gieren und je lauter sie nach mehr Atombomben und nach Massenvernichtungswaffen schreien, um so öfter versuchen sie, ihre großen Verbrechen an der Zivilbevölkerung, für die Dresden ein besonders eklatantes Beispiel ist, zu vertuschen, von sich abzuwälzen und andere dafür verantwortlich zu machen.

So hatte sich zum Beispiel im Frühjahr 1963 ein Amerikaner namens Joseph Wechsberg auf den Weg nach Dresden gemacht. Was dieser »Journalist« dann am 8. Juni 1963 in der »Stuttgarter Zeitung« unter der Überschrift »Dresdens Herz ist leer« berichtete, läßt ernsthafte Zweifel aufkommen, ob er überhaupt in Dresden war. Frisch und frech log er folgendes zusammen: »Räumliche Öde und menschliche Leere. Das Zentrum der alten Stadt ist eine surrealistische Landschaft, wo wildes Gras aus den Mauertrümmern und verrosteten Eisenträgern wächst. Zwischen der toten Prärie führen neue, gut gepflasterte, sauber gefegte Straßen scheinbar nirgendwohin. Je mehr man sich der Stadtmitte nähert, um so leerer wird die Stadt, bis man endlich in einem Vakuum landet.« So viel Worte, so viel unverschämte Lügen.

Wie schon gesagt, bis heute lügen die Imperialisten und ihre Söldner im Geiste des Antikommunismus, wenn auch unter dem Zwang der Tatsachen raffinierter, aber nicht minder gefährlich.

Sicher wäre es nicht notwendig, an solche erbärmlichen Lügen viel Worte zu verschwenden, bestünde nicht die Gefahr, daß immer noch viele Menschen, die sich noch nicht von den Leistungen des sozialistischen Staates DDR überzeugt haben, dieser antikommunistischen Hetze erliegen. Sonst wäre die Reaktion in der BRD die gleiche wie in vielen Versammlungen der Dresdner Bevölkerung, wo diese und ähnliche Artikel zitiert wurden. Manchmal war schallendes Gelächter, viel öfter aber helle Empörung über solche Niederträchtigkeit die Antwort.

Was ist die Wahrheit? Wie sieht es im neuaufgebauten Dresden wirklich aus? Nur einige Tatsachen seien angeführt.[2]

Unsere Stadt Dresden ist wiedererstanden. Mit Fug und Recht läßt sich heute sagen, daß sie schöner, zweckmäßiger und viel wohnlicher als früher geworden ist. So kühn auch am Anfang unsere Pläne schienen, die wir vor unserer Bevölkerung im festen Bewußtsein, daß sie realisierbar sind, vertraten, so hat die Wirklichkeit alle unsere damaligen Ziele übertroffen.

Im Wohnungsbau hatte die Stadt Dresden schon 1979 den Vorkriegsstand von 1939 erreicht. Ende 1981 waren es bereits weit über 80000 Neubauwohnungen, die seit Anfang der fünfziger Jahre gebaut wurden. Das als ein Zahlenvergleich. Der Komfort der neugebauten Wohnungen kann mit dem der zerstörten Wohnungen gar nicht mehr verglichen werden. Die vielen Tausenden feuchten, dumpfigen Wohnungen in den Gassen und Gäßchen und in den Hinterhöfen hatten sanitäre Einrichtungen, die schon im Mittelalter als primitiv gegolten hätten. War doch damals ein vier Quadratmeter großes Dachkämmerchen mit Wasser und Klosett im Hausflur, das etwa eine Rentnerin bewohnte, nicht nur ein selbständiger Haushalt, sondern auch eine selbständige Wohnung.

Mehr als jede dritte Wohnung in Dresden ist nach 1945 gebaut, und weit mehr als ein Drittel der Bevölkerung wohnt in einer Neubauwohnung. Pro Einwohner hat Dresden jetzt im Durchschnitt 23,7 m^2 Wohnfläche zur Verfügung. Noch niemals in ihrer Geschichte hatte diese Stadt auch nur annähernd ein solches Wohnniveau.

Dazu kommen die neuen gesellschaftlichen Einrichtungen der Stadt. Allein im Zeitraum von 1971 bis 1980 wurden an die Bevölkerung übergeben:

7773 Kindergartenplätze
3603 Kinderkrippenplätze
39 Schulen
4 Schulerweiterungsbauten
Insgesamt
1063 Unterrichtsräume
37 Turnhallen
22 Kaufhallen
1500 Gaststättenplätze
384 Ärztliche und zahnärztliche Arbeitsplätze.

Standen im Jahre 1955 für je 100 Kinder im Alter von 3 Jahren bis zum Schuleintritt 28 Kindergartenplätze bereit, so waren es 1980 schon rund 90 Plätze. Bei den Kinderkrippen (Kinder bis zu 3 Jahren) stieg die Anzahl der Plätze von sage und schreibe damals 2 auf 53 Plätze je 100 der zur Betreuung in Frage kommenden Kinder. Der Anteil der in den Schulhorten betreuten Schüler der Klassen 1 bis 4 stieg von 6,8 Prozent im Jahre 1955 auf 89,9 Prozent im Jahre 1980.

Heute gibt es in Dresden 1 Universität, 6 Hochschulen und 10 Fachschulen, deren Volumen und Kapazität sich seit 1945 auf das 8- bis 10fache erweitert hat. An diesen Einrichtungen studieren 35 000 Studenten, darunter über 18 000 Frauen. Also weit mehr als 50 Prozent, die in naturwissenschaftlichen, technischen, ökonomischen, medizinischen, pädagogischen und künstlerischen Berufen ausgebildet werden; jährlich verlassen 7000 hochqualifizierte Menschen diese 17 Bildungsstätten. Unter ihnen auch Ausländer aus 55 Staaten.

Von 1000 Beschäftigten in Dresden hatten 1980 rund 100 einen Hoch- und 129 einen Fachschulabschluß. Mit 23 Prozent Berufstätigen, die einen Hoch- oder Fachschulabschluß haben, liegt Dresden mit an der Spitze vergleichbarer Städte.

Im Sommer 1945, als in der verwüsteten Großstadt Dresden Milch und Säuglingsnahrung noch eine Seltenheit waren, als Seuchen grassierten, die allgemeine Sterblichkeit auf das Dreifache gestiegen war, gab es Monate mit der erschreckenden Säuglingssterblichkeit von 74 Prozent. Nunmehr ist wie in der gesamten DDR auch in der Stadt Dresden ein kontinuierlicher Rückgang der Säuglingssterblichkeit zu verzeichnen. In den letzten 5 Jahren betrug sie 1,13 Prozent. Die Geburtenhäufigkeit ist 1980 gegenüber 1975 in der Stadt Dresden um 32 Prozent gestiegen.

Auf 10 000 Einwohner kommen jetzt 26,7 Ärzte und 7,3 Zahnärzte.

Über die Entwicklung von Kunst und Kultur, wollte man sich nur auf das Wichtigste beschränken, müßte allein ein ganzes langes Kapitel geschrieben werden.

Die großzügigen und umfangreichen Förderungsmaßnahmen der Partei und des Staates, ein Bestandteil ihrer Gesamtpolitik, haben einen großen Anteil an der internationalen Wertschätzung, die Dresden als Kunststadt heute in aller Welt genießt.

Den Terrorangriffen der anglo-amerikanischen Bomber im Februar 1945 waren so bedeutende kulturhistorische Bauten zum Opfer gefallen wie die Semperoper, das Schauspielhaus, der Zwinger, die Frauenkirche, das Schloß, das Taschenbergpalais, das Kurländerpalais und die Hofkirche.

Aber bereits am 10. Juli 1945 fand in der Tonhalle mit Lessings »Nathan der Weise« die erste Theateraufführung in Dresden statt. Und schon 3 Jahre später, am 22. September 1948, wurde mit der Aufführung des »Fidelio« von Beethoven das Große Haus der Staatstheater Dresden feierlich wiedereröffnet. Heute besitzt Dresden 5 Theater, die jährlich von fast einer Million Dresdner und ihren Gästen besucht werden.

Berühmt und bekannt im In- und Ausland sind die Kulturstätten. Die wohl bekannteste ist die Semperoper, die 1985 wiedereröffnet wurde. Eine bedeutende Rolle spielt auch der 1969 eröffnete Kulturpalast. Hier haben die Philharmonie, die Staatskapelle Dresden und der Dresdner Kreuzchor Auftrittsstätte und Domizil gefunden. In diesem Haus finden jährlich über 3000 Veranstaltungen mit mehr als einer Million Besucher statt.

Auch die Museen der Stadt Dresden, vor allem die Staatlichen Kunstsammlungen, werden mehr und mehr Anziehungspunkt für die Dresdner und ihre in- und ausländischen Gäste. Die Zahl der Besucher 1980 in den Staatlichen Kunstsammlungen betrug 2 380 450 Personen.

Ein Höhepunkt im kulturellen Leben Dresdens in den letzten Jahren war die VIII. Kunstausstellung der DDR. Hier zeigten 1356 Künstler und 40 Gestalterkollektive ihre Werke. Die Rekordbesucherzahl von 1 067 000 Gästen und Interessenten zeigte die große Resonanz und das gewachsene Interesse an der Begegnung mit der Gegenwartskunst.

Ein fester Bestandteil im kulturpolitischen Leben Dresdens sind die vielfältigen Initiativen des künstlerischen

Volksschaffens. 1977 betrug die Zahl der Volkskunstkollektive 483, in denen mehr als 8000 Bürger in 17 Genres regelmäßig ihrer volkskünstlerischen Tätigkeit nachgehen. Darüber hinaus sind Zehntausende Bürger unserer Stadt auf die vielfältigste Art und Weise selbst künstlerisch tätig.

Die Staatlichen Kunstsammlungen und die anderen Kunst- und Kultureinrichtungen haben sicherlich auch einen großen Anteil an den rund 5 Millionen Touristen, die die Stadt Dresden jährlich besuchen.

In den siebziger Jahren habe ich in einer lang währenden Untersuchung eine Analyse der Veränderung der gesellschaftlichen Struktur der Stadt Dresden vorgenommen und dabei viele interessante Daten zusammengetragen. Nur wenige, aber sehr bemerkenswerte Veränderungen seit dem Sturz der Naziherrschaft und der Entwicklung Dresdens zur sozialistischen Großstadt seien hier genannt.

Während 1939 im damaligen Deutschen Reich von allen gegen Lohn und Gehalt Beschäftigten 12 Prozent als Beamte und Angestellte im öffentlichen Dienst arbeiteten, waren es in der Stadt Dresden 25 Prozent. Diese Leute nach dem 8. Mai 1945 für eine der neuen Stadt nützenden Tätigkeit zu gewinnen, das war eine sehr komplizierte, schwierige Aufgabe.

Zu einem gewissen Teil erklärt das auch mit, daß Dresden zu den Städten des ehemaligen Deutschen Reiches gehört hat, die mit dem Anteil der NSDAP-Mitglieder, gemessen an der Bevölkerung, weit über dem Durchschnitt lagen.

Schon seit der Zeit vor dem ersten Weltkrieg waren rund 25 Prozent der Bevölkerung Rentner oder Pensionäre. Viele Beamte aus der näheren und auch weiteren Umgebung von Dresden siedelten nach der Pensionierung nach Dresden über, um – wie sie sagten – den letzten Teil ihres Lebens in einer kulturvollen Umgebung zu verbringen.

Außerordentlich bedeutungsvoll ist die Tatsache, daß der Teil der arbeitenden Bevölkerung, der in der Industrie beschäftigt ist, sich stark erhöht hat. Wenn man gleiche Maßstäbe anlegt und berücksichtigt, daß die Bevölkerungszahl seit 1939 um rund 100 000 niedriger ist, dann ist der Anteil der in der Industrie Beschäftigten von 90 000 auf rund 130 000 gestiegen.

Die Industrieproduktion ist seit 1949 – dem Jahr, aus dem gesicherte vergleichbare Angaben vorliegen – von 100 Prozent auf 1063 Prozent gestiegen. Das unterstreicht nachdrücklich die großen Veränderungen in der gesellschaftlichen Struktur unserer zum großen Teil neu erstandenen Stadt.

Partei- und Staatsführung würdigten die Leistungen der Werktätigen Dresdens. Am 10. Juni 1981 überbrachte das Mitglied des Staatsrates Bernhard Quandt zur Festsitzung der Stadtverordneten anläßlich der 775-Jahr-Feier eine Grußadresse des Generalsekretärs des ZK der SED und Vorsitzenden des Staatsrates, Erich Honecker, in der es heißt:

»Im Februar 1945 wurde Dresden von anglo-amerikanischen Bombern fast völlig zerstört. 35 000 Menschen fanden in einer einzigen Nacht den Tod. Die weltberühmte Kunststadt schien der Menschheit für immer verloren zu sein. Da brachten bewährte Antifaschisten im engen Zusammenwirken mit den sowjetischen Befreiern unter unsagbaren Mühen das Leben wieder in Gang und gaben den Bürgern der Stadt ein neues Ziel. Der Aufbau Dresdens ist ein beeindruckendes Beispiel für die Schöpferkraft der befreiten Arbeiterklasse und aller anderen Werktätigen ...

Unter den Bedingungen der Arbeiter-und-Bauern-Macht und durch den Fleiß seiner Bürger entwickelte sich Dresden zu einer schönen und modernen sozialistischen Großstadt und einem bedeutenden Zentrum der Arbeiterklasse mit leistungsstarken Industriebetrieben. Als Stadt der Wissenschaft und Technik, der Kultur und Kunst ist Dresden weltbekannt.«[3]

Schlußmeldung über die vier Luftangriffe auf den LS-Ort Dresden am 13., 14. und 15. Februar 1945 vom 15. März 1945 (originalgetreue Abschrift)

Eilenburg, den 15. März 1945/Ju.

Der Höhere SS- und Polizeiführer Elbe
in den Gauen Halle-Merseburg, Sachsen
und im Wehrkreis IV
– Befehlshaber der Ordnungspolizei –

BdO IV: L XI – 231 Nr. – 7/45 geheim.
Betr.: Schlußmeldung über die vier Luftangriffe auf den LS-Ort Dresden am 13., 14. und 15. Februar 1945

An
Verteiler! (nur im Entwurf.)
– Stand vom 10. 3. 1945, 8.00 Uhr. Geheim!

A. **Allgemeines:**

I. **Dauer der Alarme und der Angriffe sowie Zahl der Feindmaschinen.**

1. Angriff (13. 2. 45): ÖLW: ——, Fliegeralarm: 21.55 Uhr, Vorentwarnung: 22.40 Uhr, Entwarnung: 23.27 Uhr. Zeit des Bombenabwurfes: 22.09 Uhr bis 22.35 Uhr. Etwa 500 Feindflugzeuge.

2. Angriff (14. 2. 45): ÖLW: –, Fliegeralarm: 01.07 Uhr, Vorentwarnung – Entwarnung: –. Vor- und Entwarnung infolge des völligen Ausfalles der Großalarmanlage und sämtlicher nachrichtentechnischer Mittel während des 2. Angriffes unmöglich. Zeit des Bombenabwurfes: 01.22 bis 01.54 Uhr. Etwa 500 Feindmaschinen.
3. Angriff (14. 2. 45): Durch Ausfall der Großalarmanlage, der Kraftfahrsirenen und sämtl. Nachrichtenmittel Warnung der Bevölkerung unmöglich. Zeit des Bombenabwurfes: 12.15 Uhr bis 12.25 Uhr. Etwa 150 Feindmaschinen.
4. Angriff (15. 2. 45): Warnung der Bevölkerung aus den unter 3 genannten Gründen wiederum nicht möglich. Zeit des Bombenabwurfes: 12.10 bis 12.50 Uhr. Zahl der Feindflugzeuge etwa 100.

II. **Angriffsziele, Angriffstaktik und Wetterverhältnisse.**

1. **Ziel und Taktik**:

Die Angriffe, insbesondere die beiden Nachtangriffe überwiegend reine Terrorangriffe gegen die dicht bevölkerten Stadtteile. 1. Angriff fast über das ganze Stadtgebiet. Feuersturm bereits nach $^1/_2$–$^3/_4$ Stunde. 2. Angriff mit erhöhtem Sprengbombeneinsatz. Sprengbombenabwurf insbesondere auf die in Flammen stehende Innenstadt und große Teile der Gebiete, in welchen die Bevölkerung der Innenstadt vor dem Feuersturm Zuflucht suchte. (Großer Garten und sonstige Grünanlagen, Stadtteile mit offener Bauweise.) Starker Brandbombeneinsatz beim 2. Angriff besonders auf Gebiete, welche beim 1. Angriff vorwiegend mit Sprengbomben belegt worden waren. Die beiden Nachtangriffe müssen teilweise im Tiefangriff erfolgt sein, da in den Gebieten der offenen Bauweise die Häuser reihenweise mit Spreng- und Brandbomben belegt wurden und auf den Straßen verhältnismäßig wenig Sprengbombentrichter vorhanden sind. Durch die beiden Nachtangriffe das Stadtinnere von Dresden-Altstadt und die angrenzenden Stadtteile sowie die Südvorstadt fast völlig zerstört. Auch die Stadtteile Johannstadt, Friedrichstadt, Löbtau, Blasewitz, Striesen, Strehlen, Gruna, Plauen, Neustadt u. Antonstadt hierbei schwer getroffen.

Mittagsangriffe vom 14. 2. und 15. 2. 45 auf das gesamte Stadtgebiet. Beim Mittagsangriff vom 14. 2. 45 besondere Schäden in Löbtau, Friedrichstadt, Cotta und der Leipziger Vorstadt. Beim Mittagsangriff vom 15. 2. 45 vor allem die Stadtteile Plauen, die Südvorstadt, die Stadtteile Tolkewitz, Laubegast, das Waldschlößchenviertel sowie die Stadtteile Loschwitz und Oberloschwitz getroffen. Beide Mittagsangriffe überwiegend Hochangriffe. Bei allen Angriffen war Bordwaffenbeschuß festzustellen.

2. **Wetterverhältnisse**:

Erster und zweiter Angriff:	völlig bedeckter Himmel und starker Wind,
3. Angriff:	aufgelockerte Bewölkung,
4. Angriff:	bewölkt.

B. **Abwurfmittel**:

Infolge sehr großer Anzahl der Abwurfmittel und sehr großer Zerstörungen in den betroffenen Gebieten Angabe der Zahl der Abwurfmittel nur schätzungsweise möglich. Aufgliederung der Abwurfmittel nach der Art der beworfenen Objekte deshalb nicht möglich.

	Spreng-	Stabbrand- bomben	Flammenstrahl
1. Angriff: etwa	3 000	400 000	2 500
2. Angriff: etwa	4 500	170 000	2 000
3. Angriff: etwa	1 500	50 000	100
4. Angriff: etwa	900	35 000	500

Bei Sprengbomben bisher 331 Blindgänger festgestellt. Bei den beiden Nachtangriffen eine erhebliche Zahl von Langzeitzündern abgeworfen. Stabbrandb. etwa 1/3 mit Sprengsatz. 10% der abgeworfenen Stabbrandbomben Blindgänger. Bei den beiden Nachtangriffen ferner etwa 100 Minenbomben, Blindgänger nicht festgestellt. Außerdem bei allen Angriffen größere Massen von Flugblättern und Lebensmittelkarten. Der gemeldete Abwurf von Flüssigkeitsbrandb. und Benzinkanister (Zusatztanks) bei eingehender Nachprüfung nicht bestätigt.

Leuchtmitteleinsatz bei den beiden Nachtangriffen insgesamt:
a) Leuchtbomben etwa 160 (dav. 7 blind)
b) Leuchttrauben etwa 70
c) Kaskaden etwa 20

Bei beiden Tagesangriffen insgesamt etwa 15 Rauchzeichen.

C. **Gebäude- und sonstige Schäden:**

I. **Wohngebäude, Wirtschafts-Geb. u. öfftl. Gebäude:**

	total	schwer	mittelschwer	leicht
1. Wohngeb. einschl. Wohnbaracken	11916	1525	1375	9867
2. Wirtsch. Geb.:				
Banken	24	6	1	1
Versicherungsgeb.	26	—	—	2
Waren- u. Kaufhäuser	31	—	—	1
Geschäftshäuser	647	—	—	—
Speicher u. Lagerhäus.	64	22	6	5
Schlachthäuser	—	1	—	—
Mühlen	—	—	2	—
Markthallen	2	1	—	—
größere Hotels	31	1	—	—
Großgaststätten	26	—	—	1

Alle großen Bank- und Versicherungsgebäude der Innenstadt total zerstört oder schwer beschädigt. Kristall-Eisfabrik und Kühlhallen, Magdeburger Str., der größte Kühlspeicher des Reiches, mittelschwer beschädigt. Sämtliche Kühlspeicher konnten trotz Großbrandes schließlich gehalten werden. Von den großen Speichern an der Devrientstraße 2 total zerstört, 2 schwer und 2 mittelschwer getroffen. Städt. Vieh- u. Schlachthof schwer besch. Insbesondere das Kühlhaus durch Brandschäden ausgefallen. Sogenannte Kaltschmelze ist bis auf weiteres nicht betriebsfähig. Betrieb geht weiter. Bienertmühle Plauen und Hafenmühle mittelschwer besch. In der Hafenmühle ruht der Mühlenbetrieb vorläufig wegen starker Beschädigung des Kesselhauses durch Sprengbombenvolltreffer. Großmarkthalle und Antons-Markthalle total zerstört. Neustädter Markthalle schwer besch. Sämtliche großen Hotels der Innenstadt total zerstört, insbes. auch Hotel Bellevue.

3. Öffentl. Gebäude:

	total	schwer	mittelschwer	leicht
Verwaltungsgeb.	62	13	1	—
Theater	3	3	—	—
Lichtspieltheater	18	—	—	4
Museen	—	2	1	—
Kirchen	11	8	6	4
Kapellen	6	—	1	—

sonst. kultur-historische Bauten	5	9	3	—
Krankenhäuser einschließl. Hilfs- u. Ausweichkr.Hs. sowie Privatkliniken	19	3	1	7
Schulen	39	33	—	20
Konsulate	5	—	—	—
Zoolog. Garten	1	—	—	—

An wichtigen Verwaltungsgebäuden total zerstört: Dienstgebäude d. Gauleitung, Kreisleitung, des SS Oberabschnittes Elbe, das Finanzministerium, Landes- u. Oberlandesgericht, Pillnitzer Str., Landratsgebäude (ehem. Landhaus), Alte Techn. Hochschule, Landesarbeitsamt, Gauarbeitsamt, Gebäude der DAF, Ritzenbergstr., schwer beschädigt: Reichsstatthaltergeb. (ehem. Ständehaus), Ministerium d. Innern, Neues Rathaus m. Stadtmuseum, Polizeipräsidium, Amtsgericht Lothringer Str., Landgericht nebst Gefangenenanstalt, Münchner Platz, Neue Techn. Hochschule, Ortskrankenkasse, Arbeitsamt, Oberfinanzpräsidium.
Theater: total: Zentraltheater, Komödienhaus, Theater des Volkes, schwer besch.: Opernhaus, Staatl. Schauspielhaus u. Zirkus Sarasani, kulturhistorisch wertv. Bauten: soweit nicht bereits an anderer Stelle aufgeführt, total zerstört: Taschenbergpalais; Coselpalais, Wackerbartsches Palais, Altes Rathaus, Altes Kanzleigebäude im Stallhof, schwer besch.: Zwinger m. neuer Gemäldegalerie und 4 weiteren Museen, ehem. Residenzschloß (Grünes Gewölbe völlig ausgebrannt) Johanneum, m. hist. Museum, Sekundogeniturgebäude (alte Gemäldegalerie), Kurländer Palais, Palais im Großen Garten, Blockhaus Neustädt. Markt, Hauptwache von Schinckel, Jägerhaus mit Oskar-Seyfert-Museum. Mittelschwer besch.: Albertinum m. Skulpturensammlung u. Kunstakademie. Das zunächst nur mittelschwer besch. Japanische Palais (Landesbibliothek) beim Angriff am 2. 3. 45 durch Spreng- u. Brandbomben nunmehr schwer besch.
Krankenhäuser einschl. Hilfskrankenhäuser u. Ausweichkrankenh. sowie Privatkliniken: total: Staatl. Frauenklinik, Hilfskr.H. Horst-Wessel-Platz, Kinderheilanstalt Chemnitzer Str., u. 10 Privatkliniken, schwer besch.: Stadtkrankenhäuser Friedrichstadt, Löbtauer Str. u. Gerhard-Wagner-Krankenhaus. Z. Zt. in den Stadtkrankenhäusern einschl. Hilfs- u. Ausweichkrankenhäusern im Stadtgebiet Dresden nur insgesamt 780 Betten aufnahmebereit.

Museen: schwer besch.: Deutsches Hygiene-Museum u. Kunstgewerbe-Museum Güntzstr. 34. Mittelschwer: Schilling-Museum Pillnitzer Str. Soweit Museen in an anderer Stelle aufgeführten öffentl. Gebäuden untergebracht, diese hier nicht mit erfaßt.
An Kirchen wurden u. a. total zerstört: Frauenkirche (Dom), Johanniskirche, Trinitatiskirche, Andreaskirche, Erlöserkirche. Schwer besch. u. a. Sophienkirche (ehem. Domkirche), Dreikönigskirche, Thomaskirche, Zionskirche, Lukaskirche, Amerik. Kirche, Engl. Kirche. Mittelschwer besch.: Kath. Hofkirche, Kreuzkirche, Annenkirche, Markuskirche, Petrikirche, Russ. Kirche. Leicht besch.: Himmelfahrtskirche, Christuskirche, Versöhnungskirche. Konsulate: total zerstört: Finnisches Konsulat Prager Str. 45, Spanisches Konsulat Neumarkt 9, Schwedisches Konsulat Beuststr. 1, Italienisches Konsulat Reichsstraße u. Tiergartenstr. 24, Dänisches Konsulat Schnorrstr., Ungarisches Konsulat Beethovenstr.

II. **Industrielle Werke:**

	total	schwer	mittelschwer	leicht
Fabriken	—	136	28	35

Schäden und Produktionsausfälle in den wichtigsten WLS-Betrieben:

Sächs. Serumwerk, Zirkusstraße	Einsturz- u. Brandschäden	Ausfall 100%, Wiederanlauf in absehbarer Zeit
Masch. Laube, Blasewitzer Str.	Einsturz- u. Brandschäden	Ausfall 100%, Maschinen u. Trafo fast völlig erhalten. Langsamer Fertigungsanlauf nach Erhalt v. Strom.
Gläser-Karosserie, Litzmannstraße	Einsturz- u. Brandschäden	100%. Wiederaufnahme in einigen Wochen im Stammwerk, 2 Zweigwerke bereits wieder in Betrieb.
Gleitsmann, Gutenbergstraße	Einsturz- u. Brandschäden	50%, Kesselhaus, Trafo, u. Masch. Säle erhalten. In 3 Wochen volle Fertigung.
Delta-Werk, Zeiß-Ikon, Blasewitzer Str.	Einsturz- u. Brandschäden	100%, Wiederaufnahme unbestimmt.
Heuer-Getriebe-Werk, Fiedlerstr.	Einsturz- u. Brandschäden	100%, Fertigungsanlauf in 2 Wochen, nach 4 Wochen 80%.
Albert Bussenius, Fiedlerstr.	Einsturz- u. Brandschäden	bis a. w. völliger Ausfall, Anlaufmöglichkeit noch erwogen.

Sächs. Cartonagen u. Masch. AG., Blasewitzer Str.	Einsturz- u. Brandschäden	Ausf. 100 %, in etwa 3 Wochen 25 % Anlauf m. voraussichtl. Steigerung bis 60 %.
Gottschalk & Co, Langebrücker Str.	Brandschäden	100 %, vollige Zerstörung d. Fabrikgeb. Sämtl. Maschinen schwer besch. Wiederaufnahme unbestimmt.
C. H. Bernhard, Alaunstr.	Einsturz- u. Brandschäden	Starke Zerstörungen d. Fabrik-, Büro- u. Lagerräume. Ausfall 100 %. Wiederaufnahme unbestimmt.
Böhme & Hennen, Görlitzer Str.	Einsturz- u. Brandschäden	Völlige Zerstörung d. Fabrik, Wiederaufn. unbestimmt.
Wilhelm Jentzsch, Großenhainer Str.	Einsturz- u. Brandschäden	100 %. Wiederaufnahme unbestimmt.
Zeiß-Icon, Mü-Werk	Brandschäden	Montagesäle zerstört. Keller erhalten. Wiederaufnahme unbestimmt.
Ihagee-Kamera-Werk, Schandauer Str.	Einsturz- u. Brandschäden	Völlige Zerstörung d. Gebäude, Wiederaufn. unbestimmt.
Arthur-Hecker-Werke, Ludwig-Hartmann-Str.	Einsturz- u. Brandschäden	Trafo, Kessel u. Maschinen erhalten. Wiederaufn. 50 % in ca. 4 Wochen.
Paul Märksch AG., Schandauer Str.	Brandschäden	Kessel, Dampfmaschine u. Benzinwäscherei erhalten. Wehrmachtfertigung nicht beeinträchtigt. Wiederaufn. d. Zivilfertigung in ca. 6 Wochen.
Reifenerneuerungswerk Dr. Naumann, Ermel/Schlüter-Straße	Brandschäden	100 %. Kessel u. Trafo erhalten. Wiederaufn. in absehbarer Zeit unmöglich.

Astra-Werk, Spenerstr.	Einsturz- u. Brandschäden	Sehr schwere Schäden, Wiederaufnahme unbestimmt.
Elektrodental, Augsburgerstr.	Brandschäden	Wiederaufnahme im Stammwerk unbestimmt. Rep. Betrieb wird außerhalb aufrechterhalten.
Verbandsstoff-AG Kipping, Kyffhäuser-Str.	Einsturz- u. Brandschäden	Starke Zerstörungen. Wiederaufnahme hat jedoch begonnen.
Klaus Tornow, Heydenstr.	Einsturz- u. Brandschäden	Starke Zerstörungen, Fertigung in Ausweichbetrieb verlegt.
Fettstoff-AG., Leuben	Brandschäden	100 %. 40–50 % Wiederaufnahme in etwa 10 Wochen.
Balda-Werk I, Tolkewitz	Brandschäden	Wichtige Maschinenteile erhalten. Wiederaufnahme in ca. 8 Tagen in Ausweichbetrieb.
Balda-Werk II, Laubegast	Brandschäden	Trafo u. Fertigungsmaschinen völlig erhalten, Fertigung 100 % in Ausweichbetrieb in Kürze.
Hille-Werke, Werkzeugmaschinen, Otto-Moor-Str.	Brandschäden	Leichte Schäden, Fertigung nur gering beeinträchtigt.
Krüger & Rott, Tharandter Str.	Einsturz- u. Brandschäden	Kokillenguß arbeitet wieder zu $^1/_3$, volle Sandgußfertigung Anfang April.
Zahnräderfabrik Winkler, Löbtauer Str.	Einsturz- u. Brandschäden	100 %, Anlauf zu geringem Teil in etwa 4 Wochen.
H. Großmann, Chemnitzer Str.	Einsturz- u. Brandschäden	völliger Ausfall, Wiederanlauf in etwa 5 Wochen.
Greiling, Nossener Str.	Einsturz- u. Brandschäden	100 %. Wiederanlauf Rü-Fertigung in etwa 6 Wochen.
Schlüter-Brotfabrik, Zwickauer Str.	Einsturz- u. Brandschäden	Ausf. 100 %. Anlauf d. Bäckerei handwerksmäßig in etwa 2 Wochen.

Louis Hermann, Zwickauer Str.	Einsturz- u. Brandschäden	100%. Wiederanlauf bis 65% in etwa 3 Wochen.
Universelle, Zwickauer Str.	Einsturz- u. Brandschäden	80%. In etwa 3 Wochen Steigerung d. Fertigung.
Willi Hiller, Zwickauer Str.	Brandschäden	100%. Maschinen nur geringer Schaden. Wiederanlauf in etwa 3 Wochen.
Koch & Sterzel, Zwickauer Str.	Einsturz- u. Brandschäden	100%. Anlauf zunächst in 2 Sälen in einer Woche. In etwa 3 Wochen weitere Steigerung.
Max Lösch, Zwickauer Str.	Einsturz- u. Brandschäden	75%. Steigerung noch unbestimmt.
Petzold & Aulhorn, Bienertstr. einschl. Alfa-Werk (Zeiß-Icon)	Einsturz- u. Brandschäden	100%. Geringer Anlauf in etwa 5–6 Wochen.
Friedel & Engelmann, Fritz-Reuter-Str.	Einsturz- u. Brandschäden	100%. Schwere Maschinenschäden, Wiederaufn. nur in geringem Umfang möglich.
Würker-Strickautomaten, Chemnitzer Str.	Einsturz- u. Brandschäden	In etwa 3 Wochen wieder volle Fertigung.
Vogel & Schlegel, Gütermannstr.	Einsturz- u. Brandschäden	Schwere Zerstörungen. Fertig. in Ausweichbetriebe verlegt.
Schriftguß KG., Großenhainer Str.	Einsturz- u. Brandschäden	Völlige Fertigungsmöglichkeit.
Clemens Müller, Großenhainer Str.	Einsturz- u. Brandschäden	Geringer Ausfall.
Gehe & Co, Leipziger Str.	Einsturz- u. Brandschäden	Mehrere Gebäude zerstört, Masch.Haus getr. Mittlerer Fert. Ausfall.

Obigen Angaben sind die Berichte der WLS-Bezirksstelle Dresden zu Grunde gelegt. Nach den für den WLS ergangenen Bestimmungen wird auch bei völliger Zerstörung der Werkgebäude usw. Totalschaden nicht angenommen, weil sich zunächst nicht übersehen läßt, ob eine Wiederaufnahme der Fertigung nicht doch möglich ist.

III. **Versorgungsbetriebe**:

	total	schwer	mittelschwer	leicht
Elt-Werke	—	1	—	1
Gas-Werke	—	1	1	—
Wasser-Werke	1	—	2	1

Schwer besch. die Drewag-Betriebe, Elt- und Gaswerke, Lößnitzstr., leicht besch. Hochspannwerk Bühlau. Gaswerk Reik durch Zerstörung von 2 Behältern mittelschwer. Gaserzeugung nicht wesentlich beeinträchtigt. Wasserwerk Großer Garten total zerstört, mittelschwer Wasserpumpwerk d. Drewag Vogesenweg 8 und Filtrierwerk Dresden-Coschütz. Leicht besch. Wasserwerk Tolkewitz. Für die Versorgung der Bevölkerung mit Strom, Gas und Wasser wesentliche Betriebe nicht erheblich getroffen, dagegen schwere Schäden in dem Rohr- und Kabelnetz. Versorgung daher in den ersten Tagen völlig unterbrochen. Vor dem erneuten Angriff am 2. 3. 45 waren Außenbezirke und vielfach auch nach dem Stadtinneren zu gelegene Bezirke mit Strom und Licht versorgt, während die Versorgung mit Gas nur in Reik und östliche Außenbezirke der Stadt in Gang war.

IV. **Verkehrsanlagen**:

	total	schwer	mittelschwer	leicht
Reichsbahn	1	6	2	2
Reichspost	19	3	2	4
Straßenbahn	6	4	—	3
Hafenanlagen	—	—	1	2
Schiffe, Prähme	19	—	3	11
Brücken	—	—	6	3

Schäden an Bahnanlagen
RBD Dresden. Alle Verwaltungsgebäude Wiener und Strehlener Str. ausgebrannt u. z. T. völlig zerstört. Verwaltungsbetrieb vollkommen lahmgelegt. Basa Dresden völlig ausgefallen.
Bahnhof Dresden-Hbhf. zunächst 100 % Ausfall. Alle Stellwerke, sowie Gleis- u. Bahnsteiganlagen erheblich beschädigt. Brücken über Franklinstr. zerstört. Alle 4 Gleise Dresden-Bodenbach unterbrochen. Empfangshalle, Wartesäle, Fahrkartenausgabe, Gepäckabfertigung, Bahnbetriebswerk 2 Hbhf., Betriebsamt Dresden 1, Bahnhofskasse Hbhf. u. Reichsbahnschule sowie 10 Wagenzüge im Hbhf. ausgebrannt.

Bahnhof **Dresden-Strehlen**: 2 Personenzüge teilw. ausgebrannt. Bahnhof **Wettiner Str.**: Empfangsgeb. besch., Stellwerke teilweise zerstört. Alle 4 Gleise der Strecke Dresden-Hbhf.-Dr.-Neustadt besch. Verkehrsausfall zunächst 100 %.
Personenbahnh. **Dr.-Neustadt**: Gleisanlage besch., Fahrkartenausgabe, 1 Umsiedlerzug, 1 bes. Behelfslazarettzug vollk., 1 Umsiedlerzug teilw. ausgebrannt. Fernmeldemeisterei durch Brand stark besch. Stoffbüro, Kleiderlager u. Reichsbahndruckerei völlig ausgebrannt. Basa, Ersatzvermittlung u. alle Fernsprechleitungen gestört. In den Stellwerken Türen- u. Fensterschäden. Betriebsamt 3 und 4 leicht besch. Eilgutschuppen u. Verw.-Geb. schwer, Empfangsgüterschuppen leicht besch.
Güterbahnhof Dr.-Neustadt: 3 Hauptgleise, Verschubanlage, Eilgut- u. Wehrmachtrampe zerstört. Geringe Weichenschäden, Stellwerk 3, Riegelwerk IV, Zugabfertigung u. etwa 30 Kohlenwagen ausgebrannt. 1 Munitionszug explodiert. Im Bahnbetriebswerk Pieschen Ver.-Geb. zerstört u. Triebwagenhalle ausgebrannt.
Bahnhof Dr.-Altstadt: Gleisanlagen durch viele Sprengb. zerstört. 1 Stellwerk Teilschäden, im Abstellbahnh. etwa 105 Personenwagen, 655 Güterwagen, 30 Postwagen u. 25 Kenter abgebrannt. Verw.-Geb., Stellwerk I/2 Güterschuppen u. beide Postanlagen niedergebrannt.
Bahnbetriebswagenwerk Altstadt: u. Bahnbetriebswerk Altstadt teilweise ausgebrannt.
Bahnhof Friedrichstraße: 13 Haupt- u. 2 Lok- sowie 30 Sortiergleise, 3 Weicheneinheiten, Heizhaus, altes Bahnbetriebswerk, Umladehalle u. Güterabfertigung, Niederlage v. Privatfirmen u. etwa 100 Personen- u. Güterwagen ausgebrannt.
Schwer besch. Personenbahnhof Friedrichstadt, 1 Übernachtungsgeb. u. 115 Personen- u. Güterwagen.
Bahnhof König-Albert-Hafen: Güterabfertig. Elbufer Abfertig. Gebäude niedergebrannt u. Kohlenstapel in Brand geraten.

Reichsbahn-Ausbesserungswerk: Spreng.-Treffer in Wagenwerkstatt, in Gefangenen-Lager u. Kraftwagenhalle, Schäden gering.
Zunächst durch die Angriffe v. 13./15. 2. 45 sämtliche Strecken unterbrochen. Verkehr notdürftig von den Vororten aus aufrecht erhalten. Vor dem Angriff v. 2. 3. 45 wieder folgende Strecken befahrbar:

Dr.-Neustadt–Klotzsche, Dr.-Neustadt–Hbhf. zweigleisig,
Dr.-Neustadt–Friedrichstadt Güterzugsgleis,
Dr.-Hbhf.–Friedrichstadt,
Dr.-Hbhf.–Pirna auf Vorortsgleis,
Dr.-Altstadt–Friedrichstadt.

Schäden in Postanlagen: total zerstört: Telegraphenamt, Fernsprechamt, Postscheckamt, die Postämter 1, 4, 6, 8, 9, 10, 16, 19, 21, 24, 26, 35, 2 Paketpostämter, Telegraphenbauamt Wachsbleichstr., Reichsbahnpostamt Christianstr. u. Paketverladestelle Freiberger Str., Kraftpostbetriebswerk Löbtauer Str. schwer besch.

Schäden an Straßenbahnanlagen: Straßenbahnhöfe Waltherstr., Tolkewitz, Naußlitz u. Pfotenhauer Str. schwer besch. Verbrannt in den Straßenbahnhöfen u. auf den Strecken etwa 100 bis 120 Triebwagen. Sehr viele Gleisschäden, meist aber nur kleine Strecken. Oberleitungen 75% zerstört. Straßenbahnverkehr nur von den Außenbezirken der Stadt nach den Vororten.

Schäden an Häfen:
Wasserbauhof Dresden mittelschwer. Mehrere Gebäude durch Luftdruck u. Splitterwirkung besch. 1 Schuppen u. 1 Magazin abgebrannt. Auf den Hafendämmen große Sprengtrichter. An den Gebäuden im König-Albert- u. Neustädter-Hafen geringe Schäden.

Schäden an Schiffen:

	gesunken od. ausgebrannt	schwer	mittelschwer	leicht
Dampfer	2	—	2	2
Motorschiffe	1	—	1	—
Lastkähne	5	—	—	9
Wohnschiffe	2	—	—	—
Kohlenprähme	2	—	—	—
Baggerprähme	2	—	—	—
Fährbrücken	2	—	—	—
Wasserbauspezialschiffe	1	—	—	—
Motorschaluppen	2	—	—	—

Schäden an Brücken:
mittelschwer besch. Eisenbahnbrücke Dresden, Augustus-Brücke, Carola-Brücke, Loschwitzer Brücke, Nossener Brücke u. Brücke üb. Bahnanlagen Chemnitzer Straße. Schiffahrtsöffnungen sind unberührt geblieben. Bei Augustus-Brücke, Loschwitzer Brücke u. Nossener Brücke Fahrbahnen besch. Über die Loschwitzer u. Nossener Brücke Fahrverkehr wieder möglich, Augustus-Brücke weiterhin unterbrochen.

V. **Schäden an Polizei- u. Wehrmachtsgebäuden**:

1. **Polizeigebäude u. -anlagen**:
Sehr großer Teil d. Polizeigebäude total zerstört. Unter a. Polizeikaserne Sachsenplatz einschl. Diensträume Abschnittskommando Mitte u. Kraftfahrstaffel, Kraftwagenhalle Hans-Schemm-Allee, Unterkunft Güntzstr., Abschnitts-Kommando Ost, 1.–6. sowie 10., 11., 15. u. 26. Pol.-Revier, zahlreiche Unterkünfte d. LS-Polizei, 8 Unterkünfte u. 7 Verpflegsstellen des FuE-Dienstes, 6 LS-Rettungsstellen mit der Hälfte d. San.-Ausrüstung u. 1 Unterkunft des I-Dienstes, ferner Pol.-Station Grunaer Str., Unterkunft Ungarische Polizei Schießgasse u. Unterkunft Breslauer Polizei Palmengarten. Schwer besch.: Pol.-Präsidium u. Abschn.-Kommando West. Mehr als 50% aller Kraftfahrzeuge der Schutz- und LS-Polizei einschl. FuE-Dienst vernichtet. Beim FuE-Dienst rund 23000 m Schlauchmaterial ausgefallen, der durch Eingang aus Schlesien ausgeglichen wurde. I-Dienst 10 Gruppengeräte, 1 Sprenggeräte-Ausrüstung u. 5 Kompressoren vernichtet. Sämtl. übrige I-Gerät erheblich beschädigt. Größter Teil d. Waffen- u. Munitionsbestände sowie sonstiger Ausrüstungsgegenstände vernichtet. Ebenso die Bestände d. Bekleidungskammern. Von den 66 Pferden d. Fahrbereitschaft der SchP. 44 durch die beiden Nachtangriffe getötet.

2. **Wehrmachtgebäude bzw. -anlagen**:
Total zerstört: Wehrmacht-Kommandantur (Taschenberg-Palais), Dienstgeb. d. SA-Standarte Feldherrnhalle, Gerokstr., Wehrkreis-Veterinäruntersuchungsstelle IV (Bautzner Str.), Wehrmachtbücherei Blockhaus (Neustädter Markt), Heeresaufnahmebezirksstelle u. Orthopädische Versorgungsanstalt Sedanstr. 24, Wehrmacht-Unterkunft Drei-Kaiser-Hof, Kraftfahrpark Lennéstr. (Ausstellungspalast), Versorgungsärztl. Untersuchungsstelle Canalettostr.
Schwer besch.: LGK III, Heeresverpflegungsamt Fabrikstr. 13, 21 Res.-Lazarette total zerstört, mehrere schwer besch. Das Gef.-Lazarett Gasthof Wölfnitz mittelschwer besch.

D. **Gesamtzahl der Brände**: Großbrände 74, Mittelbrände 2461, Kleinbrände 2363. Großbrände meist Flächenbrände. Gebiet Abschnittskommando Mitte (Altstadt, Wilsdruffer Vorstadt, Seevorstadt, Pirnaische Vorstadt, Johannstadt) ein einziger Flächenbrand, da diese Stadtteile nach dem 2. Angriff ein einziges Flammenmeer bildeten.

E. **Personenschäden:** Bis 10. 3. 1945 früh festgestellt: 18375 Gefallene, 2212 Schwerverwundete, 13718 Leichtverwundete. 350000 Obdachlose u. langfristig Umquartierte. Aufgliederung der Personenschäden nach Geschlechtern m. Rücksicht auf bestehende Schwierigkeiten (Abwanderung großer Teile der Bevölkerung, Überführung eines großen Teils der Verwundeten nach außerhalb, vollkommene Verkohlung bzw. starke Verwesung der Leichen) noch nicht bzw. überhaupt unmöglich. Überwiegend handelt es sich aber um Frauen und Kinder. Nach Angaben der Kripo im Laufe der Zeit möglich, etwa 50% der Gefallenen zu identifizieren. Nach bisherigen Feststellungen ist der überwiegende Teil der Gefallenen in den LS-Räumen u. außerhalb durch mittelbare oder unmittelbare Brandeinwirkung sowie durch Verschüttung umgekommen. Auch durch Abwurf von Minen- u. Sprengbomben insbesondere während des 2. Nachtangriffes auf Straßen u. Plätze sowie Grünanlagen sind hohe Personenverluste eingetreten. Die Gesamtzahl der Gefallenen einschl. Ausländer wird auf Grund der bisherigen Erfahrungen u. Feststellungen bei der Bergung nunmehr auf etwa 25000 geschätzt. Unter den Trümmermassen, insbes. d. Innenstadt dürften noch mehrere tausend Gefallene liegen, die vorläufig überhaupt nicht geborgen werden können. Genaue Feststellungen der Gefallenenzahl erst möglich, wenn durch Vermißtennachweis u. Meldeämter der Polizei feststeht, welche Personen Dresden verlassen haben. Beim Vermißtennachweis und der Stadtverwaltung liegen z. Zt. etwa 35000 Vermißtenmeldungen vor. Unter den Gefallenen bisher etwa 100 Wehrmachtangehörige festgestellt. Meldungen hierüber in den Wehrmachtdienststellen oder in den Kasernen liegen noch nicht vor. Die Zahl der gefallenen Wehrmachtangehörigen wird verhältnismäßig niedrig sein infolge des Ausgehverbotes.

Personenschäden bei der Ordnungspolizei

	gefallen	vermißt	verwundet
aktive Schutzpol. einschl. Reserve	31	77	24
LS-Polizei einschl. FE-Dienst	171*	300**	132

* einschl. 129 zurückgeführte Ukrainer,
** einschl. 99 LS-Pol.-Angeh. aus Schlesien.

F. **Abschüsse und Notlandungen:** 1 engl. Flugzeug Nordstr. abgestürzt. 5 Mann tot.
1 engl. Flugzeug Albertplatz abgest. 1 Mann tot, Verbleib d. übrigen unbekannt.

Wasserwerk Tolkewitz (Elbwiesen) 1 Flugzeug unbek. Typs abgestürzt. 5 Mann tot.

G. **Einsatz auswärtiger Kräfte**:

1. Schutzpolizei:	4 Komp. u. 10 Gespanne Pol. Waff.-Schule I Hellerau	
2. FuE-Dienst	LS-Abt. (mot.) 55 Frankenberg	1 Komp.
	LS-Abt. (mot.) 50 Kostebrau	1 Komp.
	LS-Abt. (mot.) 16 Berlin	2 Komp.
	LS-Abt. (mot.) 59 Leipzig	1. Komp.
	LS-Abt. (mot.) 59 Regis-Br.	2. Komp.
	LS-Abt. (mot.) 59 Gera	3. Komp.
	LS-Abt. (mot.) 60 Senftenbg.	2. Komp.
	LS-Ers. Abt. (mot.) 2 Wurzen	1. Komp.
	4 FuE-Bereitschaften Leipzig	
	3 FuE-Bereitschaften Chemnitz	
	1 FuE-Bereitschaft Halle	
	1 FuE-Bereitschaft Riesa	
	1 FuE-Bereitschaft Oppeln/Meißen	
ferner	8 Wehrmacht-Löschgruppen	
	23 Löschgruppen freiw. Feuerwehren u. mehrere Löschgruppen Werkfeuerwehr	
3. Inst.-Dienst:	1 I-Abt. Leipzig	
	1 I-Bereitsch. Leipzig	
	1 I-Bereitsch. Chemnitz	
	1 I-Bereitsch. Zwickau	
	1 I-Bereitsch. Halle-Merseburg	
	1 Bergwerkfachtrupp Freiberg	
	1 Bergwerkfachtrupp Sadisdorf	
	Bataillon Streibel (Panjewagen-Kolonne)	

4. TN Dresden:
Techn. Dienst u. Reb-Züge u. TN-Kräfte aus den Nachbarorten in Stärke von 9/60 und 2/336.

5. San.-Dienst	1 San.-Bereitschaft Halle
	2 San.-Bereitschaft Leipzig
	1 San.-Bereitschaft Chemnitz
	1 Krankentransportstaffel Breslau
	6 LKW d. San.-Dienstes Aussig
	DRK-Kreisstelle Dresden (1/60)
	DRK-Katastrophenzug f. d. Land Sachsen Meißen
	DRK-Großhilfszug Berlin
	DRK-Hilfszüge Pirna, Meißen, Leipzig, Dippoldiswalde,

mehrere San.-Fahrzeuge d. Wehrmacht
7 Schiffe d. Güter- u. Fahrgastschiffahrt, ferner Laz.-Schiff Leipzig.

6. Wehrmacht-Hilfskommando:
   durchschnittlich 1500–2000 Mann.
   Kriegsgefangene 500–1000 Mann.
7. HJ: durchschnittl. 500 Mann.
8. NSKK: Döbeln 4 Lkw.
   Mittweida 8 Lkw.
9. RVM: S-Einsatz 7 Lkw
10. Zur Verpflegung der Bevölkerung waren eingesetzt:
   EK 4, EK 6, EK 9, LZ 1, LZ 8,
   Küchenschiff Karlshagen,
   Küchenschiff Lößnitz.

H. **Besondere Vorkommnisse**:

1. Bergung der Gefallenen, auch soweit nicht verschüttet, mußte durch Kräfte des örtl. LS-Leiters erfolgen, ebenso die Überführung nach den Friedhöfen. Mit Rücksicht auf die schnell fortschreitende Verwesung und bestehende außerordentliche Schwierigkeiten bei der Bergung, sowie Mangel an geeigneten Fahrzeugen zur Überführung auf Friedhöfe mit Zustimmung des Gauleiters u. der Stadtverwaltung auf dem Altmarkt insgesamt 6865 Gefallene eingeäschert. Die Asche d. Gefallenen wurde auf einen Friedhof überführt. Bergung von herrenlosem Luftschutz- u. Reisegepäck einschl. Wertsachen wird gleichfalls vom örtl. LS-Leiter durchgeführt.
2. Plünderer: Von der Schutzpolizei, insbes. durch eingesetzte Streifen bisher 79 Plünderer festgenommen. Eine größere Anzahl bereits hingerichtet. Vorstehender Bericht wird nach Abstimmung der Unterlagen mit der Kreisleitung d. NSDAP erstattet.

I. A.
gez. Thierig.

Aus der Lagemeldung 1404 (originalgetreue Abschrift)

Der Chef der Ordnungspolizei Berlin, den 22. März 1945.

Betr.: Luftangriffe auf das Reichsgebiet.
Lagemeldung Nr. 1404.

BdO. Dresden – Nachtrag:

13., 14. u. 15. 2. **Dresden**:
Anzahl der Abwurfmittel, Schäden und Personenverluste der 1. 4 Angriffe in der Zeit vom 13. bis einschl. 15. 2. 1945 ändert sich wie folgt:
Es wurden abgeworfen:
1. Angriff: (13. 2. 1945, 21.55–23.27 Uhr):
Etwa 3000 Spreng-, 400000 Stab- und 2500 Flammstrahlbrandbomben.
2. Angriff: (14. 2. 1945, 01.07–01.54 Uhr):
4500 Spreng-, 170000 Stab- und 2000 Flammstrahlbrandbomben.
3. Angriff: (14. 2. 1945, 12.15–12.25 Uhr):
1500 Spreng-, 50000 Stab- und 100 Flammstrahlbrandbomben.
4. Angriff: (15. 2. 1945, 12.10–12.50 Uhr):
900 Spreng-, 35000 Stab- und 500 Flammstrahlbrandbomben.
Bei den beiden Nachtangriffen eine erhebl. Anzahl von Lzz. abgeworfen. 1/3 der abgeworfenen Stabbrandbomben mit Sprengsatz. Bei den beiden Nachtangriffen ferner etwa 100 Minenbomben.
74 Groß- und 2461 Mittel- sowie 2363 Kleinbrände.
Großbrände meist Flächenbrände.
Altstadt, Wilsdruffer Vorstadt, Seevorstadt, Pirnaische Vorstadt und Johannstadt ein einziger Flächenbrand.
Total:
11916 Wohnhäuser einschl. Wohnbaracken, 24 Banken, 26 Versicherungsgebäude, 31 Waren- und Kaufhäuser, 647 Geschäftshäuser, 64 Speicher und Lagerhäuser, 2 Markthallen, 31 größere Hotels, 26 Großgaststätten, 63 Verwaltungsgebäude, 3 Theater, 18 Lichtspielhäuser, 11 Kirchen, 6 Kapellen, 5 Kultur-historische Bauten, 19 Krankenhäuser einschl. Hilfs- und Ausweich-Krankenhäuser sowie Privat-Kliniken, 39 Schulen, 5 Konsulate, 1 Zoolog. Garten, 1 Wasserwerk, 1 Reichsbahnanlage, 19 Reichspostanlagen, 4 Straßenbahnanlagen, 19 Schiffe und Prähme.
Schwer:
1525 Wohnhäuser und Wohnbaracken, 6 Banken, 22 Speicher und Lagerhäuser, 1 Schlachthaus, 1 Markthalle, 1 größeres Hotel,

13 Verwaltungsgebäude, 3 Theater, 2 Museen, 8 Kirchen, 9 Kultur-historische Bauten, 3 Krankenhäuser einschl. Hilfs- und Ausweich-Krankenhäuser sowie Privat-Kliniken, 33 Schulen, 136 Industriebetriebe, 1 Elektrizitätswerk, 1 Gaswerk, 6 Reichsbahnanlagen, 3 Reichspostanlagen, 4 Straßenbahnanlagen.
Mittel:
1375 Wohnhäuser einschl. Wohnbaracken, 1 Bank, 6 Speicher und Lagerhäuser, 2 Mühlen, 1 Verwaltungsgebäude, 1 Museum, 6 Kirchen, 1 Kapelle, 3 Kultur-historische Bauten, 1 Krankenhaus, 28 Industriebetriebe, 1 Gaswerk, 2 Wasserwerke, 2 Reichsbahnanlagen, 2 Reichspostanlagen, 1 Hafenanlage, 3 Schiffe und Prähme sowie 6 Brücken.
Leicht:
9867 Wohnhäuser einschl. Wohnbaracken, 1 Bank, 2 Versicherungsgebäude, 1 Waren- und Kaufhaus, 5 Speicher und Lagerhäuser, 1 Großgaststätte, 4 Lichtspielhäuser, 4 Kirchen, 7 Krankenhäuser einschl. Hilfs- und Ausweich-Krankenhäuser sowie Privat-Kliniken, 26 Schulen, 36 Industriebetriebe, 1 Elektrizitätswerk, 1 Wasserwerk, 2 Reichsbahnanlagen, 4 Reichspostanlagen, 3 Straßenbahnanlagen, 2 Hafenanlagen, 11 Schiffe und Prähme und 3 Brücken.
Alle großen Banken und Versicherungsgebäude der Innenstadt total bzw. schwer. Kristall-Eisfabrik und Kühlhallen, Magdeburger Str., größter Kühlspeicher des Reiches, mittel. Von den großen Speichern an der Devrientstr. 2 total, 2 schwer und 2 mittel. Vieh- und Schlachthof schwer, insbesondere Kühlhaus durch Brandschäden ausgefallen. Sogenannte Kaltschmelze bis auf weiteres nicht betriebsfähig. Bienert-Mühle Plauen und Hafenmühle mittel. In Hafenmühle ruht Mühlenbetrieb vorläufig wegen schwerer Beschädigung des Kesselhauses. Großmarkthalle und Antons-Markthalle total, Neustädter Markthalle schwer. Sämtl. großen Hotels der Innenstadt, insbesondere Hotel Bellevue total. An wichtigen Verwaltungsgebäuden total: Dienstgebäude der Gauleitung, Kreisleitung, des Oberabschnitts Elbe, Finanzministerium, Landes- und Oberlandesgericht Pillnitzer Str., Landratsgebäude (ehem. Landhaus), Alte Technische Hochschule, Landesarbeitsamt, Gauarbeitsamt, Gebäude der DAF, Ritzenberger Str.
Schwer: Reichsstatthalter-Gebäude (ehem. Ständehaus), Ministerium des Innern, Neues Rathaus mit Stadtmuseum, Pol.-Präsidium, Amtsgericht Lothringer Str., Landgericht nebst Gefangenen-Anstalt Münchener Platz, Neue Techn. Hochschule, Ortskrankenkasse, Arbeitsamt und Oberfinanzpräsidium. An Theatern total: Zentral-Theater, Komödienhaus, Theater des Volkes. Schwer: Opernhaus, Staatl. Schauspielhaus und Zirkus

Sarasani. Kultur-historisch wertvolle Bauten, soweit nicht schon gemeldet, total: Taschenberg-Palais, Cosel-Palais, Wackerbartsches Palais, Altes Rathaus, Altes Kanzleigebäude und Stallhof. Schwer: Zwinger mit Neuer Gemälde-Galerie und 4 weiteren Museen, ehem. Residenz-Schloß (grünes Gewolbe völlig ausgebrannt), Johanneum mit historischem Museum, Sekundogeniturgebäude (alte Gemäldegalerie), Kurländer-Palais, Palais im Großen Garten, Blockhaus Neustädtischer Markt, Hauptwache von Schinckel, Jägerhaus mit Oskar-Seyfert-Kaserne. Mittel: Albertinum mit Skulpturen-Sammlung und Kunstakademie, Japanisches Palais (Landes-Bibliothek) zunächst mittel, inzwischen schwer. An Krankenhäusern **total**: Staatl. Frauenklinik, Hilfskrankenhaus Horst-Wessel-Platz, Kinderheilanstalt Chemnitzer Str. und 10 Privat-Kliniken.
Schwer: Stadt-Krankenhäuser Friedrichstadt, Löbtauer Str. u. Gerhard-Wagner-Krankenhaus. Z. Z. insgesamt nur 780 Krankenhaus-Betten aufnahmebereit.
An Museen **schwer**: Deutsches Hygiene-Museum und Kunstgewerbe-Museum Güntzstr. **Mittel**: Schilling-Museum Pillnitzer Str.
An Kirchen **total**: Frauenkirche (Dom), Johannis-Kirche, Trinitatis-Kirche, Andreas-Kirche, Erlöser-Kirche.
Schwer: Sophienstr., ehem. Domkirche, Dreikönigskirche, Thomas-Kirche, Zions-Kirche, Lukas-Kirche, Amerikanische Kirche, Englische Kirche.
Mittel: Katholische Hofkirche, Kreuzkirche, Annenkirche, Markus-Kirche, Petri-Kirche, Russische Kirche.
Leicht: Himmelfahrtskirche, Christus-Kirche, Versöhnungskirche.
Konsulate **total**: Finnisches Konsulat Prager Str., Spanisches Konsulat Neumarkt, Schwedisches Konsulat Beuststr., Italienisches Konsulat Reichsstr. und Tiergartenstr., Dänisches Konsulat Schnorrstr., Ungarisches Konsulat Beethovenstr.
Industrieschäden:
Einsturz- und Brandschäden in folgenden Betrieben: Sächsisches Serumwerk, Zirkusstr., 100%iger Produktionsausfall.
Maschinenfabrik Laube, Blasewitzer Str., 100%iger Produktionsausfall.
Gläser-Karosserie, Litzmannstr., 100%iger Produktionsausfall.
Fa. Gleitsmann, Gutenbergstr., 50%iger Produktionsausfall.
Zeiß-Ikon Delta-Werk, 100%iger Produktionsausfall auf unbestimmte Zeit.
Heuer-Getriebe-Werk, Fiedlerstr., 100%iger Produktionsausfall für 2 Wochen, später 80%ig.
Fa. Albert Bussenius, Fiedlerstr., völliger Produktionsausfall bis auf weiteres.

Sächsische Cartonagen- und Maschinen-AG., Blasewitzer Str., 100%iger Produktionsausfall auf mehrere Wochen.
Fa. Gottschalk u. Co., Langebrücker Str. (Zerstörung der Fabrikgebäude; sämtl. Maschinen schwer, Wiederaufnahme unbestimmt, 100%iger Produktionsausfall).
Fa. C. H. Bernhard, Alaunstr. (schwere Zerstörungen der Fabrik-, Büro- und Lagerräume. 100%iger Ausfall; Wiederaufnahme unbestimmt).
Fa. Böhme u. Hennen, Görlitzer Str. (totale Zerstörung der Fabrik, Wiederaufnahme unbestimmt).
Wilhelm Jentzsch, Großenhainer Str., 100%iger Produktionsausfall, Wiederaufnahme unbestimmt.
Zeiß-Ikon Mü-Werk (Montagesäle total, Wiederaufnahme unbestimmt).
Ihagee-Kamera-Werk, Schandauer Str. (totale Zerstörung der Gebäude, Betriebswiederaufnahme unbestimmt).
Fa. Arthur-Hecker-Werke, Ludwig-Hartmann-Str., 50%iger Produktionsausfall auf mindestens 4 Wochen.
Paul-Märksch-AG., Schandauer Str., Wiederaufnahme der Zivilfertigung in etwa 6 Wochen.
Reifen-Erneuerungswerk Dr. Naumann, Ermel/Schlüter-Str., 100%iger Produktionsausfall, Wiederaufnahme in absehbarer Zeit unmöglich.
Astra-Werk, Spenerstr. (sehr schwere Schäden, Wiederaufnahme unbestimmt).
Elektrodental, Augsburger Str., Wiederaufnahme im Stammwerk unbestimmt.
Verbandstoff-AG. Kipping, Kyffhäuser Str., schwere Zerstörungen.
Fa. Klaus Tornow, Heydenstr., (schwere Zerstörungen, Fertigung in Ausweich-Betrieb verlegt).
Fettstoff-AG. Leuben 100%iger Produktionsausfall, in etwa 10 Wochen 50%ige Wiederaufnahme.
Balda-Werk I, Tolkewitz, Produktionsausfall für 8 Tage, dann Wiederaufnahme des Betriebes im Ausweich-Betrieb.
Balda-Werk II, Laubegast, 100%iger Produktionsausfall, Aufnahme in Kürze im Ausweich-Betrieb.
Werkzeugmaschinen Fa. Hille-Werke, Otto-Moorstr., leichte Schäden, Fertigung nur gering beeinträchtigt.
Fa. Krüger u. Rott, Tharandter Str., Kokillenguß zu $^{2}/_{3}$ Produktionseinschränkung, volle Gußfertigung Anfang April.
Zahnräderfabrik Winkler, Löbtauer Str., 100%iger Produktionsausfall, Betriebsanlauf in geringen Ausmaßen in etwa 4 Wochen.
Fa. H. Großmann, Chemnitzer Str., 100%iger Produktionsausfall; Wiederanlauf in etwa 5 Wochen.

Fa. Greiling, Nossener Str., 100%iger Produktionsausfall. In 6 Wochen Betriebswiederanlauf.
Schlüter-Brotfabrik, Zwickauer Str., 100%iger Ausfall, Anlauf der Bäckerei in etwa 2 Wochen.
Fa. Louis Hermann, Zwickauer Str., 100%iger Produktionsausfall, 65%iger Betriebsanlauf in etwa 3 Wochen.
Fa. Universelle, Zwickauer Str., 80%iger Produktionsausfall, in etwa 3 Wochen Steigerung der Fertigung.
Fa. Willi Hiller, Zwickauer Str., 100%iger Produktionsausfall, Wiederanlauf in etwa 3 Wochen.
Fa. Koch u. Sterzel, Zwickauer Str., 100%iger Produktionsausfall, in 2 bis 3 Wochen Betriebswiederanlauf.
Fa. Max Lösch, Zwickauer Str., 75%iger Produktionsausfall.
Fa. Petzold u. Aulhorn, Bienertstr. einschl. Alfa-Werk (Zeiß-Ikon) 100%iger Produktionsausfall; geringer Anlauf in etwa 5 bis 6 Wochen.
Fa. Friedel u. Engelmann, Fritz-Reuter-Str. (schwere Maschinenschäden), 100%iger Produktionsausfall; Wiederaufnahme nur in geringem Umfange möglich.
Würker-Strickautomaten, Chemnitzer Str., Produktionsausfall für etwa 3 Wochen.
Fa. Vogel u. Schlegel, Gütermannstr. (schwere Zerstörungen, Fertigung in Ausweichbetriebe verlegt).
Schriftguß-KG., Großenhainer Str.,
Fa. Clemens Müller, Großenhainer Str., geringer Produktionsausfall.
Fa. Gehe u. Co., Leipziger Str. (Maschinenhaus getroffen) mittlerer Fertigungsausfall.
Ferner schwer: Drewag-Betriebe, Elt- und Gaswerke Lößnitzstr. Leicht: Hochspannwerk Bühlau. Gaswerk Reick durch Zerstörung von 2 Behältern mittel; Gaserzeugung beeinträchtigt. Wasserwerk Großer Garten total. Wasserpumpwerk von Drewag und Filtrierwerk Dresden-Coschütz mittel, Wasserwerk Tolkewitz leicht. Schwere Schäden im Wasser-, Gasrohr- und Kabelnetz. Versorgung daher in den ersten Tagen völlig unterbrochen.
Schäden an Bahnanlagen: Sämtl. Verwaltungsgebäude der Reichsbahn-Direktion Dresden in Wiener und Strehlener Str. total; Verwaltungsbetrieb vollkommen lahmgelegt; Basa Dresden total ausgefallen.
Dresdener Hauptbahnhof zunächst 100%iger Ausfall.
Sämtl. Stellwerke sowie Gleis- und Bahnsteig-Anlagen erhebl. beschädigt.
Brücken über Franklinstr. total. Alle 4 Geleise Dresden–Bodenbach unterbrochen. Empfangshalle, Wartesäle, Fahrkarten-Ausgabe, Gepäckabfertigung, Betriebswerk 2, Betriebsamt Dres-

den I, Bahnhofskasse Hauptbahnhof und Reichsbahnschule sowie 10 Wagen-Züge im Hauptbahnhof ausgebrannt. Auf Bahnhof Dresden-Strehlen 2 Personenzüge teilweise ausgefallen. In Bahnhof Wettiner Straße Empfangsgebäude beschädigt, Stellwerke teilweise zerstört. Alle vier Geleise der Strecke Dresden-Hauptbahnhof–Dresden-Neustadt beschädigt, zunächst 100%iger Verkehrsausfall.

Im Personenbahnhof Dresden-Neustadt Gleisanlagen beschädigt. Fahrkartenausgabe, 1 Umsiedlerzug, 1 besetzter Behelfslazarettzug total, 1 Umsiedlerzug teilweise ausgebrannt. Fernmeldemeisterei durch Brand schwer. Stoffbüro, Kleiderlager und Reichsbahndruckerei total ausgebrannt. Basa, Ersatzvermittlung und alle Fernsprechleitungen total. In Stellwerken Türen- und Fensterschäden; Betriebsämter 3 und 4 leicht. Eilgutschuppen und Verwaltungsgebäude schwer, Empfangsgüterschuppen leicht.

Im Güterbahnhof Dresden-Neustadt 3 Hauptgeleise, Verschubanlage, Eilgut- und Wehrmachtrampe total, Weichenschäden gering, dagegen Stellwerk 3, Riegelwerk IV, Zugabfertigung und etwa 30 Kohlenwagen ausgebrannt. Ferner 1 Muni-Zug explodiert. Im Bahnbetriebswerk Pieschen Verwaltungsgebäude total; Triebwagenhalle ausgebrannt.

Auf Bahnhof Dresden-Altstadt Gleisanlagen durch zahlreiche Sprengbombentreffer total. 1 Stellwerk teilbeschädigt. Im Abstellbahnhof etwa 125 Personenwagen, 655 Güterwagen, 30 Postwagen und 25 Kenter ausgebrannt. Verwaltungsgebäude, Stellwerk I/2, 2 Güterschuppen und beide Postanlagen ausgebrannt.

Bahnbetriebswagenwerk Altstadt und Bahnbetriebswerk Altstadt teilweise ausgebrannt.

Auf Bahnhof Friedrichstr. 13 Haupt- und 2 Lok- sowie 30 Sortier-Geleise, 3 Weichen-Einheiten, Heizhaus, Altes Bahnbetriebswerk, Umladehalle, Güterabfertigung, Niederlage von Privat-Firmen und etwa 100 Personen- und Güterwagen ausgebrannt.

Personenbahnhof Friedrichstr. schwer, 1 Übernachtungsgebäude und 115 Personen- und Güterwagen total.

Güterabfertigung auf Bhf. König-Albert-Hafen, Elbufer-Abfertigungsgebäude und Kohlenstapel niedergebrannt.

Im Reichsbahnausbesserungswerk Sprengbombentreffer in Wagenwerkstatt. Im Gefangenenlager und Kraftwagenhalle Sprengbombentreffer.

Zunächst sämtl. Strecken unterbrochen.

Telegrafenamt, Fernsprechamt, Postscheckamt, Postämter 1, 4, 6, 8, 9, 10, 16, 19, 21, 25, 26, 35, 2 Paketpostämter, Telegrafenbauamt Wachsbleichstr., Reichsbahnpostamt Christianstr. und

Paketverladestelle Freiberger Str. total. Kraftpostbetriebswerk Löbtauer Str. schwer.
Straßenbahnhöfe Waltherstr., Tolkewitz-, Naußlitz- und Pfotenhauerstr. schwer.
In Straßenbahnhöfen und auf Strecken etwa 100 bis 120 Triebwagen verbrannt, zahlreiche Straßenbahngeleisschäden. Oberleitungen zu 75 % zerstört.
Wasserbauhof Dresden mittel.
Eine Anzahl Gebäude durch Luftdruck und Splitterwirkung beschädigt. 1 Hafenschuppen und 1 Magazin total.
Auf Hafendämmen zahlreiche Sprengbombentrichter.
An Gebäuden im König-Albert- und Neustädter Hafen geringe Schäden.
Schäden an Schiffen: 2 Dampfer, 1 Motorschiff, 5 Lastkähne, 2 Wohnschiffe, 2 Kohlenprähme, 2 Baggerprähme, 2 Fährbrücken, 1 Wasserbauspezialschiff und 2 Motorschaluppen gesunken oder ausgebrannt, 2 Dampfer und 1 Motorschiff mittel und 2 Dampfer und 9 Lastkähne leicht.
Eisenbahnbrücke Dresden, Augustus-Brücke, Carola-Brücke, Loschwitzer Brücke, Nossener Brücke und Brücke über Bahnanlagen Chemnitzer Str. mittel. Bei Augustus-Brücke, Loschwitzer Brücke und Nossener Brücke Fahrbahnen beschädigt.
Sehr großer Teil der Pol.-Gebäude total, u. a.:
Pol.-Kaserne Sachsenplatz einschl. Diensträume Abschnittskommando Mitte und Kraftfahrstaffel, Kraftwagenhalle Hans-Schemm-Allee, Unterkunft Güntzstr., Abschnittskommando Ost, Pol.-Reviere 1, 2, 3, 4, 5, 6, 10, 11, 15 und 26, zahlreiche Unterkünfte der LSPol., 8 Unterkünfte und 7 Verpflegungsstellen des FE-Dienstes, 6 LS-Rettungsstellen mit der Hälfte der Sanitäts-Ausrüstung, 1 Unterkunft des I-Dienstes, ferner Pol.-Station Grunaer Str., Unterkunft Ungarische Polizei Schießgasse und Unterkunft Breslauer Polizei Palmengarten. Schwer u. a.: Pol.-Präsidium und Abschnittskommando West, mehr als 50 % aller Kraftfahrzeuge der Schutz- und LSPol. einschl. FE-Dienst zerstört. Beim FE-Dienst rd. 23 000 m Schlauchmaterial ausgefallen. 10 I-Dienstgruppengeräte, 1 Sprenggeräteausrüstung und 5 Kompressoren total; sämtl. übriges I-Gerät erhebl. beschädigt. Größter Teil der Waffen- und Munitionsbestände sowie sonstige Ausrüstungsgegenstände total, desgl. Bestände der Bekleidungskammern. Von den 66 Pferden der Fahrbereitschaft der Schutzpol. 44 in den beiden Nachtangriffen getötet.
Wehrmachtkommandantur im Taschenberg-Palais, Dienstgebäude der SA-Standarte Feldherrnhalle, Gerokstr., Wehrkreis-Veterinär-Untersuchungsstelle IV, Bautzner Str., Wehrmacht-Bücherei Blockhaus, Neustädter Markt, Heeres-Aufnahmebe-

zirksstelle und Orthopädische Versorgungsanstalt Sedanstr., Wehrmacht-Unterkunft Drei-Kaiser-Hof, Kraftfahrpark Lennéstr. (Ausstellungspalast), Versorgungsärztl. Untersuchungsstelle Canalettostr. total, desgl. 21 Res.-Lazarette. LGK. III. Heeresverpflegungsamt Fabrikstr. sowie eine Anzahl Res.-Lazarette schwer, Gefangenen-Lazarett Gasthof Wölfnitz mittel.
Bis zum 10. 3. 1945, früh, 18375 Gefallene, 2212 Schwerverwundete und 13718 Leichtverwundete festgestellt. 350000 Obdachlose und langfristig Umquartierte. Aufgliederung der Personenverluste nach Geschlechtern unmöglich. Überwiegend handelt es sich aber um Frauen und Kinder. Gesamtzahl der Gefallenen aufgrund bisheriger Erfahrungen und Feststellungen bei der Bergung nunmehr auf etwa 25000 geschätzt. Mehrere tausend Gefallene noch unter Trümmermassen. Etwa 35000 Vermißtmeldungen liegen vor. Unter den Gefallenen bisher etwa 100 Wehrmachtangehörige festgestellt.
Personenverluste bei der Polizei: 31 aktive Pol.-Angehörige und 171 LSPol.-Angehörige einschl. FE-Dienst gefallen. 24 aktive Pol.-Angehörige und 132 LSPol.-Angehörige einschl. FE-Dienst verwundet, 77 aktive Pol.-Angehörige und 300 LSPol.-Angehörige einschl. FE-Dienst vermißt.

...

Anmerkungen

Vorwort

1 Maximilian Czesany: Nie wieder Krieg gegen die Zivilbevölkerung, Graz 1961.
2 Axel Rodenberger: Der Tod von Dresden, Frankfurt (Main) 1960.
3 Wolfgang Paul: ... zum Beispiel Dresden. Schicksal einer Stadt, Frankfurt (Main) 1964.
4 Hans Dollinger: Schwarzbuch der Weltgeschichte, München 1973, S. 449.
5 A. Poltorak, J. Saizew: Nürnberg mahnt!, Moskau o. J., S. 15.
6 Walther Hubatsch: Hitlers Weisungen für die Kriegführung 1939–1945. Dokumente des Oberkommandos der Wehrmacht, Frankfurt (Main) 1962, S. 12.
7 Friedrich Engels: [Aus den Fragmenten zur »Geschichte Irlands«]. In: Karl Marx/Friedrich Engels: Werke, Bd. 16, S. 499/500.
8 W. I. Lenin: An N. D. Kiknadse. In: Werke, Bd. 35, S. 219.

Warum sollte Dresden sterben?

1 Zit. in: Andreas Oppermann: Ernst Rietschel, Leipzig 1873, S. 28.
2 Heinrich von Kleist: Werke und Briefe in vier Bänden. 4: Briefe, Berlin (1978), S. 229, 232/233.
3 Johann Wolfgang von Goethe: Dichtung und Wahrheit, Zweiter Teil, Achtes Buch. In: Goethes Werke in zehn Bän-

den. Hrsg. von Reinhard Buchwald, Erster Band, Weimar 1956, S. 344.

4 Zur Deutschlandpolitik der Anti-Hitler-Koalition (1943 bis 1949). Zusammengestellt und eingeleitet von Eberhard Heidmann und Käthe Wohlgemuth, Berlin 1966, S. 50.

5 Die Konferenzen von Malta und Jalta. Department of State USA, Düsseldorf o. J., S. 29.

6 Ebenda, S. 27.

7 Henry L. Stimson and McGeorge Bundy: On Active Service in Peace and War, New York 1947, 1948, S. 583. (Übersetzung in: Deutsche Außenpolitik [Berlin], 1959, Sonderheft II, S. 20.)

8 Winston S. Churchill: Der zweite Weltkrieg, Dritter Band, Zweites Buch, Stuttgart und Hamburg 1951, S. 367/368.

9 Geschichte des Großen Vaterländischen Krieges der Sowjetunion, Bd. 3, Berlin 1964, S. 605.

10 Siehe William D. Leahy: I was there, New York 1950, S. 455 u. 499, engl.

11 Siehe Vortrag von Regierungsmedizinalrat Dr. med. Joachim Bodamer, Winnenden, bei der Arbeitstagung der Kreisleitung Waiblingen des Württembergischen Gemeindeverbandes am 10. Juni 1963 in Ebni.

12 Siehe Richard H. S. Crossman: Apocalypse at Dresden. In: Esquire (Chicago), 1963, November-Nummer, engl.

13 Siehe ebenda.

14 Briefwechsel Stalins mit Churchill, Attlee, Roosevelt und Truman 1941–1945, Berlin 1961, S. 318.

15 David Irving: Der Untergang Dresdens, (Gütersloh 1964), S. 102.

16 The New York Times, 24. Juni 1941, engl. – Siehe auch Geschichte der Kommunistischen Partei der Sowjetunion, Berlin 1978, S. 542/543.

17 Zit. in: Arthur D. Kahn: Offiziere, Kardinäle und Konzerne, Berlin (1964), S. 8.

18 Siehe Briefwechsel Stalins mit Churchill, Attlee, Roosevelt und Truman 1941–1945, S. 362.

19 Richard H. S. Crossman: Apocalypse at Dresden. In: Esquire, 1963, November-Nummer, engl.

20 Siehe David Irving: Der Untergang Dresdens, S. 103–114.

21 Zit. in: Ebenda, S. 110.

22 Zit. in: Ebenda.

23 Siehe Zur Deutschlandpolitik der Anti-Hitler-Koalition (1943 bis 1949), S. 44 u. 45.

24 Siehe David Irving: Der Untergang Dresdens, S. 107.

25 Alle Zeitangaben sind den Büchern David Irvings »Der Un-

tergang Dresdens«, »Und Deutschlands Städte starben nicht«, Zürich 1963, sowie Protokollen und Materialien, die David Irving dem Stadtarchiv Dresden zur Verfügung stellte, entnommen. Als weitere Unterlagen dienten die Artikel Richard H. S. Crossmans in »New Statesman« (London), 5. Mai 1963, und »Esquire«, 1963, November-Nummer, engl.

26 Briefwechsel Stalins mit Churchill, Attlee, Roosevelt und Truman 1941–1945, S. 372.

27 Geschichte der Kommunistischen Partei der Sowjetunion, S. 73.

28 The United States Strategic Bombing Survey. Overall Report (European War), 3: The Effect of Strategic Bombing on the German War Economy, 30. September 1945 (im folgenden: The United States Strategic Bombing Survey...). Zit. in: P. M. S. Blackett: Militärische und politische Folgen der Atomenergie, (Berlin) 1949, S. 258. – Siehe auch Jürgen Kuczynski: Die Geschichte der Lage der Arbeiter in Deutschland von 1789 bis in die Gegenwart, Bd. II, Erster Teil: 1933 bis Mai 1945, Berlin 1953, S. 67.

29 The United States Strategic Bombing Survey... Zit. in: P. M. S. Blackett: Militärische und politische Folgen der Atomenergie, S. 258.

30 Die deutsche Industrie im Kriege 1939–1945, Berlin (1954), S. 182.

31 Zit. in: Werner Baumbach: Zu spät?, München (1950), S. 278.

32 Geschichte des Großen Vaterländischen Krieges der Sowjetunion, Bd. 1, Berlin 1962, S. XXXI.

33 Stadtarchiv Dresden. Geheimes Kriegstagebuch der Rüstungsinspektion IVa, Dresden, für die Zeit vom 1. Juli 1944 bis 30. September 1944, Anlage 8, S. 1.

34 N. G. Pawlenko: Die entscheidende Rolle der Sowjetunion und ihrer Streitkräfte bei der Zerschlagung des deutschen Imperialismus. In: Der deutsche Imperialismus und der zweite Weltkrieg, Bd. 1, Berlin (1960), S. 132.

35 Ebenda, S. 135.

36 Zit. in: Ebenda, S. 136. (Zu der in dem zitierten Dokument unter »Winter 1943/44« angegebenen Zahl 1 200 000 gehört folgende Anmerkung: »Oktober bis Dezember bereits rd. 600 000. Es muß damit gerechnet werden, daß in den folgenden 3 Monaten die Abgänge in gleicher Höhe bleiben, daher insgesamt 1 200 000.« Zu den an gleicher Stelle angegebenen Zahlen 605 000 und 515 000 gehört folgende Anmerkung: »Einschl. der Vorhaben bis 31. 3. 44. Hierbei sind rund 100 000 Mann aus der ›Fronthilfe‹-Aktion der Heimat mit eingerechnet.«)

37 Ebenda, S. 137/138.
38 Siehe ebenda, S. 137 u. 139.
39 Alle Angaben über die Beschäftigung von Zwangsarbeitern, KZ-Häftlingen und Kriegsgefangenen in Dresdener Betrieben und ihre Ausrottung sind dem Stadtarchiv Dresden beziehungsweise den entsprechenden Betriebsarchiven entnommen.
40 Stadtarchiv Dresden. Geheimes Kriegstagebuch der Rüstungsinspektion IVa, Dresden, S. 22.
41 Eine Abschrift des Verzeichnisses im Besitz des Verfassers.
42 Stadtarchiv Dresden. Geheimes Kriegstagebuch der Rüstungsinspektion IVa, Dresden, S. 38.
43 Ebenda, Anlage 2, S. 2.
44 Ebenda, Anlage 11, S. 2.
45 Der zweite Weltkrieg in Bildern und Dokumenten. Hrsg. von Hans-Adolf Jacobsen und Hans Dollinger, Dritter Band, München–Wien–Basel (1962), S. 166.
46 Kriegstagebuch des Oberkommandos der Wehrmacht (Wehrmachtführungsstab) 1940–1945. Zusammengestellt und erläutert von Percy Ernst Schramm, Bd. IV, 1. Halbbd.: 1. Januar 1945 bis 22. Mai 1945, Frankfurt am Main 1961, S. 931.
47 Siehe Georg W. Feuchter: Der Luftkrieg, Frankfurt a. M. und Bonn 1962, S. 202.
48 Siehe The United States Strategic Bombing Survey... Zit. in: Hans Rumpf: Das war der Bombenkrieg, (Oldenburg und Hamburg) 1961, S. 185.
49 Stadtarchiv Dresden. Geheimes Kriegstagebuch der Rüstungsinspektion IVa, Dresden, S. 9.
50 Ebenda.
51 Ebenda, S. 10.
52 Siehe J. L. Chmelnizkaja: Die Entwicklung des staatsmonopolistischen Kapitalismus in Deutschland während des zweiten Weltkrieges. In: Der deutsche Imperialismus und der zweite Weltkrieg, Bd. 3, Berlin (1962), S. 207.
53 Werner Baumbach: Zu spät?, S. 185.
54 Karl Koller: Der letzte Monat, Mannheim 1949, S. 103/104.
55 Siehe German Rosanow: Hitlers letzte Tage, Berlin 1963, S. 19 u. 20.
56 Zit. in Arthur D. Kahn: Offiziere, Kardinäle und Konzerne, S. 226.
57 Siehe Geschichte des zweiten Weltkrieges 1939–1945, Teil II, Berlin 1961, S. 149.
58 Siehe ebenda, S. 141.
59 Alliiertes Flugblatt vom Januar 1945. Zit. in: Die letzten

hundert Tage. Hrsg. von Hans Dollinger, München–Wien–Basel (1965), S. 13.

60 Stadtarchiv Dresden. Geheimes Kriegstagebuch des Oberkommandos der Luftwaffe, Fotokopie. – Götz Bergander: Dresden im Luftkrieg, Köln–Wien 1977, S. 39, sowie Horst-Adalbert Koch: Flak, Podzun, Bad Nauheim 1965.

61 Siehe Geschichte des zweiten Weltkrieges 1939–1945, Teil II, S. 171.

62 Der antifaschistische Widerstandskampf der KPD im Spiegel des Flugblattes 1933–1945. 240 Faksimiles und originalgetreue Reproduktionen zusammengestellt und eingeführt von Margot Pikarski und Günter Uebel, Berlin 1978, Nr. 225.

63 Zit. in: P. M. S. Blackett: Militärische und politische Folgen der Atomenergie, S. 48.

64 Die Angaben über die Planung und Durchführung des Angriffs sind den Büchern David Irvings »Der Untergang Dresdens«, »Und Deutschlands Städte starben nicht«, dem Buch Götz Berganders »Dresden im Luftkrieg« sowie Materialien aus dem Stadtarchiv Dresden und aus dem Besitz des Verfassers entnommen.

65 Siehe Stadtarchiv Dresden. Brief des amerikanischen Professors John Clark an David Irving vom 4. November 1963, Fotokopie, engl.

66 Ebenda. Protokoll eines Gesprächs zwischen Robert Saundby und David Irving, Fotokopie, engl.

67 D. Richards and G. Saunders: Royal Air Force 1939–1945, Vol. 3, London 1955, S. 269/270, engl.

68 Siehe Wesley F. Craven and James L. Cate: Army Air Force in World War II, Vol. 3: Europe. Argument to V–E day, Chicago 1951, S. 733, engl.

69 Siehe David Irving: Der Untergang Dresdens, S. 184.

70 Schlußmeldung über die vier Luftangriffe auf den LS-Ort Dresden am 13., 14. und 15. Februar 1945 vom 15. März 1945 (originalgetreue Abschrift) (im folgenden: Schlußmeldung ...). Siehe Anhang, S. 208.

71 Siehe Maximilian Czesany: Nie wieder Krieg gegen die Zivilbevölkerung, S. 136 u. 139.

72 Siehe Karl Bartz: Als der Himmel brannte, Hannover 1955, S. 260 u. 261.

73 Ursprünglich starteten zum ersten Angriff auf Dresden 245 »Lancaster«-Bomber; 243 erreichten ihr Ziel (siehe D. Richards and G. Saunders: Royal Air Force 1939–1945, Vol. 3, S. 269, engl.). – 529 »Lancaster«-Bomber für den zweiten Angriff nennt derselbe Bericht (siehe ebenda). – In Wesley F. Craven and James L. Cate: Army Air Force in World War

II, Vol. 3, S. 733, engl., werden 311 »Fliegende Festungen« genannt; andere Quellen erwähnten 316.

74 Siehe David Irving: Der Untergang Dresdens, S. 48 u. 187.

75 Siehe Dresdener Jahrbuch 1940. Hrsg. von K. Gruber, Dresden 1941, S. 22 u. 203.

76 Siehe Archiv des Rates der Stadt Dresden. Stadtbauamt.

77 Siehe Statistische Jahrbücher und Veröffentlichungen der Stadt Dresden für die Jahre 1930 bis 1942 und Unterlagen aus dem Stadtarchiv Dresden.

78 Alle Angaben über die Zerstörungen in Dresden sind amtlichen Unterlagen des Rates der Stadt Dresden entnommen.

79 Zit. in: Hans Rumpf: Das war der Bombenkrieg, S. 189.

80 Siehe ebenda, S. 109. – Siehe auch David Irving: Der Untergang Dresdens, S. 51–56 u. 291–294.

81 Zit. in: Max Seydewitz: Zerstörung und Wiederaufbau von Dresden, Berlin 1955, S. 80/81. – Eberhard Hilscher: Gerhart Hauptmann, (Berlin 1969), S. 504/505.

82 Zit. in: David Irving: Der Untergang Dresdens, S. 103. – Siehe auch V. Galizki: Udar groma – tragedija Dresdena. In: Wojennoistoritscheski Shurnal (Moskau), 1964, Nr. 5, S. 31–43, russ.

83 Zit. in: V. Galizki: Udar groma – tragedija Dresdena. In: Wojennoistoritscheski Shurnal, 1964, Nr. 5, S. 31, russ. – Siehe auch David Irving: Der Untergang Dresdens, S. 103.

84 David Irving: Der Untergang Dresdens, S. 103.

85 Siehe Georg W. Feuchter: Der Luftkrieg, S. 219.

86 Zit. in: Hans Rumpf: Das war der Bombenkrieg, S. 143.

87 Henry de Wolf Smyth: Atomenergie und ihre Verwertung im Kriege. Offizieller Bericht über die Entwicklung der Atombombe vom 1. Juli 1945, zweite Ausgabe vom 1. November 1945. Übersetzt von Prof. Dr. Friedrich Dessauer, Freiburg, Basel 1947, S. 96 u. 98.

88 Ebenda, S. 76 u. 103.

89 Britannien und die Atombombe. Amtlicher Bericht des britischen Informationsdienstes vom 12. August 1945. Zit. in: Henry de Wolf Smyth: Atomenergie und ihre Verwertung im Kriege, S. 314.

90 Zit. in: Ebenda, S. 318.

91 Zit. in: Ebenda, S. 299.

92 Zit. in: Ebenda, S. 105.

93 Robert Jungk: Heller als tausend Sonnen, Stuttgart 1956, S. 138.

94 Leslie R. Groves: Now it can be told, New York 1962, S. 256, engl.

95 Siehe ebenda, S. 255 u. 256. – Siehe auch Die Konferenzen von Malta und Jalta, S. 358.
96 Zit. in: Henry de Wolf Smyth: Atomenergie und ihre Verwertung im Kriege, S. 330/331.
97 Leslie R. Groves: Now it can be told, S. 184, engl.
98 Die Welt (Hamburg), 25. Januar 1965.
99 Was wußte man 1943/44 in Deutschland von der Atombombe? In: Physikalische Blätter (Mosbach/Baden), 1964, Nr. 20, S. 222/223.
100 Ebenda, S. 223.
101 Zit. in: Ebenda, S. 221.
102 Der Text wurde von Prof. Dr. h. c. Manfred von Ardenne zur Verfügung gestellt. (Zu der im vorliegenden Text genannten Geheimveröffentlichung gehört folgende Anmerkung: »Z. B. F. G. Houtermans ›Zur Frage der Auslösung von Kernkettenreaktionen 1941‹ [Geheimveröffentlichung, die auch dem Uran-Verein zugestellt wurde].«)
103 Zit. in: Robert Jungk: Heller als tausend Sonnen, S. 183/184.
104 Siehe David Irving: Der Untergang Dresdens, S. 103 u. 104.
105 Protokoll eines Gesprächs mit dem britischen Schriftsteller und Historiker David Irving am 24. Januar 1965 in Hamburg, S. 5. (Abschrift im Besitz des Verfassers.)
106 Die Konferenzen von Malta und Jalta, S. 770.
107 Ebenda, S. 447.
108 Die Darstellung beruht auf Angaben des Physikers Prof. Dr. Klaus Fuchs.
109 Harry S. Truman: Memoiren, Bd. 1, Stuttgart 1955, S. 426.
110 Winston S. Churchill: Der zweite Weltkrieg, Stuttgart und Bern 1960, S. 1091.
111 Ebenda, S. 686.
112 Zit. in: Kai Moltke: Kampf ums Atommonopol, Berlin 1958, S. 19.
113 Walter Lippmann: Die Außenpolitik der Vereinigten Staaten, Zürich 1944, S. 125.
114 Siehe Die Geheimakten des französischen Generalstabes, Berlin 1941, S. 43 u. 52, 53.
115 Zit. in: Der zweite Weltkrieg in Bildern und Dokumenten. Hrsg. von Hans-Adolf Jacobsen und Hans Dollinger, Erster Band, München–Wien–Basel (1963), S. 447.
116 Siehe Helmut Krausnick: Vorgeschichte und Beginn des militärischen Widerstandes gegen Hitler. In: Die Vollmacht des Gewissens, München 1956, S. 413.
117 Siehe Klaus Scheel: Zwischen Naziwehrmacht und Bundeswehr, Berlin 1960, S. 7.
118 Siehe Spiegelbild einer Verschwörung. Die Kaltenbrunner-

berichte an Bormann und Hitler über das Attentat vom 20. Juli 1944, Stuttgart 1961. – Siehe auch Kurt Finker: Stauffenberg und der 20. Juli 1944, Berlin (1967).

119 Briefwechsel Stalins mit Churchill, Attlee, Roosevelt und Truman 1941–1945, S. 236.

120 Siehe German Rosanow: Hitlers letzte Tage, S. 34.

121 Zit. in: Meshdunarodnaja Shisn (Moskau), 1961, Nr. 4, S. 110, russ.

122 Zit. in: Ebenda.

123 Der deutsche Soldat, 1959, Heft 9, S. 282. – Siehe auch German Rosanow: Hitlers letzte Tage, S. 34 u. 35.

124 Siehe Geschichte der Kommunistischen Partei der Sowjetunion, S. 573.

125 Die Konferenzen von Malta und Jalta, S. 497.

126 Ebenda, S. 101.

127 General der Infanterie a. D. Günther Blumentritt: Strategie und Taktik, Konstanz 1960, S. 158.

Lügen und Legenden um eine verbrecherische Aktion

1 New York Herald Tribune, 12. Februar 1953, engl.

2 Christ und Welt (Stuttgart), 12. Februar 1965.

3 Geschichte des Großen Vaterländischen Krieges der Sowjetunion, Bd. 5, Berlin 1967, S. 547.

4 Zur Deutschlandpolitik der Anti-Hitler-Koalition (1943 bis 1949), S. 42.

5 Diese und die folgenden Angaben siehe »Die Konferenzen von Malta und Jalta«.

6 Wolfgang Paul: ... zum Beispiel Dresden, S. 13/14.

7 Stadtarchiv Dresden, Fotokopie, engl. – Siehe auch David Irving: Der Untergang Dresdens, S. 180.

8 Geschichte des zweiten Weltkrieges 1939–1945, Teil II, S. 178/179.

9 Zit. in: David Irving: Der Untergang Dresdens, S. 116/117.

10 Briefwechsel Stalins mit Churchill, Attlee, Roosevelt und Truman 1941–1945, S. 374.

11 Arthur Harris: Bomber Offensive, London 1947, S. 242, engl.

12 Zit. in: David Irving: Der Untergang Dresdens, S. 164.

13 Zit. in: Ebenda, S. 148/149.

14 Zit. in: Hans Rumpf: Das war der Bombenkrieg, S. 178.

15 Siehe Karl Bartz: Als der Himmel brannte, S. 162 u. 163.

16 Siehe Winston S. Churchill: Der zweite Weltkrieg, Fünfter Band, Zweites Buch, Bern 1952, S. 233.

17 Zit. in: Hans Rumpf: Das war der Bombenkrieg, S. 181.
18 Brief Prof. Dr. Ing. Baades an den Verfasser vom 21. Juli 1965.
19 Diese und viele andere Fakten in diesem Kapitel über Mutschmann und andere Führer der Nazipartei sind der Aussage Alexander Mackowskys, eines persönlichen Mitarbeiters Mutschmanns in der Gauleitung der NSDAP Sachsen, vom 24. Juni 1965 entnommen. Niederschrift und Tonband des inzwischen verstorbenen Alexander Mackowsky sind im Besitz des Verfassers. Ein anderer Mitarbeiter der Gauleitung konnte den wichtigsten Teil der Aussagen bestätigen. Das Protokoll dieser Aussagen ist ebenfalls im Besitz des Verfassers.
20 Siehe ebenda.
21 Tageszeitung für die deutsche Bevölkerung (Dresden), 2. Juni 1945.
22 Original im Staatsarchiv Dresden.
23 Tageszeitung für die deutsche Bevölkerung, 2. Juni 1945.
24 Ebenda.
25 Ebenda.
26 Terminkalender und Schriftwechsel Nielands mit seiner Frau im Besitz des Verfassers.
27 Siehe die Aussage Alexander Mackowskys.
28 Archiv des Rates des Bezirkes Dresden. Schreiben des Spruchgerichtes Bielefeld vom 3. April 1948.
29 Kriegstagebuch des Oberkommandos der Wehrmacht (Wehrmachtführungsstab) 1940–1945, Bd. IV, 1. Halbbd., S. 970.
30 Siehe Hans Rumpf: Das war der Bombenkrieg, S. 109.
31 Ein Exemplar im Besitz des Verfassers.
32 Siehe David Irving: Der Untergang Dresdens, S. 254.
33 Richard H. S. Crossman: Apocalypse at Dresden. In: Esquire, 1963, November-Nummer, engl.
34 David Irving: Der Untergang Dresdens, S. 277. – Siehe auch ebenda, S. 275–278.
35 Siehe ebenda, S. 280–283.
36 Die Schreiben der Obengenannten vom 13. Februar 1965, 13. Februar 1965, 19. Dezember 1964, 15. Dezember 1964 und 28. November 1964 im Besitz des Verfassers.
37 Richard H. S. Crossman: Apocalypse at Dresden. In: Esquire, 1963, November-Nummer, engl.
38 Hans Rumpf: Das war der Bombenkrieg, S. 108.
39 Siehe Axel Rodenberger: Der Tod von Dresden, S. 171 u. 172.
40 Maximilian Czesany: Nie wieder Krieg gegen die Zivilbevölkerung, S. 141.
41 Siehe David Irving: Der Untergang Dresdens, S. 256 u. 257.
42 Fotokopien des Fragebogens und anderer amtlicher, von

Voigt selbst ausgefüllter und unterschriebener Dokumente im Besitz des Verfassers.

43 David Irving: Der Untergang Dresdens, S. 255.

44 Siehe Rat der Stadt Dresden. Urkundenstelle.

45 Siehe Staatsarchiv Dresden.

46 Siehe Die Welt, 12. Februar 1965; Die Welt der Literatur, 10. Dezember 1964; Deutsche National- und Soldatenzeitung, 18. Dezember 1964; Interview Irvings mit dem Vertreter der »NBI« vom 24. Januar 1965.

47 Deutsche National- und Soldatenzeitung, 18. Dezember 1964. – Die Welt, 12. Februar 1965.

48 Fotokopie des Schreibens im Besitz des Verfassers.

49 Friedrich Engels: [Aus den Fragmenten zur »Geschichte Irlands«]. In: Marx/Engels: Werke, Bd. 16, S. 499/500.

50 Siehe David Irving: Der Untergang Dresdens, S. 10.

51 Original im Besitz des Verfassers. (Siehe S. 206 ff. des vorliegenden Bandes.) – Der Verfasser ist nunmehr auch im Besitz einer Fotokopie von der »Lagemeldung Nr. 1.404. Betr.: Luftangriffe auf das Reichsgebiet« vom 22. März 1945 (Bundesarchiv Koblenz). Die Dresden betreffenden Seiten werden im Anhang (S. 222–229) in originalgetreuer Abschrift veröffentlicht. Der Verfasser verweist besonders auf die letzte hier veröffentlichte Seite mit den Zahlen der Gefallenen, Verwundeten und Vermißtenmeldungen.

52 Siehe Neufeldt, Huck und Tessin: Zur Geschichte der Ordnungspolizei 1936–1945. Als Manuskript gedruckt, Teil II, Koblenz 1957, S. 84.

53 Abschrift im Besitz des Verfassers. Die Angaben David Irvings beziehen sich auf »The Destruction of Dresden«.

54 Stenografisches Protokoll eines Vortrags von Oberstleutnant Dr. Kühne, Militärakademie »Friedrich Engels«, Dresden, am 12. Februar 1964 im Lichthof des Dresdner Rathauses.

55 Alle Angaben über Stuttgart sind dem Artikel »1944 – das Jahr der großen Zerstörungen in Stuttgart« in der »Stuttgarter Zeitung« vom 20. Februar 1964 entnommen.

56 Siehe Frankfurter Rundschau, 19. März 1964.

57 Siehe Der zweite Weltkrieg in Bildern und Dokumenten. Hrsg. von Hans-Adolf Jacobsen und Hans Dollinger, Zweiter Band, München–Wien–Basel (1963), S. 77.

58 Georg W. Feuchter: Der Luftkrieg, S. 342.

59 Siehe David Irving: Der Untergang Dresdens, S. 48.

60 Siehe Tageszeitung für die deutsche Bevölkerung, 2. Juni 1945.

Bombenterror und Massenmord gestern und heute – Grundsatz imperialistischer Militärstrategie

1 Zit. in: J. M. Kenworthy: Vor kommenden Kriegen, Wien und Leipzig 1928, S. 307.
2 B. H. Liddel Hart: The Revolution in Warfare, London 1946, S. 15, engl.
3 Arthur Harris: Bomber Offensive, S. 147, engl.
4 Siehe Deutsches Militärarchiv Potsdam, Nr. 210. Die folgenden Angaben, direkte und indirekte Zitate sind dieser Denkschrift entnommen.
5 Siehe L. A. Besymenski: Generale ohne Maske, Berlin 1963, S. 449.
6 Der Prozeß gegen die Hauptkriegsverbrecher vor dem Internationalen Militärgerichtshof, Nürnberg, 14. November 1945 bis 1. Oktober 1946, Nürnberg 1947–1949 (IMGN), Bd. XXXVIII, S. 48 u. 50.
7 Siehe Hugh Thomas: Der spanische Bürgerkrieg, Berlin–Frankfurt (Main)–Wien 1961, S. 314.
8 Deutsches Wirtschaftsinstitut, Berlin. Deutsche Lufthansa AG, Dr. von Stauss. Allgemein, 18. 2. 36 bis 14. 2. 38, Bl. 4247.
9 Siehe Weißbuch über die Kriegsverbrechen des Generalinspekteurs der Bundeswehr, General Heinz Trettner. Hrsg. vom Nationalrat der Nationalen Front des demokratischen Deutschland, (Berlin 1964), S. 6.
10 Zit. in: P. M. S. Blackett: Militärische und politische Folgen der Atomenergie, S. 27/28, Fußnote 12.
11 Siehe Zusammenfassung der Besprechung Führer/Gen. Keitel am 21. 4. In: Der Nürnberger Prozeß. Ausgewählt und eingeleitet von Prof. Dr. P. A. Steiniger, Bd. II, Berlin (1957), S. 132.
12 Vortragsnotiz »Der Zeitpunkt des X-Befehls und die Frage der Vorausmaßnahmen« vom 24. 8. 1938. In: Ebenda, S. 136 und 137.
13 Siehe Der zweite Weltkrieg in Bildern und Dokumenten, Erster Band, S. 74.
14 Siehe Braunbuch »Kriegs- und Naziverbrecher in der Bundesrepublik«. Hrsg. vom Nationalrat der Nationalen Front des demokratischen Deutschland, dem Dokumentationszentrum der Staatlichen Archivverwaltung der DDR, Berlin 1965, S. 174.
15 Zit. in: Weißbuch ..., S. 20.
16 Zit. in: Karl Bartz: Als der Himmel brannte, S. 60.
17 Der zweite Weltkrieg in Bildern und Dokumenten, Erster Band, S. 289.

18 Walther Hubatsch: Hitlers Weisungen für die Kriegführung 1939–1945, S. 106.
19 Siehe Juri Korolkow: Geheime Verschlußsache, Bd. I, Berlin 1964, S. 621.
20 Zentrales Staatsarchiv Potsdam, Reichsministerium für Volksaufklärung und Propaganda, Ministeramt. Protokoll der täglichen Konferenzen des Ministers Dr. Goebbels mit den Abteilungsleitern, $^{1}/_{2}$/11-h-Konferenz vom 24. Juli 40, 1 d, Bl. 27.
21 Siehe ebenda.
22 Zit. in: Adolf Galland: Die Ersten und die Letzten, Darmstadt 1953, S. 121.
23 Zit. in: Der zweite Weltkrieg in Bildern und Dokumenten, Erster Band, S. 392.
24 Fabian von Schlabrendorff: Offiziere gegen Hitler, Zürich–Wien–Konstanz 1946, S. 75.
25 Siehe Walther Hubatsch: Hitlers Weisungen für die Kriegführung 1939–1945, S. 141, 147, 148, 152, 172.
26 Siehe Geschichte des Großen Vaterländischen Krieges der Sowjetunion, Bd. 2, Berlin 1963, S. 107.
27 Siehe ebenda, S. 278.
28 Georg W. Feuchter: Der Luftkrieg, S. 188.
29 Zit. in: David Irving: Der Untergang Dresdens, S. 34.
30 Zit. in: Ebenda.
31 Zit. in: Ebenda, S. 38.
32 P. M. S. Blackett: Militärische und politische Folgen der Atomenergie, S. 47.
33 Zit. in: Ebenda, S. 257.
34 The United States Strategic Bombing Survey... Vorwort. Zit. in: Hans Rumpf: Das war der Bombenkrieg, S. 174.
35 Siehe Karl Bartz: Als der Himmel brannte, S. 152.
36 Siehe ebenda.
37 Siehe ebenda, S. 262.
38 Geschichte des zweiten Weltkrieges 1939–1945, Teil II, S. 312.
39 Ebenda.
40 Völkischer Beobachter (München), 19. Juni 1943.
41 Zit. in: Badische Zeitung (Freiburg), 2. Dezember 1947.
42 Siehe Anton Hoch: Der Luftangriff auf Freiburg am 10. Mai 1940. In: Vierteljahreshefte für Zeitgeschichte (München), 1956, Heft 2, S. 115–144. Die nachfolgenden Ausführungen beziehen sich auf diese Darstellung.
43 Siehe Deutschland im zweiten Weltkrieg, Bd. 1, Berlin 1974, S. 163 u. 164.
44 Magnus von Braun: Von Ostpreußen bis Texas, Stollham 1955, S. 299.

45 Axel Rodenberger: Der Tod von Dresden, S. 106.
46 Ebenda.
47 Siehe Der Freiheitskampf (Dresden), 19., 21., 22., 23., 25. und 26. März 1945.
48 Ebenda, 8. April 1945.
49 Hans Rumpf: Das war der Bombenkrieg, S. 102.
50 Siehe ebenda, S. 174.
51 Karl Bartz: Als der Himmel brannte, S. 105/106.
52 Zit. in: Werner Baumbach: Zu spät?, S. 280.
53 Karl Bartz: Als der Himmel brannte, S. 107.
54 Geschichte des Großen Vaterländischen Krieges der Sowjetunion, Bd. 3, S. 462/463.
55 Hans Doerr: Der Feldzug nach Stalingrad, Darmstadt 1955, S. 113.
56 Siehe Geschichte des Großen Vaterländischen Krieges der Sowjetunion, Bd. 3, S. 480–482.
57 Die Stärke der deutschen Luftwaffe am 5. 7. 1941, 3. 1. 1942 und 31. 5. 1943. Dokumentation. In: Wehrwissenschaftliche Rundschau (Berlin/Frankfurt [Main]), 1961, Heft 11, S. 643 f. – Neues Deutschland, 20./21. Juni 1981: 2980 Kampfflugzeuge.
58 Siehe Albert Kesselring: Soldat bis zum letzten Tag, Bonn 1953, S. 151.
59 Adolf Galland: Die Ersten und die Letzten, S. 280.
60 Siehe Hans Speidel: invasion 1944, Tübingen–Stuttgart 1949, S. 52 u. 53.
61 Siehe Adolf Galland: Die Ersten und die Letzten, S. 299.
62 Ebenda, S. 280/281.
63 Siehe Hans Rumpf: Das war der Bombenkrieg, S. 102.
64 Zit. in: Nürnberger Nachrichten, 15. November 1955.
65 Alan Bullock: Hitler. Eine Studie über Tyrannei, Düsseldorf 1953, S. 778.
66 Kriegstagebuch des Oberkommandos der Wehrmacht (Wehrmachtführungsstab) 1940–1945, Bd. IV, 1. Halbbd., S. 986, 1026, 1042, 1071 u. 1092.
67 Die letzten hundert Tage, S. 260.
68 Kriegstagebuch des Oberkommandos der Wehrmacht (Wehrmachtführungsstab) 1940–1945, Bd. IV, 1. Halbbd., S. 1095 u. 1114.
69 Stadtarchiv Dresden, Fotokopie.
70 Siehe Schlußmeldung ... Anhang, S. 220.
71 Karl Bartz: Als der Himmel brannte, S. 262. – Siehe auch Werner Baumbach: Zu spät?, S. 267.
72 Siehe Werner Baumbach: Zu spät?, S. 268 u. 269. – Siehe auch Karl Bartz: Als der Himmel brannte, S. 265.
73 Stadtarchiv Dresden, Fotokopie.
74 Arthur Harris: Bomber Offensive, S. 242, engl.

»Der Schoß ist fruchtbar noch...«

1 Alle im folgenden angeführten Fakten und Zitate entstammen – soweit nicht extra anderes vermerkt – den Nummern der faschistischen Zeitung »Der Freiheitskampf«, die vom 13. Februar bis 8. Mai 1945 erschienen sind.
2 Siehe Schlußmeldung... Anhang, S. 221.
3 Stadtarchiv Dresden, Flugblatt, Fotokopie.
4 Götz Bergander: Dresden im Luftkrieg, S. 205.
5 Archiv des Rates der Stadt Dresden. Akten des Dezernates I, 1945.
6 Waldemar Kuckuck: Die ersten Bomben auf Moskau. Sendung im Großdeutschen Rundfunk am 24. Juli 1941. Zit. in: Götz Bergander: Dresden im Luftkrieg, S. 55/56.
7 Zit. in: Der Freiheitskampf, 2. März 1945.
8 Marschall der Sowjetunion G. K. Shukow: Erinnerungen und Gedanken (Bd. II), (Berlin 1980), S. 365.
9 Neue Zeitung (München), 5. Dezember 1949.
10 Siehe Hans Speidel: Aus unserer Zeit. Erinnerungen, Frankfurt a. M./Wien 1977, S. 253.
11 Karl Jaspers: Wohin treibt die Bundesrepublik, München 1966, S. 215.
12 Ebenda, S. 216.
13 Siehe Siegfried Thomas: Zwischen Wehrmacht und Bundeswehr, Berlin 1981, S. 126.
14 Ebenda, S. 128.
15 Siehe L. A. Besymenski: Generale ohne Maske, S. 449.
16 Siehe Braunbuch..., S. 173.
17 Zit. in: Weißbuch..., S. 14.
18 Siehe ebenda, S. 14–20.
19 Zit. von Albert Norden auf der Pressekonferenz am 27. Februar 1964 in Berlin. In: Neues Deutschland, 28. Februar 1964.
20 Zit. in: Die Tat (Frankfurt a. M.), 4. April 1964.
21 IMGN, Bd. XXII, S. 309/310.
22 Siehe Neue Zeit (Berlin), 1981, Nr. 25.
23 Frankfurter Rundschau, 27. März 1981.
24 Zit. in: DDR-Revue (Dresden), 1981, Nr. 8, S. 62.
25 Neues Deutschland, 31. August 1981.
26 Marschall der Sowjetunion K. G. Shukow: Erinnerungen und Gedanken, (Bd. II), S. 320.

Was ist Dresden heute?

1 Neues Deutschland, 22. Januar 1975.

2 Alle Angaben über den Aufbau und die Entwicklung Dresdens sind amtlichen Unterlagen und Materialien des Rates der Stadt Dresden entnommen.

3 Sächsische Zeitung, 11. Juni 1981. – Siehe auch Neues Deutschland, 11. Juni 1981.

Inhalt

Walter Weidauer wurde 1899 in Lauter i. Sa. geboren; die Eltern waren Heimarbeiter. Während der Lehre als Zimmerer (1914–1917) trat er 1916 der Sozialistischen Arbeiterjugend bei, 1919 vollzog er den Eintritt in die USPD und in den Zentralverband der Zimmerer. Im ersten Weltkrieg Soldat eines Pionierbataillons. Nach dem Übertritt in die KPD im Jahre 1921 war Walter Weidauer in verschiedenen Funktionen tätig, so in der Reichsleitung des proletarischen Freidenkerverbandes als politischer Leiter, und wirkte 1924–1928 als Stadtverordneter in Zwickau. 1932 wurde er als Abgeordneter der KPD in den Reichstag gewählt. Von Februar bis Dezember 1933 hielten die Faschisten ihn im Konzentrationslager Sonnenburg gefangen und nahmen ihn erneut am 18. April 1934 in Untersuchungshaft, die in Schwarzenberg und Dresden bis 1. März 1935 währte; im Juli 1940 wurde er in Kopenhagen von der dänischen Polizei auf Antrag der deutschen Gestapo verhaftet und im Januar 1941 an diese ausgeliefert. Im Juni 1942 verurteilte der faschistische Volksgerichtshof Walter Weidauer zu 15 Jahren Zuchthaus. Stationen seines Kampfes für die Befreiung Deutschlands vom Hitlerfaschismus waren 1934 die Leitung für die Bezirke Sachsen, Thüringen, Halle-Merseburg und Magdeburg, 1935 die Tschechoslowakei, 1935/36 Westsachsen, 1936–1940 Dänemark. Am 7. Mai 1945 in Dresden von der Roten Armee befreit, arbeitete er sofort an der antifaschistisch-demokratischen Umwälzung mit, sei es als Mitglied des Landesvorstandes Sachsen der SED, sei es als Stadtrat in Dresden (1945), als Oberbürgermeister der Stadt Dresden (1946–1958), als Vorsitzender des Rates des Bezirks Dresden (1958–1961). Walter Weidauer war bis zu seinem Tode 1986 als Stadtverordneter von Dresden und als Mitglied der Bezirksleitung Dresden der SED tätig.